S.

edition suhrkamp

Neue Folge Band 796

W0229044

Erstmals seit der mittelalterlichen Trennung von Stadt und Land steht wieder eine grundsätzliche Klärung auf der Tagesordnung: Was macht die Stadt aus? Auf welche Kräfte und Grundklärungen kann sich diese Einrichtung verlassen?

Noch ehe alle Konsequenzen des industriellen Wachstums des 19. Jahrhunderts ganz abgearbeitet sind, stehen den Großstädten ein neuer Wachstumssprung und neue Belastungen – die ökologische Untragbarkeit, teils auch Unerträglichkeit, und die Einwanderung der Armutswelten des Südens und des Ostens – bevor. Man tut gut daran, dies nicht als einen der periodischen Konjunkturumschwünge zu nehmen, vielmehr als jenes Mehr an Druck, das unser bisheriges unentschlossenes Lavieren zwischen Luxusökologie und erbarmungslos fortgesetztem industriellen Wachstum wenigstens an diesem einen Punkt, der Stadt, beenden und in einen Konflikt treiben könnte, der nicht mit noch mehr Geld, sondern mit mutigen Entscheidungen gelöst werden müßte. Die Richtungen, die diese Entscheidungen nehmen sollten, skizziert der Autor und entfaltet so ein Plädoyer für eine neue lebbare Stadt.

Dieter Hoffmann-Axthelm, geb. 1940, lebt als freier Schriftsteller und Stadtplaner in Berlin.

Dieter Hoffmann-Axthelm
Die dritte Stadt

Bausteine eines neuen
Gründungsvertrages

Suhrkamp

edition suhrkamp 1796
Neue Folge Band 796
Erste Auflage 1993
Suhrkamp Verlag Frankfurt am Main 1993
Erstausgabe
Alle Rechte vorbehalten, insbesondere das
der Übersetzung, des öffentlichen Vortrags
sowie der Übertragung durch Rundfunk und Fernsehen,
auch einzelner Teile.
Satz: IBV Satz- und Datentechnik, Berlin
Druck: Nomos Verlagsgesellschaft, Baden-Baden
Umschlagentwurf: Willy Fleckhaus
Printed in Germany

1 2 3 4 5 6 – 98 97 96 95 94 93

Inhalt

Stadtwachstum

Einwanderung

Stadtökologie

Modernisierung

Elemente des Umbaus

Stadtstruktur

Kultur der Großstadt

Stadtwachstum

Zum dritten Mal in der Geschichte der Stadt steht die Grundsatz-
klärung an: Was macht die Stadt aus? Auf welche Kräfte und Ver-
einbarungen kann sich diese erstaunliche Einrichtung noch, oder
wieder, verlassen? Der Gründungsvertrag der antiken Stadt hielt
bis zum Ende der Antike, dann war er, mitsamt seinen Voraussetzungen, ausgeschöpft. Der auf der Grundlage der mittelalterlichen
Trennung von Stadt und Land geschlossene zweite Gründungsvertrag, der der europäischen Stadt, hat bis heute gehalten. Doch
auch seine Möglichkeiten sind unwiderruflich ausgeschöpft, auch
seine Zeit ist um. Angesichts neuer Aufgaben und Belastungen
muß nicht weniger als eine dritte Stadt ausgehandelt werden.

Die Herausforderungen, in denen sich Erschöpfung und Zwang
zum Neuanfang bündeln, sind im wesentlichen zwei; sie treten
gleichzeitig auf, und sie greifen von innen wie von außen an: die
ökologische Untragbarkeit – teils auch Unerträglichkeit – der
Städte, und die Einwanderung der kolonialen Armutswelten.

Beide Prüfungen könnten sich, läßt man sich einmal auf sie ein,
als eine erweisen, nicht nur in dem Sinne, daß beide nach demselben fragen (Stadt als Modell gesellschaftlichen Zusammenlebens
überhaupt), sondern auch als Lösungsmöglichkeit – daß nur das
Zusammennehmen beider Probleme es erlaubt, zu einer Antwort,
zu so etwas wie einer postindustriellen Neubegründung der Stadt
vorzustoßen.

Einwanderung

Noch ehe alle Konsequenzen des industriellen Wachstums des
19. Jahrhunderts ganz abgearbeitet sind, steht den Großstädten ein
neuer Wachstumssprung bevor. Die ferne Armut der Dritten
Welt, die sich bisher folgsam in kolonialen Millionenstädten zwi-
schenlagerte, hat sichtbar begonnen, in den lokalen, gesättigten
Reichtum der europäischen Städte einzuwandern. Eine Zeit der
ständigen Bevölkerungsflüsse ist zu erwarten, die die aufgestauten
Ungleichheiten in der Verteilung des Reichtums innerhalb der
heutigen Welt zumindest in kontinentalem Rahmen ein wenig be-

gradigen, zumindest aber unsere konsolidierten Verhältnisse langfristig erschüttern wird. Die ersten deutlich wachsenden Großstädte sind nicht umsonst solche, die nicht im Zentrum der Kapitalflüsse stehen, sondern an den Grenzen der westeuropäischen Wohlstandsfestung.

Anders als in früheren großen Wanderungszeiten werden diesmal ausschließlich die Städte die Lokale der Wanderungen sein. Zu erwarten ist das Ende stabiler Wohn- und Arbeitsverhältnisse, überhaupt die Aufkündigung einer festen Entsprechung zwischen städtischer Anwesenheit und der Anzahl der städtischen Wohnsitze. Anzeichen einer solchen Verflüssigung von Stadt sind bereits heute zur Genüge vorhanden. Das neue Stadtwachstum gibt den Vorzeichen nun eine Richtung und einen Namen.

Das neue Wachstum geschieht ungeplant und unvorhergesehen, aus den nach wie vor unzugänglichen Bewegungen massenhafter kleinster Veränderungen. Man tut gut daran, es nicht als einen der periodischen Konjunkturumschwünge zu nehmen, vielmehr als jenes knotenbildende Mehr an Druck, das unser bisheriges unentschiedenes Lavieren zwischen Luxusökologie und erbarmungslos fortgesetztem industriellen Wachstum wenigstens an diesem einen Punkt, der Stadt, beenden und in einen Konflikt treiben könnte, der endlich einmal nicht mit noch mehr Geld, sondern mit mutigen Entscheidungen gelöst werden müßte.

Ökologie

Unter dem Titel Stadtökologie ging es bisher um die Erträglichkeit der Städte für ihre Bewohner. So formuliert, stünden der Ökologie harte Zeiten bevor. Es ist klar, daß den immer mehr Arbeitslosen, Obdachlosen, Arbeitsmigranten eine Wohnung, ein Arbeitsplatz wichtiger sein werden als Mikroklima, Ruderalvegetation, *pocket parks* und Verkehrsberuhigung. Das meiste davon wird nicht mehr bezahlbar sein. Man wird Wichtigeres von weniger Wichtigem unterscheiden müssen. Der Druck auf jede nicht bebaute Fläche wird erheblich zunehmen.

Um so deutlicher wird, daß die großstädtischen Ballungsräume für den Lebensraum Erde tragbar gemacht werden müssen. Einen anderen Lebensraum gibt es nicht. Das bevorstehende Stadtwachstum wird unbarmherzig über alle Diskussionen, wie man sich die vorhandenen oder möglichen ökologischen Verbesserungen der städtischen Lebensqualität teilt oder auch nicht, hinweggehen. Gefragt ist jetzt, wie man zu einer Methodik von Wachstum kommt, die den Großverbraucher und Großzerstörer Stadt nicht noch schwerer in der ökologischen Balance der Erde wiegen läßt.

Die Städte können nicht einfach weiter wie bisher ins Umland hineinwuchern, unbekümmert Wasser, Luft, natürliche Energiereserven verbrauchen und ihre Abfälle in die Böden, Meere und die Erdatmosphäre entlassen. Die Stadt ist als regional faßbarer Großverbraucher der ökologische Schlüsselfall schlechthin, als Verbraucher der knapp werdenden Grundressourcen Boden, Luft, Wasser und Energie. Daß diese materiale Verbrauchsrechnung nicht alles und Stadtökologie vor allem eine gesellschaftliche Kategorie ist, ändert nichts an der Grundforderung der Sparsamkeit. Es wird jedenfalls nur diejenige ökologische Politik erfolgreich sein, die hier, beim Flächenwachstum, ansetzt, als dem Punkt des größten Widerspruchs angesichts des Flächendrucks von Masseneinwanderung und weitergehender interner Individualisierung der Bedürfnisse. Es geht um ein Stadtwachstum, das zugleich ökologischer Stadtumbau ist – ein Mehr an Stadt, ein Weniger an Fläche.

Wie man wachsen lernt

In der Geschichte der Stadt sind die Wachstumsschübe eher die Ausnahme als die Regel, und begannen wir uns im letzten Jahrzehnt an den Gedanken zu gewöhnen, daß die große industrielle Wachstumsphase der Städte vorbei sei, so war das nicht aus der Luft gegriffen, übersah nur die Ungleichheiten in der übrigen, nicht oder nur negativ industrialisierten Welt und den unweigerlichen Wanderungsdruck, der sich daraus ergibt.

Erst recht ist es nicht selbstverständlich, daß man mit dem Wachstum umgehen kann. Wachsen will gelernt sein. Die großen europäischen Städte, die heute als Muster städtischer Ordnung des Zusammenlebens Gegenstand eines immer heftiger werdenden Stadttourismus sind, entstanden durch gewalttätige Wachstumsschübe, die allerdings mit den jeweiligen städtebaulichen, politischen und kulturellen Instrumenten aufgefangen werden konnten. Die einwandernden Menschenmengen, die sozialen Verschiebungen innerhalb der Stadt, die neuen produktiven Funktionen erhielten noch die Gelegenheit zur genauen Einpassung, zu einem Anwachsen sozusagen, zur räumlichen, sozialen und kulturellen Kristallisation innerhalb der Stadt.

Blickt man auf die Techniken der Stadterweiterung, die heute zur Verfügung stehen, dann muß man urteilen, daß damit nicht einmal das bequeme Wachstum, das wir in den letzten 45 Jahren hatten, wirklich bewältigt werden konnte, auch wenn es gelang, die Menschen irgendwie – irgendwie kann auch heißen: in rational geplanten Großsiedlungen und Großwohnanlagen – unterzubringen. Anders gesagt, die heutigen Arten von Stadtwachstum, ob naturwüchsig wie in der Dritten Welt oder zentralistisch geplant, existieren (und funktionieren nur) auf Kosten der vorhandenen vormodernen Stadtsubstanz. Über Instrumente, die vergleichbar belastbare städtische Ordnungen schaffen würden, verfügen wir nicht.

Es ist, darüber hinaus, niemand auf die Reibungen vorbereitet, die Wachstum mit sich bringt. Die großen Städte sonnten sich die letzten 15 Jahre in einer merkwürdigen Atmosphäre der Selbstbeobachtung, der besorgten Innenausstattung, ja des Stadtabbaus[1], so, als wäre der Stadtbau ein für allemal zu Ende und als könnte man sich jetzt in Ruhe den Verschönerungen widmen. Die zugrundeliegenden Umschichtungen waren je nach Lage verschieden, reichten von Stadtflucht bis zur Wiedereroberung der Stadt des 19. Jahrhunderts durch die arrivierten Mittelschichten oder wenigstens ihre ästhetische Avantgarde[2], erlaubten aber zum ersten Mal seit Beginn der Industrialisierung, den Prozeß des Stadtwachstums als reversibel zu denken.

Endlich handelt es sich um ein umfangreicheres und komplizierteres Wachstum, als es die heutigen Verwaltungen und Bevölkerungen gewohnt sind. Vertraute jüngste Wachstumsmodelle werden von älteren überlagert, die man – Frühindustrialismus und Obdachlosigkeit, vorindustrielle Dichten und Produktionsweisen – endgültig überwunden glaubte. Das ergibt eine Mischung, die weder mit den heutigen Techniken zu bewältigen ist noch Rück-

1 Vgl. J. L. B. Berry, *The Counterurbanization Process. Urban America since 1970*, in: ders. (Hg.), *Urbanization and Counterurbanization*, London 1976, S. 7ff.; H. Häußermann, W. Siebel, *Neue Urbanität*, Frankfurt am Main 1987.
2 Vgl. den Ausstellungskatalog: *Soho – Downtown ManhattanSoho*, Berlin 1976. Für die Gegenorder vgl.: P. Lieser, *New York, New York. Stadt des Luxus und der Moden*, in: *Arch+* 75/76 (1984), S. 26ff.

griffe auf Verfahren des 19. Jahrhunderts erlaubt, die vielmehr einen Systemsprung verlangt.

Wachstum als Lernprozeß

Stadtwachstum ist eine Zumutung für alle Beteiligten. Beteiligt sind viele, wenn nicht alle. An eine Stadt kann man nicht anbauen wie an ein freistehendes Haus. Einerseits drängen sich neue Leute in gewöhnlich ohnehin schon übervölkerte Räume ein, andererseits werden Neubauwohnungen für die Verbesserungs- und Expansionsbedürfnisse derer angeboten, die bereits da sind und dergleichen bezahlen können. Schon von daher geht das Wachstum der Stadt nur durch erhebliche Verzerrungen hindurch. Wenn sie im Laufe von ein bis drei Generationen entschärft – nicht behoben – werden, dann über eine feinteilige Umgruppierung im Stadtganzen, die fast niemanden gleichgültig läßt, ob er nun auf- oder absteigt, verliert oder gewinnt. Stadtsituationen, die seit Jahrzehnten endgültig schienen, werden innerhalb solcher Umgruppierungen neu bewertet, verdichtet, geraten in den Sog der Tertiarisierung oder sozialhygienischer Sanierungsstrategien, von gewalttätigen Beschleunigungen, wie sie die Farbigenviertel großer Städte in den USA kennzeichnen, ganz zu schweigen.

Nichts davon geht ohne soziale Konflikte ab.[3] Die Zuwanderer finden sich in der Regel in den sozial schwächsten Vierteln wieder, die ohnehin unter Wohnungsnot leiden und von üblichen Stadterweiterungsmaßnahmen nicht profitieren.[4] Deren Bewohner werden nicht gefragt, ob sie mit fremden Menschen, Sprachen, Kulturen zusammenleben möchten, sie haben es zu erleiden und werden von der öffentlichen Meinung, wenn sie sich wehren, der Intoleranz geziehen. Die öffentliche Meinung wohnt meist da, wo von der Zuwanderung nur noch Kunst und Folklore ankommen, und das schätzt sie. In den Einwandererverteln ist es der Kampf der Schwächsten untereinander (die unterschiedlichen Ethnien der

3 Vgl. K. R. Cox, R. J. Johnston, *Conflict, politics and the urban scene: a conceptual framework*, in: dies. (Hg.), *Conflict, politics and the urban scene*, London 1982, S. 1 ff.
4 Vgl. H. Glasauer, *Sozialpolitische Hoffnungen und die Logik des Marktes. Die Relevanz des Filteringmodelles für den städtischen Wohnungsmarkt*, GhK Kassel 1986.

Ausländerbevölkerung, Drogenabhängige, wohnungssuchende Jugendliche und Studenten, kinderreiche Familien usw.), der die weitere Verteilung organisiert. Wer sich dem entziehen will, kann, so er dort zugelassen wird, nur in die Peripherie ausweichen.

Es ist Unsinn, von oben herab Toleranz zu verlangen. Erst einmal müssen die Betroffenen in den Stand gesetzt sein, tolerant zu sein. Das ist nicht mit Fernsehspots zu leisten. Die bisherige Geschichte halbwegs glimpflich verlaufener Wachstumsprozesse zeigt, daß es einen starken Rahmen braucht, um die weitreichenden Zumutungen einer ihren Maßstab ändernden Stadt für alle Betroffenen erträglich zu machen. Das kann man nicht auf die Betroffenen selber abwälzen, um sie nachher zu beschimpfen, wenn sie rechte Parteien wählen.[5] Tolerant kann nur sein, wer einmal die Erfahrung gemacht hat, daß er nicht überrollt wird. Die Räume für diese wichtigste Erfahrung bereitzustellen, das wäre geglückte Stadtentwicklung.

Ökologie andererseits ist für die normalen Menschen auch nur wieder eine neue Forderung und kein Hoffnungsträger, der die Konflikte leichter machte. Ihnen das Wassersparen beibringen zu wollen, während sie die Eigenheimbesitzer ihren Garten sprengen sehen, wird wenig Erfolg haben. Erst wenn sie die Erfahrung machen können, daß ökologischer Stadtumbau und Arbeitsplätze etwas miteinander zu tun haben, anders gesagt: daß einerseits Ökologie nicht nur etwas für die ist, die schon alles übrige, Wohnung, Arbeit, soziales Prestige und gesittete Nachbarschaft, haben, und daß andererseits mehr gemeint ist als Hof- und Dachgrün für die, die keine Villa und kein Einfamilienhaus mit Garten abbekommen, erst dann werden sie das Überlebensprojekt Ökologie ernst nehmen und es ohne den Verdacht, einmal mehr die Betrogenen zu sein, ihrerseits tragen können.

Der Holzweg der neuen Stadt

Die letzte Erfahrung mit einem formverändernden Wachstumsschub machten die europäischen Städte nach dem Zweiten Weltkrieg mit der Anlegung riesiger Peripheriesiedlungen und Trabantenstädte. Es ging im wesentlichen um Wohlstandswachstum:

5 Vgl. D. Hoffmann-Axthelm, *Der »Republikanerschock« und die rot-grüne Baupolitik in Berlin*, in: *Arch+* 99 (1989), S. 40 ff.

Man konnte es sich leisten, weiter auseinanderzurücken und die gedrängten traditionellen Wohnverhältnisse der Massen zu entflechten. Die neue Flächendisposition erlaubte zugleich den großzügigen Arbeitskräfteimport. Die mitlaufende Massenautomobilisierung machte den ungehemmten Landschafts- und Flächenverbrauch zur natürlichsten Sache der Welt.

Das Modell war das der neuen Stadt – nichts Geringeres als die endliche Verwirklichung der städtebaulichen Moderne, in jener Breite und mit jenen technischen Voraussetzungen, von denen die Heroen der Moderne der zwanziger Jahre bloß hatten reden können.[6] Eben darin liegt auch der Unterschied. Die intellektuellen Projekte der zwanziger Jahre scheiterten städtebaulich schon damals, aber sie blieben einzelne Eingriffe in die vorhandene Stadt, die allein schon aus dem Gegensatz einen prophetischen Glanz bezogen. Massenhaft reproduziert und zum Bild des Ganzen gemacht, wäre der Plan Voisin nicht menschenfreundlicher ausgefallen als heutige Großsiedlungen.[7]

Die nachvollziehende Nachkriegsmoderne baute nun aber tatsächlich erstmals seriell und präfabriziert. Daß sie nicht mehr über das Architekturideal der Meister verfügte, war nicht ihre Schuld und ist nur ein Teilproblem, das man nicht zum Ganzen stilisieren darf. Wenn überhaupt ein Auftrag der zwanziger Jahre verwirklicht wurde, dann nicht die elitäre Ästhetik des Neuen Bauens, sondern die autoritären Massenphantasien, die diese von Anfang an bewohnt hatten.

Es ist aber überhaupt eine naive Sicht, die sechziger Jahre als Verwirklichung der zwanziger zu sehen. Während die Planer sich noch auf Meister und Modelle beriefen – den Traum Amerika, den Rationalismus der CIAM, die keynesianische Stadtplanung der Engländer und Skandinavier, die Stadt- und Regionalplanung des deutschen Nationalsozialismus[8] –, handelte es sich für die Mehr-

---

6 Siehe: W. Gropius, *der große baukasten*, in: *DAS NEUE FRANKFURT*, Nachdruck in Auswahl RWTH Aachen 1977, S. 15 ff.; Le Corbusier, *Die neuen Wohnviertel Frugès in Pessac (Bordeaux)*, ebd., S. 20 ff.; E. May, *Mechanisierung des Wohnungsbaus*, ebd., S. 23 ff.; zum Widerspruch zwischen Anspruch und Realität siehe L. Scarpa, *Martin Wagner und Berlin*, Braunschweig/Wiesbaden 1986, S. 36 ff.

7 Zur Kritik der städtebaulichen Moderne vgl. P. Blake, *Form Follows Fiasco. Why Modern Architecture Hasn't Worked*, Boston/Toronto 1974.

8 Zur neueren Städtebaugeschichte vgl. u. a.: L. Benevolo, *Die Geschichte der Stadt*, Frankfurt/New York 1983, S. 889 ff.; M. Ragon, *Histoire mondiale de l'architec-*

heit der Beteiligten um einen allgemeinen Befreiungsschlag: den säkularen Ausbruch des industrialisierten Teils der Menschheit aus der Enge der traditionellen Stadtökologie. Die Industrie hatte auf der Arbeitsseite der Gesellschaft die Wände der klassischen begrenzten Stadt eingerissen. Jetzt zogen die privaten Massenbedürfnisse nach. Wer immer diese Gesellschaftsbewegung politisch anführte, technisch formte oder materiell realisierte, es war, einschließlich seiner Verwicklung mit politischen Massenbewegungen von links wie rechts, ein Gesellschaftsprojekt. Der weltweite lange Nachkriegsboom stellte die wirtschaftlichen Voraussetzungen zur Verfügung.

Die neue Stadt war das Versprechen, daß man nie wieder in die alte Armut zurückfallen würde. Ungehemmtes Wirtschaftswachstum, ungebremster Fortschritt, Atomenergie als Unterfangung möglicherweise begrenzter Energiereserven, die Aussicht auf immer mehr Wohlstand, immer weitere Reisen, immer breitere Straßen, dieses explosive Bündel von Freiheit und Demokratie machte den Horizont der neuen Stadt aus. Man konnte sie sich leisten: Das Verpulvern der Welt aus dem vollen hatte seine Müllhalden auch für die ungeliebte alte Stadt und die nicht ausreichend geliebten alten Lebensverhältnisse. Jetzt oder nie galt es den Aufstieg in die neue Stadt von 100 Jahren Reformpropaganda zu schaffen, wehe dem, der zurückblieb. Es war die Stadt eines endlich menschlich gewordenen Lebens mit gefliesten Bädern, abzuzahlenden Schrankwänden und winzigen Einbauküchen, die neue Stadt aus Wohnung, Parkplatz, Auto und Supermarkt, so weit wie möglich weg von den Arbeitervierteln der Vergangenheit, von Fensterplatz, Hof und Straße, von Geschichte und Erinnerung.

Die neue Stadt war, vor allem anderen, eine Sache der Entfernung, der Entfernung von jener alten Stadt, aus der die Bewohner der neuen Stadt herkamen. Es handelte sich nicht um gewöhnliches Wachstum, sondern eher um einen grausam städtischen Stoffwechsel, der nur als Resultat, und das heißt: aus der ganzen Geschichte des neuzeitlichen Stadtwachstums, zu verstehen ist.

ture et de l'urbanisme modernes, Bd. 2, Paris ²1972, S. 135 ff.; P. Hall u. a., The Containment of Urban England, London/Beverly Hills 1973, Bd. 1, S. 91 ff.; M. Mamoli, G. Trebbi, Storia dell'urbanistica. L'Europa del secondo dopoguerra, Rom/Bari 1988; F. Jaspert, Vom Städtebau der Welt, Berlin 1961; I. Irion, T. Sieverts, Neue Städte. Experimentierfelder der Moderne, Stuttgart 1991; W. Durth, Deutsche Architekten. Biographische Verflechtungen 1900-1970, Braunschweig/Wiesbaden 1986; T. Topfstedt, Städtebau in der DDR. 1955-1971, Leipzig 1988.

Nichts war das, was es zu sein vorgab, und die Abrechnung mit dieser Epoche, als einer beispielloser Stadtzerstörung, hat bisher noch nicht wirklich stattgefunden.

Die damals entstandenen städtischen Peripherien werden inzwischen fast überall als architektonisches und sozialpolitisches Desaster anerkannt, woran die laufenden Nachbesserungen wenig ändern. Daß die städtebauliche Moderne ins Stocken kam, hatte allerdings wenig mit Einsicht in die Unzulänglichkeit des Produzierten zu tun, um so mehr mit unübersehbar veränderten Rahmenbedingungen: Energiekrise, Bevölkerungsrückgang, zeitweiliger Zusammenbruch des Marktes für Massenwohnungsbau, soziale Probleme der Großsiedlungen.[9]

Schrumpfende Stadt: Was gilt noch?

Was an die Stelle der neuen Stadt trat, war der halbherzige Versuch der Rückkehr zur alten.[10] Der Umbruch Mitte der siebziger Jahre war deswegen keineswegs konservativ, auch wenn einige politische Konnotationen das nahelegen könnten. Die gerade vergangenen anderthalb Jahrzehnte bezeichnen im Rückblick vielmehr einen entschiedenen Bruch. Es sind in dieser Zeitspanne mehr neue Gedanken zum Thema Stadt gedacht worden als in den vorausgehenden 100 Jahren, zum ersten Mal eigentlich seit Robert Owen und Ebenezar Howard. Daran ändert auch der Umstand nichts, daß die dafür maßgebliche ökonomische Konjunktur inzwischen wieder die Richtung geändert hat. Das heißt nur, daß sich die neu aufgeworfenen Motive und die unmittelbar veranlassenden oder Platz einräumenden Interessen jetzt voneinander lösen. Auf letztere Seite gehören sicherlich die auffälligen Realisierungen der gerade hinter uns liegenden Zeit. Das unabhängig in die Zukunft Gedachte sieht man noch nicht.

Es war allerdings auch noch nicht so ernst. Die schrumpfende normaleuropäische Großstadt der achtziger Jahre bildete ein Einlaßtor. Das ist nicht wenig. Bauwirtschaft, öffentliches Interesse,

9 Vgl. *Stadtbauwelt 86*, 1985: Fortschritt durch Rückbau?
10 Ein Dokument der Wende: M. Andritzky, P. Becker, G. Selle (Hg.), *Labyrinth Stadt. Planung und Chaos im Städtebau. Ein Handbuch für Bewohner*, Köln 1975; ein Dokument des Rückblicks: R. Schilling u. a., *Rückbau und Wiedergutmachung. Was tun mit dem gebauten Kram?*, Basel/Boston 1987.

Architektur zogen sich aus der Peripherie zurück, die verbleibenden Wohnbedürfnisse konnten durch Umbau der vorhandenen Wohnviertel aus dem 19. Jahrhundert abgedeckt werden, die man folglich nicht mehr abreißen mußte. Daß sie gleichzeitig als Wohnort der Mittelschicht entdeckt wurden, einschließlich des Charmes historischer Bausubstanz, eines bürgerlich geordneten Wohnumfeldes oder multikultureller Farbigkeit, mit einem steigenden Bedarf an Verkehrsberuhigung, Grün und ähnlichen Annehmlichkeiten, zeigt, wie vielfältig die Wende abgesichert war.

Gleichzeitig und aus genau gleichen Gründen lief die Neudefinition der Stadtzentren. Tertiäre Konzentration und mikroelektronischer Umbau der Geschäfts- und Arbeitswelten machten die Stadtzentren oder die sie ersetzenden Einbauten: Passagen, Einkaufs-, Freizeit- und Kulturzentren, zu Schaubühnen eines als Stadtkultur ausgerüsteten Lebensstils[11], mit einem explosiven Bedarf ebenso an immer mehr Bürofläche wie an raschesten Bildumschwüngen. Mit der Peripherie wurde auch die industrielle Produktion abgeblendet, soweit sie nicht in das neue Bild einer so sauberen wie geräuschlosen Technik paßte. Die industrielle Stadt des 19. Jahrhunderts war ausgewachsen.

Die schrumpfende Stadt setzte neue stadtnahe Flächen und Umbausituationen frei. Zugleich entdeckte man die ausrangierten Gebäude der zweiten Industrialisierungsphase, Fabrikhallen und veraltete Stadttechnik: Sie vor dem Abriß zu retten hieß, sie zur Umbauaufgabe zu machen und sie neuen Nutzungen, meist Kultur, zuzuführen. Das Umbau- und Umfunktionierungsthema betraf, einmal mit dem dahinter aufscheinenden Thema Ökologie zusammengebracht, die gesamte Stadt. Es erlaubte es, die Stadt sich noch einmal zur Durcharbeitung vorzunehmen, ohne sie weiter abreißen zu müssen, vielmehr mit dem Ziel ihrer ökologischen Anpassung. An diesem Punkt verflochten sich die unterschiedlichen Linien miteinander: die Rettung der Sanierungsviertel, die Wiederentdeckung der Stadtmitte, die Aneignung der industriellen Brachen.

Jetzt dagegen ist die Ablösung des Themas Ökologie von der Situation der schrumpfenden Stadt an der Zeit. Die Ökologie hat sich unter Schwächebedingungen eingeführt, als Theorie der schrumpfenden Stadt. Aber erst die wachsende Stadt wird das

11 Vgl. W. Durth, *Die Inszenierung der Alltagswelt. Zur Kritik der Stadtgestaltung*, Braunschweig 1977, S. 41 ff.

Thema voll entfalten und zu seiner ganzen Stärke bringen. Ökologie ist, anders als Stadtgeschichte oder Kultur, kein weiches Thema. Sie enthält, eingreifend in die Verwertungsbedingungen des Kapitals, die Härte der Notwendigkeit. Das bevorstehende Bevölkerungswachstum unterstreicht das nur und stellt zugleich die ökonomischen Grundlagen der tertiarisierten Stadt in Frage, es zeichnet sich die Möglichkeit einer – veränderten – Reindustrialisierung ab. Beides kann nicht einfach innerhalb des Bestandes gelöst werden, das notwendige Mehr an Stadtmasse muß aber in Kategorien des Vorhandenen gedacht werden, innerhalb der Umbauthematik. Damit ist aber eine Grundentscheidung darüber gefordert, wo man mit dem Neubauen hinwill: weiter weg von der Stadt oder endgültig in die Stadt zurück.

Ökologie und Stadtfeindschaft

Die Sache hat eine lange Vorgeschichte: einerseits die tief in die politischen Bewegungen der letzten 150 Jahre eingeschriebene Forderung der Aufhebung der Scheidung von Stadt und Land, andererseits den langen Weg des Ökologiebegriffs aus der Systematik der Biologie in den politischen Alltag. Das ist nicht leicht beisammenzuhalten und gibt doch nur zusammen einen Gegenstand: Einerseits ist alles eigentlich schon gedacht und großenteils auch, mit weitgehend negativem Erfolg, ausprobiert. Andererseits erreicht der Schock der Unterstellung der Gesellschaftsgeschichte unter eine biologische Kategorie erst jetzt das Bewußtsein. Die beiden Linien müssen sich also gegenseitig interpretieren, beide Geschichten müssen unter dem Eindruck der Gegenseite neu gelesen werden. Aber es wäre kurzsichtig, sich nicht zuzugeben, daß dabei der biologische Schock die Führung übernommen hat.

Dieser Widerspruch bildet sich notwendig in der Stadtdiskussion ab: Der Horizont eines einbrechenden Ökosystems stellt zehntausend Jahre Stadtgeschichte zur Diskussion. Die Möglichkeit, sich gegen die Stadt zu entscheiden, gibt es aber nicht. Wozu auch: Daß über die Stadt unter dem Horizont biologischer Kategorien zu reden ist, greift radikal genug den gesellschaftlichen Sinn von Stadt an. Von der Aufgabe einer Aufrechterhaltung artspezifischen Lebens auszugehen heißt aber gleichwohl, von der Stadt und innerhalb der Möglichkeiten städtischen Lebens zu reden. So wie diese Sätze an einem der zahllosen städtischen Schreibtische geschrieben werden, in einer Großstadt, die die größte Wärmefalle der nordeuropäischen Tiefebene darstellt und entsprechende Massen atmosphärischer Verschmutzung anzieht wie selber produziert, so wird hier von der Stadt als ökologischer Adresse ausgegangen, als Adresse von Schuldzuweisungen einerseits, von Handlungsmöglichkeiten und Überlebensgründen andererseits.

Hier setzt ein kritisches Lesen der bisherigen Stadtliteratur ein. Soweit die Ökologie heute politische Bewegung ist, ruht sie auf einer säkularen Tradition der Stadtfeindschaft.[12] Stadtfeindschaft heißt, sich mit der Verstädterung des gesellschaftlichen Lebens nicht abzufinden. Das zugehörige Potential von Ängsten und unerfüllbaren Sehnsüchten konstituierte sich niemals unmittelbar als Partei, sondern durchquerte, stets in der Minderheit, anhand intellektueller Kontaktpersonen die unterschiedlichsten Gruppen. Innere Kolonisation auf preußischem Domänenland einerseits, Monte Verità oder die Kolonie Eden bei Oranienburg andererseits, so unterschiedlich waren um 1900 die Möglichkeiten.[13] Naturismus, Biologismus, mythomanische Naturanbetung von Licht, Luft und Sonne konnten sich in den Fernwirkungen motivisch mit den gleichnamigen Hygienevorstellungen der Sanierung von Armenvierteln verbinden, die Überwindung der Stadt mit dem aus sozialen Besitzängsten geborenen Programm des Subsistenzgartens hinterm Haus und der Kleinsiedlerstelle.

Nicht zufällig: Stadtfeindschaft ist Stadtangst. Die Stadt bot jeder Angst das Bild, das sie brauchte, und beförderte die entsprechenden Wahngebilde: Antisemitismus, Sünden- und Seuchenphantasien, Blut und Boden einerseits, Naturheillehren, Vegetarismus, Anthroposophie usw. andererseits.[14] Die Stadt war für die Jugendbewegung ebenso ein Kernübel wie für den konsequenten Anarchismus. Weg von der Stadt und zurück zur Scholle, das bot die griffige Form dar für jede radikale Veränderungsabsicht, sei es die der Rückkehr zu untergegangenen Ver-

12 Vgl. K. Bergmann, *Agrarromantik und Großstadtfeindschaft*, Meisenheim 1970; U. Linse (Hg.), *Zurück o Mensch zur Mutter Erde. Landkommunen in Deutschland 1890–1933*, München 1983.
13 Vgl. U. Linse, a.a.O.; H. Szeemann (Hg.), *Monte Verità. Der Berg der Wahrheit. Lokale Anthropologie als Beitrag zur Wiederentdeckung einer neuzeitlichen sakralen Topographie*, Mailand 1980.
14 Vgl. G. Mosse, *The Crisis of German Ideology. Intellectual Origins of the Third Reich*, New York 1964, S. 108 ff.

hältnissen, sei es die des Aufbruchs in die Versöhnung von Stadt und Land, Mensch und Natur.

Das Erbe ist nicht nur deutsch, sondern gesamteuropäisch. Je weniger die radikalen Absichten realisiert werden konnten, desto dauerhafter gingen sie in den Ideenhaushalt, die Motivik und das Reservoir an Ressentiments und Leidenschaften der gewöhnlichen Stadtpolitik ein. Eingewandert in scheinbar neutrale wissenschaftliche Instrumente der Planung, entfalteten sie eine weitgreifende Wirksamkeit. Solange die Motive der Stadtfeindschaft radikal und minderheitlich waren, diente die Stadt nur als Bild zur Bekämpfung weit umfangreicherer Ängste. Eingelassen in die Gewöhnlichkeit von Verwaltungsinstrumenten (z. B. die Baunutzungsverordnung – BauNVO – von 1962), schlug der symbolische Haß in buchstäbliche Vernichtung um. Die bewiesene Zerstörungskraft der normalen Stadtplanung wäre ohne Aufsaugung der utopischen Elemente radikaler Stadtfeindschaft nicht verständlich.

Aufhebung von Stadt und Land

Die Normalität der neueren Stadtplanung ist die Stadt auf Abruf, die Wegwerfstadt. Baustoffe und Gebäude sind auf begrenzte Laufzeit, man sprach seinerzeit von 30 Jahren, ausgelegt. Das Wuchern der Städte in das Umland wurde in den sechziger Jahren als Wachstumsbewegung eines Stadtbandes vorstellbar, das hinter sich ebensogut die verbrauchte historische Stadt unbewohnt zurücklassen könnte. Tat der kapitalistische, oder realsozialistische, Fortschritt also nicht genau das, was als nächster Schritt seit anderthalb Jahrhunderten sozialistische Utopie gewesen war, die Aufhebung des Unterschieds von Stadt und Land?

Noch einmal die sechziger Jahre: Die Industrie begann in einigen Regionen, bei Verknappung der städtischen Arbeitskraft, aufs Land zu gehen, um die dörflichen Arbeitskraftreserven zu nutzen, die Lohnkosten zu senken; gleichzeitig wurden überall in Europa, auch dort, wo die Industrie weiter zentralisiert blieb, die Dörfer, im Zuge des Booms des Eigenheimbaus, zu Kolonien des städtischen Wohnungsbaus.[15] Die Regionalplaner lernten, in großen funktionalen Einheiten zu denken, die sie aus der Erhebung der

15 Vgl. P. Hall, D. Hay, *Growth Centres in the European Urban System*, London 1980, S. 131 ff.

täglichen Pendelbewegungen der arbeitenden Bevölkerung gewannen, ungerührt um die Erscheinungsunterschiede zwischen Stadt und Land.[16]

Während für die Arbeiterviertel der Großstädte neue Sanierungsprogramme aufgestellt wurden, begann die Landsanierung: Flurbereinigung, Kanalisierung von Flüssen und Bächen zu Betonrinnen, Erschließung von Grundwasserreservoirs usw. Die Landwirtschaft machte einen neuen Sprung der Technisierung und Verwissenschaftlichung, die Modernisierungsrichtlinien der EG begannen zu greifen, Straßenbau und Fernsehen schlossen das Dorf an die städtische Kultur an.[17] In der Bundesrepublik ging unter dem Druck des Sputnik-Schocks die Bildungssoziologie aufs Land, um die ungenutzten intellektuellen Reserven freizulegen. Die Dorfschule wurde zugunsten der Mittelpunktschule aufgehoben, die Gesamtschule entstand, neue Hochschulen wurden gezielt in die tiefste, meist katholische, Provinz gebaut.

Das Land kam als Vertragspartner gar nicht mehr vor, es wurde in den Reformen der sechziger Jahre als bloßes Material wahrgenommen. Der Stadt erging es deshalb aber nicht besser. Die Aufhebung des Unterschieds fand ganz unauffällig statt, in der Weise der Vergleichgültigung: daß die Kapitalstrategien sich von Stadt wie Land lösten. Diese Ablösung ist der entscheidende Vorgang der sechziger Jahre. Die besonderen Verhältnisse von Stadt und Land wurden gleichgültig. Das war nur die eine, die zerstörerische Hälfte dessen, was die sozialistische Utopie oder Wissenschaft vorausgesagt hatte. Die weitere Auflösung von Stadt und Land zugunsten einer neuen gesellschaftlichen Organisation der Arbeit und des Genusses interessierte unter Verwertungsgesichtspunkten nicht.

Nichts zeigt die Verschiebung deutlicher als die damalige städte-

16 Das Monument dieses Denkens ist die Arbeit der Gruppe um Peter Hall, die mit der gewaltigen Untersuchung *The Containment of Urban England* eine Bestandsaufnahme des modernen englischen Urbanismus schuf. Methodisch stützt sich die Arbeitsweise von Hall einerseits auf J. B. L. Berry, andererseits auf den geographischen Ansatz von Gottmann. Beide Ansätze verlängern das, was, in Formen einer stabilen Welt, in W. Christallers berühmter Göttinger Untersuchung (*Zentrale Orte in Süddeutschland*, Göttingen 1933) erstmals an Instrumentarien entwickelt wurde.

17 Vgl. dazu: B. Brüggemann, R. Riehle, *Das Dorf. Über die Modernisierung einer Idylle*, Frankfurt/New York 1986; D. Ipsen (Hg.), *Heirate nie den Berg hinaus! Modernisierung im Vogelsberg*, Darmstadt 1983.

bauliche Avantgarde. Die japanischen Metabolisten (wie auch ihre europäischen Konkurrenten, Y. Friedman, Archigram u. a.)[18] verweigerten überhaupt eine traditionelle Bindung an Ort und Landschaft: Wo antike Opferrituale in der Lokalisierung das entscheidende Problem der Stadtgründung überhaupt gesehen hatten, sollte Stadt jetzt ein funktionaler Ablauf in der Zeit werden, Stoffwechsel. Die Stadt würde sich wie ein Wurm über den Erdball bewegen, vorne Materialien aufnehmen und sich daraus ständig neu erbauen, hinten die verbrauchten Reststoffe als Ausscheidung zurücklassen.

Auch sie übersahen die Folgen der Vergleichgültigung von Stadt und Land: daß ein gezielter Umbauprozeß nicht nötig ist. Die bloß halbe Auflösung des Unterschieds von Stadt und Land impliziert daher eine unerwartete Chance. Stadt, Dorf und Landschaft, diese liegengelassenen Formen gesellschaftlichen Lebens, sind zwar nicht mehr Ausdruck gesellschaftlicher Produktion, aber sie bleiben gerade deshalb als kulturelle Gebrauchswerte erhalten, als Wohn- und Wahrnehmungsort der Menschen, als Gesellschafts- und als private Lebensbühne.

Die dritte, mikroelektronische Industrialisierungswelle hat diese Folge erst wirklich ins Bewußtsein gerückt. Auch ihr wies man schon Ende der siebziger Jahre die Aufgabe zu, die Trennung von Stadt und Land endgültig aufzuheben. Die Elektronik mache es gleichgültig, wo der Terminal des Büroarbeiters stehe, in der Stadt – mit den Problemen der Überfüllung und erschwerten Erreichbarkeit –, oder in den unendlichen auswechselbaren Vorortwohnungen, oder auf dem Lande.[19] Die Abschaffung der Stadt hat nicht stattgefunden, die Computerisierung von Produktion, Geldverkehr und Verwaltung führte nur zum Teil (die *back offices*) zur Verlegung der Büroarbeit aufs Land, nur keineswegs als Heimarbeit, aber zugleich zu weiterer Konzentration in den Geschäftszentren und zur beginnenden Rückkehr sauberer Industrie in die Stadt.

18 Vgl. M. Schumpp, *Stadtbau-Utopien und Gesellschaft. Der Bedeutungswandel utopischer Stadtmodelle unter sozialem Aspekt*, Gütersloh 1972, S. 100 ff.
19 Vgl. A. Toffler, *Die dritte Welle. Zukunftschance. Perspektiven für die Gesellschaft des 21. Jahrhunderts*, München 1980, S. 204 ff.; J. Huber, *Die verlorene Unschuld der Ökologie. Neue Technologien und superindustrielle Entwicklung*, Frankfurt am Main 1982, S. 46 ff. Zur Kritik solcher Erwartungen vgl. G. Richeri, *L'universo telematico. Il lavoro e la cultura del prossimo domani*, Bari 1982, S. 56 ff.

Als entscheidende Nachricht stellte sich heraus, daß, wie immer die Verteilung ausgehen wird, die bemerkenswerteste Folge der Computerisierung der Arbeit ist, daß sie ortsneutral ist und gerade deshalb mit der traditionellen Stadt (aber auch dem traditionellen Dorf oder der Aufrechterhaltung unzersiedelter Landschaft) kompatibel. Statt die Auflösung voranzutreiben, hebt sie auch noch den Zerstörungsdruck auf. Was jetzt noch an Zerstörung weiterläuft, ist historische Routine, Lernunfähigkeit.

Die Abkopplung der gebauten Stadt von den Formproblemen gesellschaftlicher Reproduktion beendet also auch den Abbildungszwang, in dem die Stadt das jeweils neueste Bild der Moderne darbieten muß. Die Stadt umgibt uns in Zukunft, wie modern kostümiert sie je sein mag, als Herausgefallenes, als historisches Material: bloßer Gebrauchswert.[20] Die ganze bisherige Geschichte des immer neuen Umbaus der Stadt für den veränderten Gesellschaftszweck ist zu Ende. Die nötigen Anpassungen und Umbauten können heute pragmatisch und im Detail vor sich gehen, sie haben weder eine Darstellungsaufgabe noch eine funktionale Unterjochung der Stadt unter die neue Gesellschaftsaufgabe zu erfüllen.

Was wir gerade erlebt haben, ist die Rücknahme der letzten großen Stadtfigur dieser Art: das Ungültigwerden der modernen Industriestadt. Die Industrialisierung ist heute Struktur geworden. Einerseits gehört sie zum formalen Bestand der historischen Stadt, wie das, was von Antike, Mittelalter und früher Neuzeit überkam, andererseits radikalisiert sie sich in der Unauffälligkeit ihrer elektronischen Übersetzung zu einer nie gekannten Flüssigkeit städtischer Verhältnisse, Funktions-, Raum- und Größenbeziehungen. Was die strukturell industrialisierte Stadt ausmacht – und sie sowohl begrifflich wie für die Sinne so schwer faßbar sein läßt –, ist der Widerspruch zwischen der ortsgebundenen Räumlichkeit und den Abstraktionen, die sie füllen.

Entsprechendes gilt vom Land, von dem korrespondierend nicht geredet und nicht geschwiegen werden kann. Konzeptionell sind Stadt und Land übereinanderliegende Schichten unterschiedlicher Reichweite, aber das löscht nicht das physische Nebeneinan-

---

20 In einer als Marx-Exegese verkleideten Version seiner Stadtsoziologie hat H. Lefebvre diesen Zustand, zu Unrecht, bereits der Industriestadt des 19. Jahrhunderts zugeschrieben; siehe *Die Stadt im marxistischen Denken* (1971), Ravensburg 1977, S. 101f.

der aus. Was als Land übrigbleibt, ist, zwischen aufgegebenen Bergbaugebieten, Ölfeldern, Wüste und auf Bodenschätze abgeklopfter Antarktis, ein sozusagen unreiner Landkomplex, der nur in immer neuen Einzelfällen beschrieben werden kann. Die Stadtferne kann fast unüberwindbar sein oder nur der Schritt, mit dem man in den Poren des Stadtzerfalls oder der Siedlungsränder in Landschaft, und damit auf Land, zurückfällt. Der städtische Naturverbrauch, indem er Land zerstört, definiert es ständig neu als Nicht-Stadt. Zurückgeworfen auf die Wand des Verschwindens, werden die riesigen vorhandenen Landflächen zu einer kumulativen Masse von Hindernissen, an denen sich die städtischen Bedarfsströme – Gütertransport, Personenverkehr, Tourismus – zunehmend reiben.

Das Land leistet Widerstand, gerade weil es keine Natur- oder rechtliche Gegenkategorie, sondern Teil des städtischen Bedarfszusammenhangs ist. Grenzen der Belastbarkeit tun sich auf vielen Ebenen auf: der Ausbeutbarkeit der Erde, der Strapazierung der Bewohner durch Transit- und Fluglärm, der Leistungsgrenzen der Gebirgsstraßen und Alpenlandschaften, des Erstickungszustands von Flüssen und Meeren. Alles das macht die Städte verantwortlich und weist sie, da Meere und Gebirge sowenig auswechselbar sind wie die für städtischen *fast food* abgeholzten Regenwälder Brasiliens, auf sich selbst zurück.

Stadtagglomeration und Stadtregion

Man muß sich nun auf die Ergebnisse möglichst unbefangen einlassen, vor allem seinen eigenen Augen trauen. Daß das Begriffspaar Stadt und Land seinen kategorialen Wert eingebüßt hat, lehrt die bloße Anschauung. Daß aber umgekehrt alles Stadt geworden sei, ist deshalb noch lange nicht richtig. Die Schwierigkeit besteht eher darin, überhaupt für Stadt ein geeignetes interpretierendes Konzept vorzuschlagen. Da liegt nichts näher, als zu radikalisieren und Deutlichkeit, Prägnanz, zu erreichen auf Kosten des noch schwerer zu fassenden Landes.

Die moderne Urbanistik beginnt nicht umsonst mit dem Beschreibungsproblem. Das Gründungsdokument nennt die neue Problematik bereits im Titel: Reinhart Baumeisters Lehrbuch der Stadterweiterung. Baumeister zeigte am Beispiel Londons, daß

Stadt zu einem zeitlichen Vorgang geworden sei, einer unabschließbaren Bewegung der Stadterweiterung, die immer weitere Bereiche des Umlandes einer Kernstadt ergreife.[21] Die grenzenlose Großstadt[22] wurde zum herrschenden Denkmodell. Damit ging man allerdings noch davon aus, daß es möglich sei, alle Erweiterungen auf den Stadtkern zu beziehen und damit jede Stadt, auch die grenzenlose Großstadt, für sich zu betrachten.

Daß in der Wirklichkeit die unbegrenzt wachsende Stadt nicht mehr isoliert im Land liegt, sondern daß bei modernen Wachstumsverhältnissen mehrere Städte mit ihren Peripherien aneinanderstoßen und dabei für trennendes Land keinen Platz mehr lassen, dieser Zustand ist für Belgien schon früh von Riehl beschrieben worden und erhielt seine wissenschaftliche Fassung, unter dem Titel *conurbation*[23], um 1900 durch Patrick Geddes. Diese Stadtagglomeration ist nach wie vor ein empirisch gedecktes Konzept einer städtischen Grundeinheit. Klassische Beispiele dafür sind Lancashire, das Ruhrgebiet, die Randstadt der Niederlande.

Der Normalfall ist allerdings die Zentrierung der Agglomeration durch eine Kernstadt. Dabei sind inzwischen die entstehenden Distanzen zwischen Kern und Peripherie so groß, die dabei überrollten, ehemals selbständigen Kleinstädte und Landschaften so zahlreich, daß dieses Übermaß auch nach begrifflichem Niederschlag verlangt. Dem entspricht das Konzept der Stadtregion, das ausdrücklich die politisch-administrativen Grenzen der Kernstadt überschreitet. Die Stadtregion New York z. B. bezieht drei Staaten, neun statistische Großstadteinheiten, 31 *counties* und 780 selbständige Stadtgemeinden ein.[24]

Geographisch-strukturelle und politisch-ökonomisch-funktionale Kriterien führen hier allerdings zu ganz verschiedenen Bestimmungen von Stadt, wie in den sechziger Jahren gerade am Beispiel der amerikanischen Ostküste die Arbeit der Gruppe um Berry einerseits, die des Geographen J. Gottmann andererseits zei-

21 R. Baumeister, *Stadterweiterungen in technischer, baupolizeilicher und wirtschaftlicher Beziehung*, Berlin 1876, S. 11.
22 O. Wagner, Wien 1911.
23 Vgl. P. Geddes, *Cities in Evolution. An introduction to the town planning movement and the study of cities* (1915), London 1968, S. 34 ff.
24 M. N. Danielson, J. W. Doig, *New York. The Politics of Urban Regional Development*, Berkeley, Los Angeles, London 1982, S. 3 f.

gen – je nach Ausgangsmaterial, Statistik dort, Landkarte hier.[25] Berry konstruierte einen Baustein, die Standard Metropolitan Statistical Area (SMSA), eine großstädtische Elementareinheit, die als Gliederungselement größerer Einheiten benutzt oder von weitergreifenden Einheiten überlagert werden kann, wie das Peter Hall mit seiner Standard Metropolitan Labour Area (SMLA) für England und Wales getan hat. Gottmann nutzte die grundsätzliche Offenheit funktionaler Abgrenzungskriterien, um den Maßstab zu vergrößern und aus Stadtregionen eine Agglomeration zweiter Ordnung zu folgern: Megalopolis (entsprechend betrachtete P. Hall ganz England als eine Megalopolis, stieß aber seinerseits wieder auf Abgrenzungs- und Maßstabsfragen, die ihn zur Konstatierung einer ökonomischen Großeinheit brachten, die von London bis Mailand reicht und inzwischen als »blaue Banane« weithin bekannt ist[26]).

Das Ausmaß an Makrobetrachtung gewinnt so bereits alle Anzeichen von Willkür, ist aber nicht einmal abzudichten gegen weitere Radikalisierungen, die entlang funktionaler Kriterien schließlich bei einer Weltstadt enden müssen, die nirgends und überall ist. Es ist immer nur die Frage, welche Daten man abblendet und welche man privilegiert. Die Weltstadt ist ein Unding, aber auch wiederum nur die unbeholfene urbanistische, von Flächenmassen und Verkehrsdichten geleitete Realisierung des Zustands, daß ökonomische und politische Entscheidungsstrukturen nicht mehr durch Städte bestimmbar sind, alle Städte vielmehr nur mehr oder minder zentrale Relais eines ortlosen Weltsystems bilden.

Damit ist ungewollt bereits wieder die einzelne Großstadt als reale Einheit freigestellt. Das bewahrt zugleich davor, auf dieser traditionellen Ebene der Stadtindividualität die ausufernde Stadt zum Bild des Ganzen zu radikalisieren. Die ausuferndste Stadt hört in der Wirklichkeit irgendwann auf, schon deshalb, weil sie auf Trinkwasser und ähnliche Ressourcen angewiesen ist, die nur übrigbleibendes Land liefern kann. Je kleiner der Maßstab, je mehr auf die phänomenal unverwechselbare einzelne Stadt zugespitzt, desto unübersehbarer taucht die Kategorie Land wieder auf.

25 Vgl. P. Hall, a.a.O., S. 46; siehe auch: J. Gottmann, *Megalopolitan Systems around the world*, in: L. S. Bourne, J. W. Simmis (Hg.), *Systems of Cities. Readings on Structure, Growth and Policy*, New York 1978, S. 53 ff. Zur Unterscheidung von struktureller und funktionaler Analyse vgl. P. Hall, *Containment*, a.a.O., S. 38.
26 P. Hall, D. Hay, *Growth Centres in the European Urban System*, London 1980.

Gebaute und gelebte Stadt

Die Unterscheidung materiell ausgedehnter und funktional sich bewegender Stadt ist von einer merkwürdigen Spannung: Sie nimmt alles traditionell Haftende weg, löst es in Fläche, Dichten, Zeit und Distanzen auf und verschweigt doch das Subjekt dieser Auslösung, oder wenigstens die Mächte, die sie kommandieren. Was beunruhigt, ist nicht so sehr die Spaltung des Gegenstandes als der Umstand, daß bei dieser Spaltung etwas verschwindet. Der funktionale Ansatz ist gleichsam die Darstellung des soziologischen Gegenstandes im Feld der Urbanistik, aber es fehlt das Entscheidende, die Gesellschaft.

Umgekehrt kann man von der Soziologie nur erwarten, daß sie an ihrem Gegenstand Gesellschaft die analoge Spaltung vollzieht, die auf die nicht ausreichende Verfügung über die Materialität des Gebauten, von Räumlichkeit und verdichteter Ausdehnung zurückgeht. Die Stadt zerfällt in Themen: politische Funktion, ökonomische Mächte, Widerstand von Bewohnerschaften, Minderheiten. Der Maßstab ihrer Macht über die Stadt ist die Grundrente: Wem gehört die Stadt?[27] Es fehlt der Soziologie die sinnliche Prägnanz der wirklichen vorhandenen Stadt, ihre Größe, Dichte, Einheitlichkeit ungeachtet aller funktionalen Beschleunigungen.

Spaltung der Stadt und gespaltene Darstellung in den konkurrierenden Wissensformen bzw. Praxen Urbanistik und Soziologie sind aber verschiedene Ebenen. Das Auseinandertreten von sozialen und räumlichen Verhältnissen ist weder neu noch eine Besonderheit allein der Stadt. Allenfalls in der Antike war die Stadt das, was man mit Augen sah. Schon die mittelalterliche Stadt war, entgegen ihrer prägnanten Gestalt, ein Schwurverein der sie gründenden Bürger, zu dem die gebaute Stadt sich als Materie und Bild verhielt. Anschauung und Begriff der Stadt fielen zu Beginn der Neuzeit offen auseinander, auch wenn Festungspläne und Idealgrundrisse das Gegenteil zu beweisen schienen, und die gebauten Manifeste der zwanziger Jahre dieses Jahrhunderts waren in ihren Ansprüchen nicht besser gegründet, ganz im Gegenteil.

Die Verselbständigung der Zugriffe von Urbanistik und Soziologie gegeneinander ist dagegen eine Wirkung der Arbeitsteilung, gegen die man sich wehren kann. Die Realisierung des Zerfalls ih-

---

27 Vgl. z. B. C. Topalov, *Capital et propriété foncière: Introduction à l'étude des politiques foncières urbaines*, Paris 1973.

res jeweiligen Gegenstandes ist den Urbanisten wie den Soziologen abzunehmen und zu danken. Aber zugleich kann man sich nicht mit den getrennten Vollständigkeiten zufriedengeben, sondern muß beides wieder aufeinander beziehen, die aufgespaltene Stadt der Urbanisten und die aufgespaltene Stadt der Soziologen. Dazu muß man jeder Seite eine Vereinheitlichung ihres Gegenstandes zumuten. In kontrollierter Naivität kann man sich die Gesellschaft als Bewohner der Stadt denken. Die Stadt muß, unter aufgeklärten Verhältnissen, der Gesellschaft nicht ähnlicher sein als ein Haus seinen Bewohnern. Es muß nur beides benennbar sein. Was ich als Benennungen eingesetzt habe – die Stadt als Haus hier, die Gesellschaft als Bewohner dort, gebaute und gelebte Stadt –, ist allerdings eine Figur, die man von Urbanistik und Soziologie nicht geschenkt bekommt, sondern sich erst verdienen muß – bislang also nur Vorgriff und Behauptung.

Stadt und Gesellschaft

Daß die Stadt begrifflich, als gesellschaftliche Einrichtung, nicht mehr greifbar ist, ist die Kehrseite des Gestaltverlusts. In einer weitgehend verstädterten Gesellschaft gibt es keinen von der Gesellschaft insgesamt abhebbaren Stadtbegriff.[28] Das ist auch nichts Neues, sondern der Ursprungspunkt der Stadtsoziologie: Wie die Urbanistik aus der Erfahrung entstand, daß man es nicht mehr mit der stationären, in ihrer Gestalt und Landschaft ruhenden Stadt zu tun hatte, so, und zur gleichen Zeit, die Stadtsoziologie aus der Erfahrung, daß die Stadt aus einer bestimmten Form zu einer Ebene der Zertrümmerung gesellschaftlicher Formen geworden war.

Wie wenig der Rückgang auf die Geschichte der Stadt dabei leisten konnte, zeigten die spärlichen Folgen, die Webers Versuch der Typenbildung in seiner ausdrücklich der Stadt gewidmeten Studie[29] zeitigte. So war nur herauszufinden, was die Empirie der modernen Stadt gerade nicht mehr abverlangen kann, nachdem jene in der Geschichte alle Rollen bekleidet hatte, die man ihr über-

28 J. Friedrich, *Stadtanalyse. Soziale und räumliche Organisation der Gesellschaft*, Reinbek 1977, S. 14 f.
29 Max Weber, »Die Stadt«, in: *Wirtschaft und Gesellschaft*, 2. Hbd., Tübingen 1964, S. 941 ff.

haupt nur antragen konnte. Die Soziologie ist also allemal gezwungen gewesen, der Stadt einen Spiegel vorzuhalten, der nicht ihrer war. Mindestens vier Strategien angesichts des Erfordernisses eines Interpretaments lassen sich hier unterscheiden, die zu unterschiedlichen Zeiten entstanden und ihr Maximum an Überzeugung erreichten: Stadt als Milieu, Stadt als Betrieb, Stadt als Staat, Stadt als Kultur. Die Reihenfolge ist zugleich eine der historischen Abfolge.

Die naturalistische Betrachtung der Stadt als Milieu gehört zur Entdeckung der sozialen Frage und der Großstadt untrennbar hinzu, sie speist die Stadtromane von Sue, Dickens, Raabe, sie bildet den Untergrund der Stadtkritik von W. H. Riehl. Erst durch Ferdinand Tönnies erhielt das Ressentiment gegen das alle Tradition zersetzende Milieu Großstadt soziologische Schärfe[30]: Die moderne Stadt ist für Tönnies der Sitz von Gesellschaft, als rationaler, vertraglicher Form sozialen Lebens gegenüber der in ihr unmöglich gewordenen unvordenklichen Gemeinschaft des traditionellen Städtewesens. Zieht man das antistädtische Ressentiment ab, so zielt auch Simmel, indem er ganz in der Tradition des 19. Jahrhunderts mit der traumatischen Wirkung der städtischen Zumutungen auf das Nervensystem rechnet[31], auf die Stadt als Milieu. Die entschiedenste und folgenreichste Ausprägung fand der Milieuansatz aber durch Robert Park und seine Schüler.[32] Die neuere Stadtsoziologie verdankt der Chicagoer Schule mehr, als ihr lieb ist, nicht nur den Geschmack vorurteilsloser Feldforschung, sondern auch jenen unverkennbaren darwinistischen Ton ökologischer Kategorien, die unterderhand zu Metaphern mit anthropologischem Unterton werden.[33]

Die Konzeption der Stadt als Betrieb entstammt der liberalen

30 Vgl. *Gemeinschaft und Gesellschaft* (1887), Berlin ³1920, S. 30f. bzw. 34f.
31 Vor allem: *Die Großstädte und das Geistesleben* (1903), in: G. Simmel, *Das Individuum und die Freiheit. Essays*, Neuausgabe Berlin 1984, S. 192ff.
32 Siehe unten: Kultur der Großstadt; über Park und die Chicago-Schule vgl.: R. Lindner, *Die Entdeckung der Stadtkultur. Soziologie aus der Erfahrung der Reportage*, Frankfurt am Main 1990; Friedrichs, a.a.O., S. 29ff.
33 Es handelt sich um das Vokabular der mittleren ökologischen Analyseebene, der der Population: Expansion, Migration, Konkurrenz, Dominanz, Segregation, Invasion und Sukzession, Dispersion usw., ferner um ethologische Anleihen wie Nähe und Distanz, Kontakt und Vermeidung, subjektive Stadtpläne (mental maps) und Aktionsräume, bekannt aus ungezählten Untersuchungen und nicht mehr zu vermeiden, trotz des pessimistisch-malthusianischen Beigeschmacks von Verdrängungskonkurrenz.

Phase städtischer Selbstverwaltung und entspricht dem Selbstbild eines Bürgertums, das in einer Person die Funktion des Industriellen und des ehrenamtlichen Stadtbeamten vereinte. Diese Leistungsverwaltung[34] ist in Webers Rationalisierungstheorem verallgemeinert und damit wiederum als Interpretationsinstrument freigesetzt. Stadtsoziologisch fruchtbar gemacht wurde es allerdings durch den Managerialismus von Ray Pahl und anderen englischen Soziologen der zweiten Nachkriegszeit.[35]

Sie steht in polemischer Nähe zu den verschiedenen marxistischen Positionen, die die Stadt als Instanz (oder Instrument) sozialer Herrschaft betrachten und damit unter die jeweils bevorzugte Staatstheorie subsumieren. International diskutiert wurde vor allem die strukturalistische Variante M. Castells.[36] Zahlreiche amerikanische Untersuchungen wiederum unterscheiden nicht nur nicht zwischen Staat und Stadt, sondern behandeln auch die Ebenen Staat/Stadt und Betrieb als gleichrangig, indem sie sie unter den gemeinsamen Oberbegriff der Macht bringen.[37] Die Stadt gibt hier also nur das Schlachtfeld ab, auf dem die Allokationskämpfe der verschiedenen Machtinstanzen (Verwaltungsinstanzen, Lobbies, Gewerkschaften, Investoren usw.) konkurrieren.

Das Konzept Stadt als Kultur schließlich verdankt sich den städtischen Auseinandersetzungen der sechziger und siebziger Jahre; Sanierung, Riots in den Farbigenvierteln, Pariser Mai und deutsche Studentenbewegung, Squatterbewegungen und Stadtteilarbeit bzw. *animation culturelle*, Öko-Stadt und die Aufarbeitung der verschütteten Geschichte städtischer Bewegungen. Herbert Gans' aus der Sozialökologie entlehntes Theorem der ethnischen Kleingesellschaften und Nischen dürfte einer der wichtigsten Ansatzpunkte gewesen sein, ein anderer die kulturrevolutionäre Stadtsoziologie H. Lefebvres.[38] Vor allem aber waren es die praktischen Versuche in den USA wie in Europa, die die neuen Maßstäbe setz-

34 Zum Begriff siehe unten: Kapitel Modernisierung.
35 Vgl. P. Saunders, *Urban Politics. A Sociological Interpretation*, London usw. ³1983, S. 166ff.
36 Vgl. *La question urbaine*, Paris ²1975; *Luttes urbaines et pouvoir politique*, Paris 1975.
37 Vgl. u. a. R. Friedland, *Power and Crisis in the City. Corporations, Unions and Urban Policy*, London/Basingstoke 1982; J. Simmie, *Power, Property and Corporation*, London 1981; Danielson, Doig, *New York*, a.a.O.
38 Vgl. *Die Revolution der Städte* (1970), München 1972.

ten.[39] In dieser Einbettung ist die umfassende Situationsanalyse von Häußermann und Siebel zu sehen: Sie legt, zentriert auf die ambivalente Figur der neuen Urbanität, in der soziologischen Einholung kritischer Stadterfahrung ein subjektives Interesse an Stadt als Handlungsort an den Tag, das auf der Grundlage der erfahrenen Lebensbereiche Stadtteil/Stadtteilkultur aufruht und von daher zur Zentrumsbildung und zu entsprechenden Radikalisierungen fähig ist.[40]

Diese Ankunft bei einer eigenen Figur, die nicht aus anderen Fächern der Gesellschaft geborgt ist, ist der entscheidende Punkt. Darin kommt erstmals wieder ein Stadtsubjekt in Vorschlag, auch wenn es ambivalent ausfällt. Von da aus können gleichermaßen Strategien und Wünsche entwickelt werden. Daß dieser Punkt nur über die Ebene Kultur zu erreichen war, ist zwangsläufig angesichts der Erkenntnis, daß die Schwierigkeit eben darin bestand und weiter besteht, auf der Ebene der Auflösung jeder gesellschaftlichen Besonderung der Stadt eine empirische Ebene zu finden, auf der Stadt wieder aussagefähig ist. Stadt als Selbstaussage, als eigene, mittlere Zentralität zwischen Subjekten und Gesellschaft, meint gleichsam eine handelnde Person innerhalb einer eigenen Geschichte, die nicht mit der – vielleicht nützlichen – Karriere als ökonomischer oder politischer Standort, als bloße Allokationsebene, zusammenfällt: Ihr können Affekte angetragen, ihr können eigensinnige Entscheidungen zugemutet werden.

Stadtpolitik

Es kann hier nicht um die Frage der Reichweite gehen, die vor allem die amerikanischen Soziologen beschäftigt. Entscheidend ist vielmehr die praktische Einübung der Handlungsebene Stadt, als jeweils dieser Stadt mit ihren besonderen Problemen, Möglichkeiten, historischen Lastern, Charakterzügen, kulturellen Bewegungsformen. Man kann sich dabei letztlich auch nur aus den wirklichen stadtkulturellen Vorgängen ernähren. Die alternativen Bewegungen haben ein Jahrzehnt lang Stadtbereiche mit ihren Ak-

---

39 Zum Beispiel der *Blueprint for a communal environment*, Berkeley 1969, vgl. M. Bookchin, *Die Grenzen der Stadt* (1974), Berlin 1977, S. 144 ff.
40 Vgl. H. Häußermann, W. Siebel, *Urbanität oder Ökologie?*, in: *Arch +* 94 (1988), S. 40 ff.

tionen, Bildern, Umfunktionierungen in Bewegung gehalten. Wenn diese Phase als abgeschlossen gelten kann, so ist das mindeste, daß die Erfahrungen dieser Zeit in das Instrumentarium eingehen, mit dem die Beteiligten in Zukunft über die Stadt reden.

Es geht hier um einen Verallgemeinerungsprozeß, der die spezifische Aufmerksamkeit der Bewegungszeiten auf eine gesamtstädtische Handlungs- und Beurteilungsebene rettet. Es geht aber auch um die Aufhebung von Handlungsweisen und Bildreden in analytisch angelegte Stadtvorstellungen, die im Stadtzusammenhang bisher Verstecktes aufschließen und verallgemeinert nutzbar machen – mit denen wir also die heutigen städtischen Umwälzungen in kulturellen Kategorien der Bereicherung oder Verarmung, von Spiegelung und Bildproduktion beschreiben und mit denen wir die Härte ökologischer Notwendigkeit mit den kulturellen und politischen Spielformen in einen Austausch bringen können.

Die damit strapazierte kulturelle Hegemonie ist so unvermeidlich wie gefährlich: Während Politik und Ökonomie sich in ihren fragmentierenden, stadtflüchtigen, oft genug stadtfeindlichen Wirkungen totlaufen, ist die kulturelle Ebene gesellschaftlicher Selbsterfahrung auf die Probe gestellt, was sie mit den eigenen Motiven tatsächlich macht – ob sie willens und fähig ist, mit den vorzufindenden fragmentierten Zuständen umzugehen, ohne an der Tatsächlichkeit von Stadt und Städtischem zu verzweifeln.[41]

Innerhalb der kulturellen Führungsrolle wiederum behauptet die obenstehende Ausdrucksweise eine Federführung der subjektiven Wahrnehmungsfähigkeit. Von Fragmentierung zu reden heißt in der Tat, eine Wahrnehmungsform vorzugeben. Wie sich die beiden Seiten, Stadtgesellschaft und gebaute Stadt, im Zustand ihrer Fragmentierung bewegen, ob sie sich gegeneinander abschließen oder aufgrund der Fragmentierung zu Kooperationsformen über sonst unüberwindliche Gräben hinweg fähig werden, ebendas bleibt gerade erst zu untersuchen und nicht bereits durch die Kategorien der Erfassung vorzugeben.

Die Umwälzungen, die in den letzten zwei Jahrzehnten die europäischen Städte verändert haben, können dann innerhalb einer Perspektive städtischer Vermittlung gelesen werden – wobei das positive Vorurteil bereits in der Grundannahme selber steckt, der des erfahrbaren Stadtzusammenhangs. Diese Parteinahme für die

41 Baudrillard ist eben zu Recht kein Stadtsoziologe.

Stadt muß nicht nur nicht gegenüber dem biologisierenden Unter-
suchungsvokabular wertfreier Stadtforschung mühsam legitimiert
werden, sie ist vielmehr nötig, weil Erfahrung, Beobachtung, Beschreibung Teil des weiterlaufenden Umwandlungsprozesses sind,
zu praktischen politischen Eingriffen führen und durch deren Ergebnisse bzw. den damit in Gang gesetzten Erfahrungsprozeß
wieder verändert werden. Die stattfindenden Umwälzungen: Einwanderung, ungeplantes Stadtwachstum mit allen seinen Folge-
erscheinungen wie Wohnungsnot, Boden- und Bauspekulation,
Sanierung und *gentrification*, müssen, wenn vom Stadtzusammenhang und nicht von gesellschaftlichen Strukturen (Ungleichheit,
Segregation usw.) die Rede sein soll, auf einen möglichen Vermitt-
lungsprozeß hin untersucht werden, nach beiden Seiten des Stadtzusammenhangs: als Vervielfachung – erhöhte Widersprüchlichkeit – der ökonomischen Netze und als Vervielfachung der Räume
und Bildangebote.

Stadt als mittlere Konkretion

Das ist viel verlangt, und mit alledem landet man auch noch in einem doppelten Abseits, dem der lokalen Beschränkung und dem
der mittleren Reichweite. Es hängt am Thema Stadt nun einmal die
Abhängigkeit von dem, was am genauen Ort möglich ist und was
nicht. Örtlichkeit ist das Gegenteil von Utopie, und das kleinbürgerliche Überlebensinteresse jeglicher Örtlichkeit (und das
schließt Orte wie Treblinka und Sobibor ein) ist deshalb auch das
Gegenteil von Apokalypse.

Apokalypse und Utopie sind aber auf dem Markt der Gedanken
die begehrtesten Waren überhaupt, und wenn Städte hier eine
Chance haben sollen, dann eben als Apokalypsen oder als sich
selbst destruierender Text.[42] Örtlichkeit ist zwar eine der großen
kulturellen Ressourcen überhaupt. Aber sie wird verschwiegen ge-
nossen, in den Ferien, im Feuilleton, als Hauskauf mit Wohnumfeld. Die Brechung des Gedankens durch den Ort fällt dagegen als
Stilbruch aus dem Bereich der allgemeinen literarischen, theoretischen usw. Produktion heraus. Selbst in großen Dimensionen,
z. B. als Verschmerzen Mitteleuropas in den südosteuropäischen

42 Vgl. z. B. *Panic City*, Berlin 1979.

Republiken, bleibt die Sache zweifelhaft. Der unvermeidlich sich einstellende Lokalgeruch, die Gefühle bindende Bemühung um reales Gelingen, trifft ebenso unvermeidbar auf Abwehr und Ausschluß: freischwingend, utopisch und nicht an Ort und Verwirklichung kleinlich gebunden soll die kulturelle Rede sein.

Die Ebene Stadt andererseits kann zwar von Örtlichkeitsverwicklungen, von Praxis, Wunsch und Gelingen freigehalten werden, ist aber als unverdächtig neutrale Rede eben nur von begrenzter Reichweite: viel weniger allgemein und damit relevant als die benachbarten Ebenen Staat, Nation, Ethnie einerseits, Familie, Geschäft, Vereine usw. andererseits. Die Stadt ist ein zeitgemäßes, aber kein anerkanntes Thema. Welches Fachinteresse immer sich ihr zuwendet, es gerät in eine Art Regionalliga: Stadtgeschichte, Stadtsoziologie, Kommunalwissenschaften, Stadtgeographie usw., das sind nach geltender Einschätzung ebenso viele Vorgartenwissenschaften für Leute, die auf das freie Feld ihres Faches, wo die großen Objekte gejagt werden, Geschichte, Gesellschaft, Weltall, Erde, Mensch, sich nicht hinaustrauen. (Nur die gebaute Stadt entgeht dieser Zweitklassigkeit: Ungestraft dürfen sich Kunsthistoriker mit Stadtanlagen befassen, und selbst die Stadtplaner verfügen über den Oberliga-Gegenstand, den ihnen die an sich logisch höhere Ebene Raumplanung zu vermiesen nie wagen wird.)

Nun ist aber die gelebte Stadt das letzte Bild für Gesellschaft, das wir haben. Alle Bilder einer von der Stadt befreiten Gesellschaft erwiesen sich als Rückgriffe auf die vorstädtischen Gesellschaften, die ihr Erinnerungsbild mühsam in übermächtige Territorien einschrieben, während das, was im Gesellschaftsprozeß heute über die Stadt hinaus ist, allein noch in technischen Abbildungen, im Funktionsdiagramm eines mehrstöckigen Mikrochips etwa, zu erkennen ist, ohne daß noch eine Darstellungsbeziehung da wäre. In gleicher Weise ist gebaute Örtlichkeit, als gebrochene, heute die vielleicht wichtigste Ressource für die Selbstwahrnehmung und das Festhalten von Geschichte innerhalb austauschbar gewordener Lebensverhältnisse und ausgeleuchteter ahistorischer Umgebungen.

Einwanderung

Die zwei Bewährungsproben für das Instrument Stadt: Migration und Ökologie, unterscheiden sich vorderhand nach ihrer Fälligkeit: Die eine ist in kurzen Zeiträumen zu denken, die andere in extrem langen; die eine ist unübersehbar gegenwärtig, sichtbarer, als es ihrem Ausmaß entspricht, die andere nur im Kopf zu vergegenwärtigen, unter der Drohung, daß das, was man heute tut oder unterläßt, erst in 10, 20 oder 30 Jahren eine Wirkung zeigen wird. Um das richtige Maß zu finden, die Ebene, auf der beide Zusammenhänge die Stadt unmittelbar betreffen, muß jeweils in Gegenrichtung gedacht werden: aktualisierend in Sachen Ökologie, langfristig und normalisierend in Sachen Migration.

Der Gründungsvertrag

Stadt und Einwanderung bilden ein klassisches Paar. Es bedurfte dazu nicht des industriellen, kolonial expandierenden Kapitalismus. Städte sind, solange nicht überhaupt das wirtschaftliche Leben zusammenbricht, die geeigneten Fluchtburgen des Überlebens. Zusammenbrechende traditionelle Agrarökonomien haben sich von der Antike an in Stadtwachstum niedergeschlagen, in Europa wie anderswo.[1] Auf die Städte kommt nichts ihnen Fremdes zu.

Aber es geht um mehr. Städte bilden sich von außen und ernähren sich von außen. Einwanderung ist eine Lebensbedingung der Stadt. Eine Stadt, die sich gegen Fremde wehrt und abschottet, sperrt sich gegen Entwicklung und erstarrt. Ausländerfeindlichkeit ist ein Warnzeichen in Sachen Lebensfähigkeit der Stadt selbst. Ausländerfeindschaft ist letzten Endes Stadtfeindschaft.

---

1 Für Afrika ist das Phänomen für mehrere Regionen mindestens seit dem 16. Jahrhundert nachgewiesen, vgl. C. Coquery-Vidrovitch, *A history of African urbanization – labor, women and the informal sector: a survey of recent studies*, in: S. Datta (Hg.), *Third World Urbanization; Reappraisals and New Perspectives*, Uppsala 1990, S. 79; ein klassisches Beispiel für Europa ist die Entstehung des Bevölkerungsreichtums der süditalienischen und sizilianischen Städte, vgl. Chr. Klapisch-Zuber, *Villaggi abbandonati ed emigrazioni interne*, in: *Storia d'Italia*, Bd. 5, I Documenti 1, Turin 1973, S. 341 ff.

Der Zusammenhang ist also grundsätzlich gegeben. Einwanderung, als Stadtwanderung, heißt von den Anfängen an, daß zuvor andere Siedlungsformen, das archaische Dorf, gesprengt wurden. Vorstädtische Siedlungsformen sind stabil (die Zahl der Positionen ist festgelegt, Positionswechsel erfolgen symmetrisch und werden in der nächsten Generation wieder rückgängig gemacht); vorstädtische Wanderungen sind zirkulär (sie wiederholen sich Jahr um Jahr und kehren zum Ausgangspunkt zurück). Die Stadteinwanderung dagegen setzt die Dehnungsfähigkeit der Einrichtung voraus, und sie ist nicht umkehrbar.

Die Stadt ist die dauerhaft, zu einer eigenen Einrichtung geronnene Form der Auswanderung aus den geschlossenen Kleingesellschaften. Die Form der Stadt sagt nicht bereits alles über die, die sie ausfüllen, und wie sie sie ausfüllen, sondern ist ein Modell der Einordnung von Fremdheit, von Neuem, von Niedagewesenem. Die Stadtgründung selbst ist ein Wanderungsereignis. Befestigte Dörfer (z. B. das älteste Jericho) sind und werden von sich aus keine Städte, jeder Außenkontakt (Außenheirat, Handel, Krieg usw.) erfordert einen erheblichen Aufwand, damit die Ausnahme zulässig wird. Bedingung der Stadt ist, daß die Ausnahme Regel wird: Öffnung für fremde Bevölkerungen, Stadt als Markt, Anwesenheit eines militärisch-politischen Machtpotentials.

Die Stadt braucht Menschen, und keine ältere Stadt hat es vermocht, die erforderliche Menschenzahl selber zu produzieren. Stadtwachstum ist Einwanderungswachstum. Die Stadt ist deshalb, als gesellschaftliche Einrichtung, an ihrer Wurzel ein Schutzinstitut. Das ist es, was im alten Orient das System der Schutzgötter leistet: Götter bewachten (bzw. waren) Tore und Mauer, prozessierten auf den Hauptstraßen, schützten die Fernstraßen (die heutigen Straßennamen ahnen etwas davon). Der Städter steht auf der anderen, dunklen Seite des Systems: Er ist der Fremde, der Schutz nötig hat, da er seinen angeborenen Zusammenhang, Dorf und Stamm, verlassen hat.

Was ihn dort herausbrach, ist eben die historische Unruhe, die sich in der Stadt ihre Grundlage schafft. Einmal die Stadt als institutionalisierte Unruhe entstanden, ist die Destabilisierung nicht mehr rückgängig zu machen. Daraus ergibt sich der Grundvertrag der Stadt, das Verhältnis von öffentlichem und privatem Raum. Nichts ist wichtiger, als sich zu erinnern, daß es sich bei diesem Verhältnis in der Tat um ein Schutzverhältnis handelt. Die Stadt hat das, was sie an Sicherheit zerstört, für die Einwanderer, die sie als Schiffbrüchige alter und Pioniere neuer Verhältnisse aufnimmt, in städtischer Form zurückzuerstatten.

Sie hat, heißt das, Schutzinstitut zu sein in dem Ausmaß, in dem sie destabilisierend in die vorstädtische Umwelt hineinwirkt. Das Ausmaß an Schutz, das die Stadt leistet, entspricht im Idealfall der Destabilisierung vorhistorischer Welt, die sie leistete. Diese Destabilisierung ist der Ursprung aller Wanderungen. Daß die Einrichtung Stadt diese Destabilisierung immer zufriedenstellend beantworten kann, ist keineswegs gesagt.

Historisch stellt sich das auf unterschiedlichste Weise dar. In despotischen Verhältnissen war es die politische Macht, Stadtherr, König, Kaiser, die für die Schutzverpflichtung aufkam (noch im Heiligen Römischen Reich deutscher Nation waren, gegen Geld, die Juden dem Kaiser als Schutzherrn unterstellt: Kammerknechte). Die Städte sind riesige Container, die, von Babylon bis Konstantinopel, erbeutete wie aus dem Umland extrahierte Bevölkerungen aufnehmen. In Bürgerstädten überwiegt die Tendenz der Abgrenzung: Es werden nur die hereingeholt, die man braucht.

In den griechischen Staatstädten begrenzte die Stammesgrundlage überhaupt das Wachstum. Die bis in die klassische Zeit geltende Kopplung von Stammeszugehörigkeit, Kult, agrarischem Grundbesitz und Bürgerrechten schloß aber auch grundsätzlich aus, daß Fremde zu Bürgern wurden.[2] Der zusätzliche Bedarf wurde entweder über Sklaven beschafft – Zwangseinwanderer, versklavte Bevölkerungen eroberter griechischer Städte oder Orientalen, die der Sklavenhandel vermittelte –, oder die Zuwanderer wurden, so die athenische Lösung, zu Metöken abgestuft.[3]

In der mittelalterlichen Stadt gab es dagegen keine Notwendigkeit, das Wachstum zu begrenzen, im Gegenteil. Die Landausstattung der Stadt hatte mit ihrer ökonomischen Grundlage, und damit mit der Bevölkerungszahl, nichts mehr zu tun. Der genossenschaftliche Schwurverband der Bürger war auch nicht an uralte Anwesenheit, sondern nur an Wille und Fähigkeit zum Mithalten

2 Vgl. U. v. Wilamowitz-Moellendorff, *Staat und Gesellschaft der Griechen*, in: U. v. Wilamowitz-Moellendorff, J. Kromayer, A. Heisenberg, *Staat und Gesellschaft der Griechen und Römer* (Die Kultur der Gegenwart, T. II, Abt. IV,1), Leipzig ²1938, S. 101.

3 Im 4. Jahrhundert betrug in Athen das Verhältnis von Bürgern zu Metöken 2:1, vgl. *Der kleine Pauly. Lexikon der Antike in 3 Bänden*, München 1979, Art. Metoikoi (Bd. 3, Sp. 1277).

gebunden; der Freie, der sich selbst ernährte, konnte Bürger werden, aber auch als bloßer Mitwohner in der Stadt leben.[4] Die mittelalterlichen Städte wollten wachsen, so brauchten sie jeden, auch die Hörigen (»Stadtluft macht frei«).

In der Neuzeit haben wir beides, den Behälter und die Bürgerstadt, nebeneinander: In den reichen Metropolen Westeuropas zeigen allein schon die Wachstumszahlen, daß jeder einwandern konnte, der wollte, und daß diese Städte mehrheitlich aus Städtern erster Generation bestanden, also aus Fremden. Die rückständigeren absolutistischen Staaten – Preußen oder Rußland – warben andererseits verzweifelt qualifizierte Bevölkerungen an, nicht zuletzt mit der Aussicht, von den herrschenden Reglementierungen weitgehend verschont zu werden (Exemption), und gekoppelt mit einer zugehörigen Politik der Ausgrenzung unerwünschter Bevölkerungen (Juden, Zigeuner und Bettler).

Die industrielle Revolution hat noch einmal die Bedingungen verschärft. Einerseits wurden die Barrieren gegen in- und ausländische Einwanderung so niedrig gesetzt wie nie zuvor in der Geschichte, andererseits wurde statt archaischer oder polizeilicher Abgrenzungen das Auf und Ab der Konjunkturen und Krisen zum entscheidenden Regulierungsinstrument.

Die Destabilisierung, die das System um sich verbreitete, konnte aber aufgefangen werden. Die Stadt nahm, unter Leiden und Verlusten, die Agrarwanderung tatsächlich auf. Das ist es, was die Stadt des 19. Jahrhunderts, trotz ihrer offensichtlichen Unterwerfung unter Klassenverhältnisse, heute so aktuell macht. Das historisch unvergleichliche Ausmaß an erreichter Integration schlug sich zugleich – und beides ist eng miteinander verzahnt – in einer Stadtform nieder, die von heute aus die letzte klassische Periode der Gattung darstellt.

Heute haben wir so etwas wie das Ende der bisherigen Entwicklung: Die Destabilisierung ist global geworden, damit auch das Wanderungsangebot. Dem entspricht am Ausgangsort aber kein zureichendes Aufnahmeinteresse. Im Gegenteil, statt zusätzlichen Bedarfs produziert die technische Innovation die Freisetzung schon Anwesender. Entsprechend tritt im öffentlichen Bewußtsein die Stadt zum ersten Male in ihrer Geschichte nicht mehr als nach außen offenes Verhältnis von Schutz und Leistung auf, son-

---

4 Vgl. H. Planitz, *Die deutsche Stadt im Mittelalter. Von der Römerzeit bis zu den Zunftkämpfen*, Wien/Köln/Graz 1973, S. 253 ff., 275.

dern wie ein Ding, als bloßes Recht und bezahlter Service.

Ob die Stadt, die wir heute haben und weiterbauen, die Destabilisierung, deren Ausgangspunkt sie ist, in dieser globalen Form noch durch eigene Aufnahme- und Schutzleistung abarbeiten kann und will – diese Frage scheint aus einer anderen Welt. Sie kommt trotzdem, mit der Macht des Tatsächlichen, auf uns zu, insofern kann man unbesorgt sein. Aber die Neigung, aus dem Grundvertrag auszusteigen, ist das wirkliche Gefahrenzeichen, das man abhören muß.

Wanderungsrichtungen

Das Zentrum der größten Unruhe liegt heute weitab von den europäischen Städten und würde sie ohne moderne Verkehrsmittel nie erreichen. Was ankommt, ist ein Bruchteil der Flüchtlingsmassen, die unter elenden Bedingungen in Lagern von Ländern leben, die ihrem Herkunftsland mehr oder minder benachbart sind. Mit über 4 Millionen Flüchtlingen aus den eigenen Ländern ist Afrika innerhalb der offiziellen Flüchtlingsstatistik, die nicht die vollen Zahlen, aber die Proportionen richtig wiedergeben dürfte, der große Flucht- und Wanderungskontinent schlechthin (15mal soviel wie in Mittel- und Südamerika zusammen und 6^{1}/2mal soviel wie in Südostasien).[5] Abgesehen von den Lagern dienen die Städte der Dritten Welt als wichtigste Auffangstationen[6], Städte nicht im europäischen Sinne, vielmehr mikrokefale Monstren: von allem in Europa Vorstellbaren weitab liegende Peripherien eingeschossiger Hüttensiedlungen, ohne Stadttechnik oder baupolizeiliche Aufsicht, in denen die kolonialstaatlichen Geschäfts- und Regierungszentren versinken – eine der beiden möglichen Alternativen zur geplanten Stadt.[7]

Die Stadteinwanderung in Europa ist demgegenüber bloße Fern-

5 Zahlen nach *The Economist*, in: *Panorama* 28. 1. 90.
6 Vgl. Berry, *Comparative Urbanisation. Divergent Paths in the twentieth century*, London/Toronto ²1983, S. 150ff.; J. Galbraith, *The nature of Mass Poverty*, Harmondsworth 1979, S. 47f.
7 Vgl. C. Abrams, *Man's Struggle for Shelter in an Urbanizing World*, Cambridge, Ma./London 1966. Ein unvergleichlich lehrreicher Erfahrungsbericht zu São Paulo: E. Hartoch, *Nie allein und barfuß. Sicherung von Wohnraum in den Stadtrandsiedlungen von São Paulo und die entsprechenden Auseinandersetzungen mit vorhandenen Machtstrukturen*, GhK Kassel 1985.

wirkung. Das Wanderungsproblem umgreift hier unterschiedliche Bewegungen, die sich nur langsam miteinander verzahnen. Die eigentliche Fernwanderung aus der Dritten Welt, auf Grundlage der heutigen Hungersnöte, Diktaturen und Stammesfehden, ist eher ein Zukunftsthema (es bildet zur Zeit einen Gegenstand politischer Auseinandersetzungen nur in Ländern – Italien[8], Spanien –, die in den sechziger Jahren selber Arbeitskräfte exportierten). Im Vordergrund steht die innereuropäische, Nordafrika und den Vorderen Orient einbegreifende Wanderungs- und Flüchtlingsbewegung im Rahmen der EG. Das größere Gewicht der Fernwanderung in England und Frankreich[9] ist koloniales Erbe, der Anteil der Ausländerbevölkerung entspricht aber ungefähr dem nichtkolonialen der Bundesrepublik, da er, im Arbeitskräfte-Import der sechziger Jahre, die gleiche Grundlage hat.[10]

Dieser Anteil sagt, daß beides noch bzw. schon funktionaler Bestand ist. Man kann also das klassische Vorbild vergleichen, die europäische Auswanderung in die USA im 19. Jahrhundert. Vergleichbar ist beides übrigens auch quantitativ: Europa hat zwischen 1950 und 1980 so viele Einwanderer aufgenommen wie die USA zwischen 1850 und 1900. Das ist der Sockel, von dem aus allererst sich das Problem zukünftiger Einwanderungen stellt. Was darüber hinausgeht, verlangt, anders gesagt, schwerwiegende Umstrukturierungen. Es gibt keine – oder nur irrelevante – Lücken mehr zu füllen. Sollen Freiräume angeboten werden, muß umorganisiert werden. Erfolge ausländerfeindlicher Bewegungen verdanken sich genau dieser Schwellensituation.

Im Unterschied dazu gibt es für die osteuropäische Einwanderung noch keinen Rahmen, sie ist unverarbeitete Aktualität – näher an ihr, aus historischen wie Zukunftsgründen schwer abzuriegeln und trotzdem nicht einfach wie bisherige Wanderungen integrierbar. Ihrer Dynamik nach dürfte sie zwischen dem Arbeitskräfte-

8 Vgl. L. Balbo, L. Manconi, *I razzismi possibili*, Mailand 1990.
9 Vgl. zur Geschichte der französischen Arbeitseinwanderung: P. Weil, *La France et ses étrangers. L'aventure d'une politique de l'immigration 1938-1991*, Paris 1991. In Frankreich wurden 1982 4,2 Millionen Ausländer gezählt (= 6,8% der Gesamtbevölkerung), davon 47% Südeuropäer, 38% Nordafrikaner, der Rest Schwarzafrikaner und Asiaten (Zahlen nach: J. Voisard, C. Ducastelle, *La question immigrée dans la France d'aujourdhui*, Paris 1988, S. 22 ff.).
10 In der alten Bundesrepublik lebten 1988 4,5 Millionen Ausländer = 7,5% der Gesamtbevölkerung (nach: E. Hübner, H.-H. Rohlfs, *Jahrbuch der Bundesrepublik Deutschland*, München 1990).

import der Vergangenheit und den zuverlässig zunehmenden Hungermigrationen der Dritten Welt eine mittlere Ebene darstellen. Politisch entspannt, fällt der Ost-West-Gegensatz wieder auf ein klassisches Thema zurück, den Entwicklungsunterschied zwischen Ost und West. Der Graben hat sich natürlich modernisiert. Er klafft nicht mehr zwischen etabliertem westeuropäischen industriellen Reichtum und der agrarischen Armut des Ostens, sondern zwischen industrialisiertem Reichtum und industrialisiertem Elend, wobei das Elend, indem es buchstäblich industriell ist, auch eines der ökologischen Situation und damit der körperlichen Zerstörung ist.

Die osteuropäische Einwanderung ist im Augenblick das Element, das das Migrationsthema aktualisiert, also ihm über die Schwelle von einer strukturellen Anwesenheit zu einem selbsttragenden Thema hilft.[11] Daß die reichen »westlichen« Staaten sich nach Osten genauso abzuschotten versuchen, wie sie das nach Süden getan haben, ist selbstverständlich. Fraglich ist, wieweit ihnen das, angesichts der unvergleichlich größeren kulturellen Nähe und der politischen Dynamik einer Vereinigung des ganzen Europa unter einem Dach, tatsächlich gelingt. Es kann nicht einmal eine überzeugende Zollgrenze geben, wenn z. B. Einreisebeschränkungen zwar für Polen, Rumänen, Bulgaren usw., nicht aber für Tschechoslowaken und Ungarn gelten. Oder hat ein deutscher Staat das moralische Recht, sowjetische Juden und rumänische Zigeuner abzuweisen?

Modernität der Stadtwanderung

Die Stadtwanderung des 19. Jahrhunderts ist das Beispiel einer abgeschlossenen modernen Wanderungsbewegung.[12] Die Formen, in denen sich diese Stadtwanderung vollzog, tragen allerdings noch ganz traditionelle Züge. Bis etwa zum Ende des Jahrhunderts war das Umherziehen von Habenichtsen Teil der Normalität. Es gab die nomadische Wanderung der Eisenbahnbauarbeiter, die bei ihrer wilden Lebensart für städtisches Leben nicht in Frage kamen.

11 Vgl. IFES, IWS, KDZ, *Wien 2010. Entwicklungstendenzen bei wachsender Bevölkerung und offenen Grenzen*, Wien 1990; *Il Manifesto*, L'ipotesi asburgica, La talpagiovedi 339, v. 23. 11. 1989.
12 Vgl. unten, Kapitel Modernisierung.

Auch die Wanderungszüge der polnischen, belgischen oder französischen Bergarbeiter hatten fast nomadische Züge: Sie kamen nicht nur nicht in den großen Städten an, sondern bewegten sich konjunkturgemäß von einer Bergbauzone zur anderen, mit der Aussicht, überall in werkseigenen Siedlungen, in Hüttendörfern und sonstigen Gelegenheitsunterkünften unterzukommen. Drittens gab es die saisonale Pendelbewegung der polnischen Landarbeiter, die Jahr für Jahr in der Erntezeit auf den ostelbischen Landgütern eingestellt wurden. Selbst die traditionelle Gesellenwanderung war noch ein ins Gewicht fallender Bereich. Die gezielte Stadteinwanderung stellte innerhalb dieser Bandbreite nur eine weitere spezialisierte Richtung dar.

Die Fernwanderung war sozusagen in diesen Mantel einer alles in allem noch traditionellen Beweglichkeit der Armen eingehüllt. Arbeitssuchende Bevölkerungsgruppen waren in der gesamten Neuzeit ein Teil der Normalität. Ein wichtiger Organisator solcher Wanderungen war der Krieg. Die Mobilität der Truppen und Marketendertrosse und der Konflikte muß nur sozial, als Mobilität arbeitsloser Männer und Frauen gelesen werden. Ein anderer Organisator war das spezialisierte Handwerk: Banden – italienisch nicht umsonst: briganti – von qualifizierten graubündner, tessiner, friauler Maurern, Stukkateuren, Malern, Pflasterern, Terrazzomachern durchzogen Europa. Dann muß man sich die atomisierten Heere von italienischen Buchverkäufern, von Scherenschleifern, Brillenmachern, von Zahnbrechern, Gauklern, jüdischen Hausierern und Handel treibenden Zigeunern vorstellen, die im 18. Jahrhundert unaufhörlich die europäischen Länder durchzogen, ungeachtet der immer neuen Edikte, die ihnen den Zutritt zu verwehren suchten, und der Arbeitshäuser, in die die Aufgegriffenen zum Spinnen eingeliefert wurden.

Davon war im 19. Jahrhundert jedenfalls noch die Leichtigkeit der Ortsveränderung geblieben.[13] Das Mantelphänomen eines all-

---

13 Der Unterschied zwischen Ansässigkeit und Wanderung war meist ganz äußerlich: ob jemand durch seine abhängige Lage, z. B. als Leibeigener, am Weggehen gehindert wurde oder nicht. Die nordosteuropäische Leibeigenschaft beweist das: Sie war wesentlich eine Frage der Verfügung der Grundeigentümer über Arbeitskraft: Wo es Bevölkerungsüberschuß gab, wie im Süden, war sie nicht nötig und genügte die Ausbeutung durch kurzfristige Pachtverträge, um das Einkommen der Herren zu sichern. Die Armen selber hatten nichts, was sie am Ort hielt. Die Kleider auf dem Leibe und das geschnürte Bündel oder das handwerkliche Felleisen waren die ganze Habe, die es im Fall der Wanderung zu transportieren galt.

gemeinen, teilweise noch agrarisch oder handwerklich reversiblen Migrationsklimas machte die Stadtwanderung, indem es sie an herkömmliche soziale Bewegungsformen anglich, unanstößig und gleichsam normal. Für diese Angleichung und die enorme Leichtigkeit und Schnelligkeit der Stadtwanderung war nicht zuletzt die traditionelle Ausstattung der Zuwanderer, die ihre Habe noch am Leibe tragen konnten, ursächlich. Ob man vorübergehend blieb oder sich fest installierte, konnte von den Umständen abhängen; zwischen den verschiedenen Optionen bestand eine durch Besitzanhäufung nicht gestörte Kontinuität. Sie ging zwangsläufig auch in das städtische Leben ein, wie die bekannte Umzugshäufigkeit der Arbeiterhaushalte in den Großstädten zeigt.[14]

Entscheidend kommt hinzu, daß die gezielte Stadtzuwanderung mehrheitlich als Einströmen der ländlichen Umgebung in das städtische Zentrum vor sich ging.[15] Auch das war ein herkömmlicher, unauffälliger Vorgang, der in der Belieferung der städtischen Märkte seinen Wegbereiter, Anreger und sein Vehikel besaß. Die Fernwanderung dagegen war nicht nur wesentlich geringer, sondern teilte sich auch noch auf zwei unterschiedliche Wege auf: den unmittelbaren Gang in die Stadt, der vorhandene Kontakte oder überzeugende Qualifikationen voraussetzte, und den Umweg über die agrarische Etappe, das Nachrücken in Lücken, die der Wegzug vom Land in die Großstadt im Umfeld gelassen hatte, um sich irgendwann der Nahwanderung anzuschließen. Die Nähe des Herkunftsortes erleichterte die vieluntersuchte Verlegung des Dorfs in die Stadt: Man unterwarf sich nicht gleich der städtischen Ökonomie, sondern hielt die Verwandtschaftsbeziehungen und den darin enthaltenen einfachen Warenaustausch auch in der Großstadt fest.[16]

Die heutige Einwanderung dagegen tritt als Anomalität ein, als etwas, worauf die Gastgesellschaften im Grunde nicht mehr eingerichtet sind. Am Ankunftsort sind die meisten Fäden traditioneller Beweglichkeit abgeschnitten, aber auch die Migranten müssen sich eines anderen Bewegungsmusters bedienen. Es handelt sich nicht

14 Vgl. H. Schwabe, *Das Nomadentum in der Berliner Bevölkerung*, in: *Berliner Statistisches Jahrbuch für Volkswirtschaft und Statistik* 1 (1874), S. 31 ff.

15 Vgl. für Berlin die Tabelle VII bei I. Thienel, *Städtewachstum im Industrialisierungsprozeß des 19. Jahrhunderts. Das Berliner Beispiel*, Berlin/New York 1973, S. 373.

16 Vgl. M. Gribaudi, *Mondo operaio e mito operaio. Spazi e percorsi sociali a Torino nel primo Novecento*, Turin 1987.

mehr um noch in Teilen agrarische, sondern um rein städtische Migration. Sie läuft über die modernen Transportmittel und von Stadt zu Stadt, ist also als kontinuierliche Bewegung nirgendwo zu sehen. Sie überspringt die dazwischenliegenden Entfernungen, überhaupt die traditionellen Zwischenschritte. Das Land ist bestenfalls fernes Herkunftsgebiet, aber in Europa, von Süditalien abgesehen, keine Wanderungsinstanz mehr. Es wird von der heutigen Bewegung gar nicht berührt, erstmals.

Die moderne Migration hat deshalb einen widersprüchlichen Zug: Einerseits handelt es sich um ganz traditionelle Armut, andererseits mußte sie sich, bei Fehlen der traditionellen Brücken, eine moderne, rein städtische Bewegungsform suchen. Sie fand sie im Massentourismus. Dieser ist der spezifisch moderne Vorwand für das ungehinderte Zirkulieren großer Menschenmengen, nach Jahrtausenden eines Fremdenrechts im Zeichen des Handels, das zweite Modell einer Öffnung der Grenzen ohne unmittelbare Gewaltanwendung. Die hierfür zugestandenen Rechte sind großzügiger als alles, was sonst den Aufenthalt von Menschen legitimieren könnte, die nicht von vornherein als Kapitalträger willkommen sind.

Kaum aber am Zielort angekommen, läßt der moderne soziale Mantel die Migranten im Stich. Der Tourist weist sich aus, indem er keiner Hilfe bedarf. Der Migrant will dableiben und arbeiten, und so bemächtigt sich seiner ein ganzes System von Kontrollen, mit den beiden Ausgängen des Rücktransports und des Durchlaufs durch die offizielle Aufnahmemaschinerie. Die traditionelle Chance, sich in Selbsthilfe, über ansässige Familien- und Stammesangehörige, unauffällig zu integrieren, gibt es nur in der Illegalität. Das ist die erbarmungslose Tugend unseres Sozialsystems: Es überläßt niemanden innerhalb seines Geltungsbereichs seinem Schicksal, sondern unterwirft ihn ungefragt der Alternative, dazuzugehören oder draußen zu bleiben.

Sozialstaat

Die Einlaßkontrollen sind deshalb nicht zufällig, sie führen unmittelbar ins Zentrum der Sache. Was die Wanderungen in Gang bringt und in Gang hält, ist das bare Wohlstandsgefälle. Aber das ist eine Außenperspektive. Von innen gesehen geht es nicht um den bloßen Wohlstand, sondern um die damit verbundenen sozialen Sicherungen, die die einzelnen davor bewahren, je auf das Niveau eines von außerhalb sich um Einlaß bemühenden Migranten herabzusinken. Der Knoten des ganzen Migrationsproblems liegt, im Unterschied zu Einwanderungsländern wie den USA, im erreichten Niveau sozialer Sicherung. Wer innen angekommen ist, hat auch das Recht auf ein, vergleichsweise hohes, Minimalniveau eines Anteils am vorhandenen Reichtum. Dieses Recht wendet sich zwangsläufig gegen jeden Neuankömmling. Da man ihn nicht innerhalb der Grenzen verhungern lassen darf, läßt man ihn gar nicht erst hinein.

Innen, das heißt heute Europa, die Migranten heißen also extrakommunitär. Bis vor kurzem war es der jeweilige Nationalstaat. Bevor es einen für alle Bürger gleicherweise zuständigen Sozialstaat gab, war die Kommune die Ebene der Berechtigung. Die Wanderungsbewegungen des 19. Jahrhunderts stellten dieses System nicht in Frage, weil sie auf der Grundlage einer Klärung der Zuständigkeit erfolgten. Die zwanzigjährige Vorgeschichte des preußischen Freizügigkeitsgesetzes von 1843 zeigt exemplarisch den Zusammenhang von Freizügigkeit und Armenfürsorge.

Man war gezwungen, sich zwischen zwei Ordnungen der Dinge zu entscheiden, einer defensiven, an den alten stabilen Verhältnissen orientierten Politik begrenzter Freizügigkeit zum Schutz der Einwanderungsgemeinden, und einer innerhalb der Landesgrenzen unbeschränkten Freizügigkeit einschließlich der Pflicht der Gemeinden, nach Jahresfrist für jeden Zuwanderer im Falle eintretender Erwerbsunfähigkeit zu sorgen. Der preußische Staat hat im Freizügigkeitsgesetz sein Interesse an wirtschaftlichem Wachstum gegen die kommunalen Ängste durchgesetzt. Es zeigte sich, daß das nicht zum Nachteil der Kommunen war.[17]

Die heutige Lage beruht auf dem Abschluß der damals angesetzten Kurve. Die wirtschaftliche Entwicklung produziert keinen zusätzlichen Bedarf an Menschen, sondern macht bereits wieder große Teile der vorhandenen Menschen überflüssig. Die Wirtschafts- und Sozialpolitik wird von den Inländern argwöhnisch danach beurteilt, wieweit und wie lange es ihr gelingt, trotz immer geringeren Bedarfs an lebendiger Arbeitskraft alle innerhalb des

17 Vgl. H. Schinkel, *Armenpflege und Freizügigkeit in der preußischen Gesetzgebung vom Jahre 1842*, in: *Vierteljahresschrift für Sozial- und Wirtschaftsgeschichte* 50 (1963), S. 459 ff.

Systems Anwesenden standardgemäß zu ernähren. Jeder Zustrom von außen droht in dieser Perspektive die eigenen Chancen, mitgetragen zu werden, zu gefährden. Wer nicht gebraucht wird, soll nicht herein.

Es gibt auch kaum Verhandlungsspielraum. Das Asylrecht ist ein Sonderfall. Die Absicht des gewöhnlichen Migranten wäre es durchaus, eidlich auf alle sozialen Rechte zu verzichten, wenn man ihm nur erst einmal eine Chance gäbe, innerhalb sein Glück zu versuchen. Daß das niemanden interessiert, legt die aggressive Seite des Sicherheitssystems bloß: Der erreichte Wohlstand ist nur dann sicher, wenn alle genug haben, um nicht den Besitzstand der einzelnen anzugreifen. Damit kommt es, im Unterschied zur internen Situation des 19. Jahrhunderts, weitgehend nicht einmal mehr zur Begegnung mit den ganz anderen Verhältnissen der außereuropäischen Armut, erst recht nicht mit ihren anderen Maßstäben, deren größter Fehler es ist, daß wir sie unendlich mühsam und unter schwer einzugestehenden Verlusten hinter uns gelassen haben.

Die Rigidität des Sozialstaats ist Ausdruck der darin eingegangenen sozialen Ängste. Es sind die Ängste der Einwanderer, Armen und Arbeitslosen von gestern und vorgestern. Migration wird deshalb von den stabilen Stadtbevölkerungen als Überschwemmung, als eine Art Urkatastrophe, erfahren, es wird nach Dämmen gerufen, nach Polizei, die die Grenzen dichtmachen soll. Der entscheidende Punkt ist gar nicht, daß die Stammbewohner weniger bekommen sollen, sondern daß man überhaupt zuläßt, daß die Einwanderer sich mit weniger begnügen. Daß sie durch Genügsamkeit sich auf die eigene, mühsam erreichte Höhe hocharbeiten könnten, das ist, wie einst bei den Ostjuden, das, was den Einheimischen angst macht und ausgeschlossen werden muß. Die anderen sollen genauso sein, oder verschwinden. Das ist der soziale Auftrag, den unser Sozialsystem in Verfahren übersetzt.

Daß es um das explosive Interessenzentrum der Stammbevölkerungen geht, verlangt, sich vollständig darüber klarzuwerden, was man will: Einwanderung und entsprechende innerstädtische Auseinandersetzungen, Stadtwachstum, Arbeitslosigkeit usw., oder konsequente Vermeidung alles dessen, insbesondere unter Berücksichtigung der jüngsten deutschen Geschichte, einschließlich der repressiven Mittel, die in der aktuellen Situation allein das Vermeiden wirksam machen können. Vermeiden bei beibehaltenen liberalen Absichten geht nicht.

Wer die Grenzen schließt, tut das mit einem Argument, das zudem in der Substanz unanfechtbar ist: Die Probleme müßten im Ursprungsland gelöst werden. Zweifellos ist das so. Nur löst sie dort niemand, erst recht nicht wir, die wir uns gegen die Einwanderung der Probleme in unsere unglücklichen Verhältnisse wehren. Die zentrale Frage ist also die, wie das Problem so in Bewegung gebracht wird, daß wir uns damit befassen müssen. Die Strategie, die die Betroffenen selber wählen, ist, wenigstens in Vortrupps, die Einwanderung in die Zentren des Reichtums. Diese Strategie abzublocken haben wir ein Recht nur, wenn wir gleichzeitig in der Lage sind, die Sache anders in Bewegung zu bringen. Das sind wir nicht.

Es geht nun aber auch nicht, die Einwanderung grundsätzlich zuzulassen und damit unweigerlich zu fördern, ohne sich zu fragen, ob das Einwanderungsland diese Einwanderung ohne Bürgerkrieg aushält. Die Einwanderer sind zwar allergrößtenteils keine Juden, es wird niemand ihnen gegenüber den mythischen Perfektionismus aufbringen, mit dem die Deutschen, 50 Jahre sind es her, das europäische Judentum industriell umgebracht haben. Aber es muß doch gefragt werden, ob sie auf längere Sicht und als Masse die Einwanderung überleben werden und nicht eine rechte Volksbewegung sie wie Hunde erschlägt. Die Voraussetzungen dafür sind fast überall in Europa gegeben.[18]

Stellt man sich beiden Seiten der Sache, dann ist weder ein prinzipielles Ja zur Einwanderung möglich noch ein geducktes Nein, das sich hinter der Bürgerkriegsaussicht versteckt. Vielmehr muß man nach einer realistischen Lösung fahnden. An diesem Punkt erst setzt die hier versuchte Argumentation ein. Ihr Vorgehen, anzunehmen, daß man den Migrationsstrom ohnehin nicht wirklich bremsen kann, legitimiert sich in ihrer Zuversicht aus der Überzeugung, daß in der Tat die Stadtpolitik eine Ebene sei, auf der für das Dritte-Welt-Problem eine mittlere Lösung gefunden werden kann. Es geht um Realisierungsfragen, also um mittlere bis kleine Lösungen, und um das Zurechtstutzen des überwältigenden, zur Hilflosigkeit führenden Problems Weltarmut auf mittlere bis kleine Fragen. Die begrenzte Reichweite ist die Voraussetzung dafür, überhaupt etwas zu tun.

Nun ist ohnehin jedermann klar, daß sich nur das Maß an Libe-

18 Dies wurde 1989 geschrieben. Inzwischen gibt es dazu den Textkomplex »Hoyerswerda«.

ralisierung durchsetzt, das nicht zu vermeiden ist – linke Politik besteht hier wie auch sonst gerade darin, moralische Forderungen nicht abstrakt gegen die beherrschenden Interessen zu setzen, sondern sich mit jenen Teilinteressen und Teileinsichten des herrschenden Interesses zu verbünden, die eine krude kurzfristige Interessendurchsetzung für untauglich halten. Es ist jedem einsichtigen Manager klar, daß der Gegensatz von industriellem Zentrum und einer erdrückenden Peripherie billiger Arbeitskräfte und Rohstoffe auf lange Sicht ohnehin kleingearbeitet werden muß. Man wüßte nur gerne, wie. Die Migration ist dafür sicher nicht als solche eine Lösung, aber vermutlich der Auslöser einer solchen, und vielleicht ihr Modell: Sie macht, wenn man sie nicht einfach brutal, und das heißt langfristig: militärisch, verhindert, innerhalb des Zentrums vorverlegte Ausgleichsformen nötig, und das heißt es strategisch als Möglichkeit begreiflich zu machen.

Bleibt die Frage des Wie. Wenn es stadtpolitisch machbar ist, die Großstadt als Einwanderungsort zu halten, dann ist das zugleich ein Beitrag, das Armutsproblem insgesamt in Bewegung zu halten bzw. zu bearbeiten. Daß die Einwanderung, wie sie, und unter welchen Bedingungen sie durchzuhalten ist, davon muß man sich aber erst einmal überzeugen. Die bloße Absicht bringt keinen Schritt weiter, es geht um Methodik. Eine Gesellschaft, wo der Fußboden kein Aufenthaltsort mehr ist, wo traditionelle Provisorien längst formalisierten Lösungen zugeführt sind und die Hilfe mit dem Argument verweigert wird, unser Niveau von Hilfeleistung sei so hoch und unsere Überzeugung davon, was jedermann zur Verfügung stehen muß, so erhaben, daß wir leider nicht so vielen oder sogar nur ganz wenigen helfen können, eine solche Gesellschaft muß erst einmal selber wieder in Bewegung gebracht werden, bevor sie für Einwanderungsfragen wieder zuständig wird.

Ebenda steckt die Hoffnung eines Bündnisses zwischen den scheinbar so entfernten Problemfeldern Migration und Ökologie.

Einwanderung als Stadtform

Die Stadt muß, gegen das Übergewicht formaler sozialpolitischer Verfahren, als Bündnissystem wiederentdeckt werden. Die sympathisierende Diskussion greift zu kurz, d. h. sowohl das prinzipialistische Pochen auf moralische Aufnahmepflicht bei Linken und Alternativen als auch die sozialdemokratische Angst vor Pogromstimmungen. Ich stelle dem die Behauptung gegenüber: Migration ist ein Formproblem der Großstadt.

Die Migration stellt die Zielstadt vor die Frage des Aufnahmevermögens. Dieses Vermögen ist eben das, was die Großstadt von anderen Stadttypen unterscheidet. Die Aufnahmefähigkeit ist nicht quantitativ beschreibbar. Sie stellt, wo sie vorhanden ist, eine historisch erworbene Fähigkeit dar, die strukturell gewordene Erfahrung mit vergangenen Einwanderungsvorgängen. Das ist sichtbar, und es ist ebenso auf der Haut, im Umgang, in den alltäglichen Möglichkeiten spürbar. Sie stellt sich als Stadtgesellschaft dar, im Stadtaufbau, in der Organisation des Arbeitsmarktes.

Demgegenüber ist Vertrauen auf die strukturell gewordenen Einwanderungserfahrungen nötig, auf die Bereiche der Großstadt, die, z. B. als Stadterneuerungsgebiete, lebendig und mit Umbrüchen vertraut blieben. Hier ist das Ineinander von gebauten Formen und Verhaltensweisen der historischen Stadterweiterung und neuer Einwanderung unmittelbar greifbar. Es sind nicht umsonst die erfahrungslosen Viertel der unteren Mittelschicht, die am lautesten schreien: provinzialisierte, weder durch Stadtzentralität noch durch eigene ins Gewicht fallende soziale Unterschiede beunruhigte Viertel, in großen Teilen Trabantenstädte.[19] Die Migranten erklären dagegen jedem, der sehen und hören will, die strukturellen Migrationsräume der Stadt des 19. Jahrhunderts, die in ihren Strukturen nur wieder Erbe der Stadterweiterungen und Stadtwanderungen des 18. Jahrhunderts sind. Der historische Zusammenhang von Stadtwanderung und Stadterweiterung steckt in der Stadtsubstanz. Es geht nicht um Grenzen und Verbote, Turnhallen und erschöpfte Sozialetats, sondern um Stadtstrukturen: gebaute und mentale Spielräume.

In einer durch Einwanderungen – zurückliegende und gegenwärtige – geprägten Stadt bildet die Migration ein eigenes Stadtsegment. Dieses Segment durchzieht die Stadt: Es gibt die ausgeweiteten Verkehrskanäle, an deren Rändern sich Aufenthaltszonen für Wohnungslose gebildet haben, Bahnhöfe, U-Bahnhöfe, es gibt die zentralen Zonen, wo Straßenhandel, Schwarzmarkt, Drogenverkauf installiert sind, es gibt die staatlichen Stützpunkte (Ausländerpolizei, Lager, Massenunterkünfte, private Wohnheime usw.),

19 D. Hoffmann-Axthelm, *Der »Republikanerschock« und die rot-grüne Baupolitik*, a.a.O.

schließlich die spezialisierten, von früheren Einwanderungsgenerationen in Besitz genommenen Stadtviertel, die mit ihren sinkenden Mieten, ausziehenden Stammbevölkerungen, verfallenden Häusern, Drogenabhängigen usw., mit den neuen, stadtdörflichen Einwandererstrukturen und ihrer charakteristischen Undurchsichtigkeit für Außenstehende als zwangsläufiges Ankunftsgebiet dienen.

Die durchgehende Eigenschaft dieses Segments ist die Aufrechterhaltung von Übergangssituationen, eines Mittleren zwischen Zugehörigkeit und Nichtzugehörigkeit. In diesem Bereich könnte es in der Schwebe bleiben, ob einer dableibt oder nur für Schwarzarbeit oder einen Markttag einpendelt. Das Migrationssegment ist die für die Großstadt selber lebensnotwendige Konzession an die Heimatlosen und Armen. Es ist kein Unfall, sondern eine ungeplante Einrichtung, die die städtische Ordnung nicht nur an den Rändern, sondern auch im Zentrum ungewollt-gewollt offenhält für den Stoffwechsel mit den historischen Fluktuationen, die das Schicksal der Städte mitbestimmen. Die Migration ist ein auf Dauer anstößiges, aber unvermeidliches Segment offener Stadt.

Daß dies zu Reibungen führt, ist unvermeidlich. Die Stadt, selbst die Großstadt, ist die Behausung der bereits anwesenden Bevölkerung. Für Touristen und Geschäftsreisende gibt es den umfangreichen Sektor der Hotels, Pensionen, Herbergen. Für die, die als künftige Bewohner neu dazukommen und alles hinter sich gelassen haben, oder die für einen Tag zum Arbeiten oder zum Kleinhandel einpendeln und nur dann Gewinn machen, wenn sie kein Geld für den Aufenthalt ausgeben, gibt es keine Häuser, ihre Stadt muß erst gebaut werden. Die Leistung der Großstadt ihnen gegenüber ist, daß großstädtische Räume dehnbar genug sind, um den Aufenthalt zu erlauben, vom Pflaster bis zur Bahnhofsbank. Nicht, daß die Räume vorher schon da sind, ist zu erreichen, sondern daß die Übergangszonen angereichert werden mit Unterbringungsmöglichkeiten unterschiedlichster Art, zu regelrechten Pufferzonen werden zwischen der stabilen Stadt und der Migration.

Dies wiederum wäre nur der erste Schritt einer Politik, die insgesamt darauf zielen muß, die Migration strukturell, als Stadtcharakter, zu behandeln, nicht als Notstand. Das verlangt, sie aus den übrigen strukturellen Problemen herauszuhalten und als gesondertes Problem sichtbar zu machen.

Migration und Stadtplanung

Dieselbe Abwehr, die in einem hundertjährigen Prozeß die ungestüme Masse der einwandernden Industriearbeiter zähmte, zivilisierte, bürgerlichen Lebensgewohnheiten, Sauberkeitsriten, Wohnungsstandards unterwarf, wirkt sich heute, angesichts des Neuansatzes der Einwanderungen der sechziger Jahre, zunächst genau umgekehrt aus. Sie verteidigt ihr Werk, richtet Zonen ein, wo die Neuankömmlinge zugelassen werden, und hält sie aus der übrigen, für sie benutzbar bleibenden Stadt heraus. Damit räumt sie ihnen die Möglichkeit ein, in den Ansiedlungszonen die Reglementierung der übrigen Stadt eine gewisse Zeit lang zu unterlaufen.

Die Trennung der städtischen Funktionen ist von der Wurzel her nichts anderes. Funktionale Trennung und Klassentrennung waren sicherlich nie dasselbe, und bereits bei Entstehen des modernen urbanistischen Programms wurde das Verhältnis ausdrücklich diskutiert: Die eine Trennung argumentiert mit hygienischen Notwendigkeiten, die andere mit politischen Befürchtungen. Tatsache ist, daß die ersten Zonierungen im modernen Sinne – sie erfolgten in San Francisco und einigen anderen kalifornischen Städten, andererseits in Altona, Frankfurt und anderen mit wachsenden Industriebevölkerungen konfrontierten deutschen Städten[20] – zwar funktional argumentierten, doch genaue sozialpolitische und ökonomische Ziele verfolgten.

Jede funktionale Festlegung einzelner Stadtbereiche zeitigt unverzüglich, mittels der Auswirkungen auf Bodenpreise und Mieten, soziale Folgen. In der Regel ist sie dazu auch nur da. Paradigmatisch ist das amerikanische Vorgehen in den achtziger Jahren des vorigen Jahrhunderts, unbekümmert um ideologische Verbrämungen: Es ging der Stadtverwaltung von San Francisco, auf Antrag der etablierten Geschäftswelt, darum, das Vordringen der chinesischen Einwanderer in die Stadtzentren zu verhindern. Da man festgestellt hatte, daß sämtliche Wäschereien von Chinesen betrieben wurden und als Zentralen ihrer Ausbreitung dienten, genügte es, aufgrund der hygienisch bedenklichen Wirkungen von

---

20 F. Mancuso, *Le vicende dello zoning*, Mailand 1978; A. Weiland, *Die Frankfurter Zonenbauordnung von 1891 – eine »fortschrittliche« Bauordnung? Versuch einer Entmystifizierung*, in: R. Rodriguez-Loris, G. Fehl (Hg.), *Städtebaureform 1865-1900*, Teil 2: *Von Licht, Luft und Sonne in der Stadt der Gründerzeit*, Hamburg 1985, S. 343 ff.

Wäschereidämpfen in den zu verteidigenden Stadtbereichen die Anlegung von Wäschereien zu verbieten. Von Migranten war keine Rede.[21]

Derartiges wird man der heutigen Stadtplanung nicht nachweisen wollen. Das Instrumentarium von damals hat seine Aufgabe erfüllt, wir leben in funktional zonierten Städten, und die Abwehr von Migranten deckt sich als neue Schicht darüber, einerseits, indem Stadtbereiche sich durch Zuzugssperren abschotten, zum anderen, indem die Einwandererbevölkerung gerade in diejenigen gemischten Stadtviertel hineingesetzt wird, die aufzulösen der Stadtplanung noch nicht gelungen ist.

Dadurch stellt sich, entgegen der den städtebaulichen Instrumenten in 100 Jahren zugewachsenen fachlichen Neutralität, mit einem Schlage wieder die Ausgangsbeziehung her, die Zusammengehörigkeit von funktionaler und sozialer Mischung, mithin die von Funktionstrennung und sozialer Trennung. Es ist gerade die Vielgestaltigkeit der Bausubstanz der gemischten Viertel, die sie als Wohnort für Bevölkerungen brauchbar und erträglich macht, die sich mitunter zum ersten Male mit städtischem Leben auseinandersetzen müssen.[22]

Die entmischte Stadt ist die der Großlösungen, die die Stadt über ungeheure Zusammenballungen gleicher Bedürfnisse aus Großeinheiten neu zusammensetzt, unter der Bedingung der Gleichschaltung der Bedürfnisse und der Abtrennung der sozialen Existenz von den Bedingungen ihrer Reproduktion. Wenn Hobrechts Stadtidee noch von Selbsthilfe und subsidiärer Verantwortlichkeit der Bewohner in eigener Person ausgeht, so ist die neue Stadt (die *new town*) die Stadt der Verstaatlichung der sozialen Frage, der Abhängigkeiten und Verpflichtungen, bis hin zur staatlichen Reproduktion der Wohnungsfrage. So deutlich in der Hobrechtschen Stadt, als Modell heutiger Entscheidungen genommen, Platz gelassen ist für den Neuanfang von Migranten, so deutlich sind in der Stadt des sozialen Wohnungsbaus und der entmischten Funktionsbereiche, wiederum als Entscheidungsmodell genommen, ungeklärte Verhältnisse, Elendsökonomie und Selbsthilfe planmäßig ausgeschlossen.

21 Mancuso, a.a.O., S. 11 ff.
22 Vgl. C. Arin, *Arbeitsimmigranten aus der Türkei: eine Gegenüberstellung der Reproduktionsbedingungen vor und nach der Migration*, in: ders. u. C. Heil (Hg.), *Ausländer im Wohnbereich*, Berlin 1983, S. 71 ff.

Die entmischte Stadt, die weitgehend die heute vorhandene und vor allem die ist, die heute gebaut wird, wo immer Stadterweiterung vor sich geht, ist für das Migrationsproblem der Zukunft weder vorbereitet noch dafür von ihrer Anlage her überhaupt tauglich. Jedes Haus, jeder Wohnblock nach heutigen Finanzierungsvorschriften, Baugesetzen, Normen und Standards ist deshalb eine Fehlinvestition. Es fehlen Grundbedingungen einer Verträglichkeit mit den auf uns zukommenden Zukunftsschwierigkeiten: Möglichkeiten zur Verteilung der Kosten, zur Wahl des Standards, zur Offenhaltung der Nutzung, zur sozialen Neutralität. Es werden vorschriftsgemäß Wohnungen mit Parkplätzen gekoppelt, an die zukunftserhaltende Kopplung von Wohnraum und Arbeitsraum ist nicht zu denken. Gebaut werden Versteinerungen einer historisch überholten Verregelung, Monstren der Verbotskultur und einer säkularen Illusion hinsichtlich der Lösung weltweiter sozialer Probleme.

Wohnungsmarkt und Arbeitsmarkt

Arbeitsmarkt und Wohnungsmarkt sind verwandte, oft ineinander übergehende Felder der Stadtwanderung. Wer keine Wohnung nachweist, hat auf dem offiziellen Arbeitsmarkt kaum Chancen. Die Migration kann sich um solche Regulierungen aber nicht kümmern, muß sie zwangsläufig unterlaufen. Es ist in diesem Zusammenhang eine entscheidende Weichenstellung, ob man die Migration als Wohnungs- oder als Arbeitsmarktproblem behandelt. Die auf der Hand liegende Bedeutung der Unterkunft verführt immer neu dazu, das Wohnungsproblem isoliert zu betrachten und damit innerhalb geregelter Verhältnisse, die die Migration gerade in Frage stellt.[23] Die Frage, wie sich Arbeit und Wohnen zueinander verhalten, gerät dabei aus dem Blick. Sie ist aber für die Ökonomie der Migration zentral, eine Ökonomie, die auf Einsparung von Kosten beruht, die unter industriellen Verhältnissen mit allergrößter Selbstverständlichkeit für die arbeitsteilige Organisation der Verhältnisse gezahlt werden.

23 Innerhalb der Stadterneuerung ist das aus vielen Gründen die Regel, vgl. z. B. C. Arin, S. Gude, H. Wurtinger, *Auf der Schattenseite des Wohnungsmarkts: Kinderreiche Immigrantenfamilien*, Basel/Boston/Stuttgart 1985.

Zugespitzt kann man sagen, daß die Migration als Überlebenskultur innerhalb der Einwanderungsstadt nur eine Chance hat, wenn es ihr gelingt, die hochindustriellen Trennungen zu unterlaufen, insbesondere die von Wohnen und Arbeiten. Der ungeheure Wert der Wohnung für das Überleben unter Bedingungen der Dritten Welt oder in den historisch gewordenen Verhältnissen des 19. Jahrhunderts steht außer Zweifel, kann aber nicht einfach auf die modernen Verhältnisse monofunktionaler Wohnversorgung übertragen werden. Die Squatting-Kultur der Dritten Welt ist produktiv im Sinne ihrer Produzenten, der Bewohner der illegal parzellierten Viertel und *favelas*, der *barrios*, *baron-barong*, *jugghi*, *gecekondus* usw., weil sie eine weit über das isolierte Wohnen hinausgehende Bündelung der augenblicklichen Bedürfnisse der Bewohner leistet, nicht zuletzt als Basis der informellen Reproduktion, eine Chance, sich zu ernähren.

Es ist natürlich schon die Natur der modernen industriestädtischen Wohnungsversorgung, die da entmutigt. Die vorhandenen Städte sind die Sozialisatoren der industriellen Gesellschaft gewesen: Trennung von Leben und Arbeit, funktionale Orientierung, Hygiene und Zeitdisziplin, das Verso von Fabrik und Büro. Diese Lebensweise wird langsam wieder von anderen Prägungen überlagert, denen der heutige Aufbau der Stadt nicht entspricht. Das schlägt sich insgesamt als Erhöhung des Anspruchs jedes einzelnen auf Wohnfläche nieder. Da die Veränderungen sich innerhalb der vorhandenen Organisationsformen der Fläche durchsetzen, schlagen nur der Mehrbedarf der neuen Bedürfnisse, nicht aber die möglichen Abkürzungen und Einsparungen zu Buche.

Das andere Hindernis ist die strukturelle Enge des Wohnungsmarktes. Die erbarmungslose Typisierung der Häuser und Wohnungsgrundrisse, die einen Raum nur für diesen und keinen anderen Zweck brauchbar macht, scheint als einzige Möglichkeit die möglichst schnelle Inserierung der Einwanderer in die ortsüblichen Standards offenzulassen, ohne sich darum zu kümmern, wieweit das den Bewohnern und wieweit das den Wohnungen bekommt. Erst ein Blick auf die Vorgeschichte eben jener Bausubstanz, in der Migranten bevorzugt untergebracht werden, zeigt, daß die Bedürfnisse der Ankömmlinge in dieser traditionellen Stadt geeignete Ansatzpunkte haben – die die Sanierung aber mit größtem Eifer beseitigt.

Da das Wohnungsproblem für staatliche bzw. internationale

Apparate noch das am leichtesten zu greifende Problemende ist[24], ist es eine strategisch entscheidende Weichenstellung, vom Primat des Arbeitsmarktes auszugehen, also von den Bedingungen her der Stabilisierung der Einwanderer in der Ankunftsstadt. Es gibt kein selbständiges, vom Subsistenzproblem abgetrennt lösbares Wohnungsproblem für Einwanderer. Die vermehrten Schwierigkeiten und Behinderungen der Zuwanderer auf dem Wohnungsmarkt sind ebenso viele Hinweise darauf, daß die Frage anders gestellt werden muß. Bereits die Wohnungsfrage selber, vor aller Einwanderung, ist zu überprüfen. Die Migration ist in diesem Zusammenhang nur ein neuer Scheinwerfer, der auf diesen Problemkern gerichtet wird.

Migration als offene Seite des Arbeitsmarktes

Die Einwanderer machen auch auf dem Arbeitsmarkt nur sichtbar, was strukturell vorhanden ist. Sie decken die Schwächen der Stabilität auf, die abschließende Routine im Vorhandenen, das das von den früheren Einwanderern Erreichte ist. Die gegenwärtige Situation geht aber weit darüber hinaus. Die Migration legt einen Konflikt offen, der ohne sie fast im Versteck abgewickelt werden kann, den zwischen gewerkschaftlich geregelten und informellen Arbeitsplätzen, zwischen Massenarbeit und Individualisierung.

Der Konflikt beschreibt einen grundsätzlichen Wandel im System der Produktion: die Ablösung der Verwertungszeit von ihrer menschlichen Grundlage, dem Arbeitstag. Der technische Fortschritt sprengt damit eben jene prinzipielle Bezogenheit von menschlicher Arbeitszeit und Verwertungszeit, die den Kern der Marxschen Interpretation des Wertgesetzes ausmacht.[25] Flexibilisierung der Arbeitszeit heißt, die starre Einheit des Arbeitstages zu zerlegen und innerhalb einer von der Lebensorganisation der Individuen abgelösten Logik einzelne Arbeitszeitanteile abzufragen, die gezielt dann und dort eingesetzt werden, wo sie jeweils gebraucht sind.[26] Damit wird nicht weniger zerlegt als die gesell-

24 Vgl. J. F. C. Turner, *Verelendung durch Architektur. Plädoyer für eine politische Gegenarchitektur in der Dritten Welt*, Reinbek 1978; Abrams, a.a.O.
25 Vgl. A. Gorz, *Wege ins Paradies*, Berlin 1983, S. 49.
26 Vgl. D. Hoffmann-Axthelm, *Sinnesarbeit. Nachdenken über Wahrnehmung*, Frankfurt am Main 1984, S. 420 ff.

schaftliche Figur des Vollarbeiters. Die Grenze zwischen Arbeit und Leben wird tendenziell fließend, eine gegenseitige Verschränkung wird möglich.

Das ist, auf das vorhandene Gebäude sozialer Sicherheit gesehen, eine im wesentlichen zerstörerische Tendenz, die Matrix einer neuen Freisetzungswelle. Der gesellschaftlichen Entleerung der Arbeitsperson[27] folgt zuverlässig ihre Aufspaltung und flüssige Verteilung. Im industriellen Zentrum drückt sich das teilweise noch gegenläufig aus gegenüber der Peripherie der Dritten Welt: Teilzeitarbeit als Chance subjektiver Verwirklichung, Wiederkehr des unabhängigen Produzenten, der zugleich Bastler und Erfinder ist, Konjunktur des selbständigen Spezialisten, der seinen Marktwert gerade daraus bezieht, nicht in einen der großen Apparate eingebunden, sondern im Kopf wie nach Zeiten und Orten seines Einsatzes extrem beweglich zu sein.

Nicht zuletzt bewirkt der sich entgrenzende Arbeitsbegriff, daß die Hausarbeit als Arbeit gesellschaftlich sichtbar wird und Wege ihrer Bezahlung immerhin diskutiert werden. Es ist aber unausweichlich, daß das nur die Gewinnerseite eines Zustandes ist, der allgemein zu werden verspricht und eine erheblich stärkere Verliererseite haben wird.[28] Die Individualisierung der Tätigkeiten und Löhne wird früher oder später den heute scheinbar noch herrschenden Bereich geregelter großbetrieblicher Arbeit zu einem privilegierten Teilbereich, einer Insel, machen.

Die Lockerung innerhalb der Festung der Industriegesellschaft stößt nun, noch bevor die Festungsringe wirklich zum Abbruch freigegeben sind, mit ihrem historischen Gegenstück zusammen, der importierten frühindustriellen Flüssigkeit der Arbeitszeit und der Arbeitsbedingungen. Das Zusammenkommen dieser beiden völlig unterschiedlich bedingten, aber strukturell verwandten Ereignislinien macht die Spannung der heutigen Lage aus. Migration und Flexibilisierung berühren sich noch nicht, da sie bislang soziale Extreme darstellen: Die Auffangbereiche der Flexibilisierung sind nicht die der Migration, die aus der Regelarbeit Herausfallenden würden die Gleichsetzung als Zumutung empfinden.

27 Vgl. meinen Exkurs: »Die freigesetzte Subjektivität«, in: a.a.O., S. 338 ff.
28 Vgl. C. Werlhoff, Der Proletarier ist tot. Es lebe die Hausfrau?, in: Frauen, die letzte Kolonie. Zur Hausfrauisierung der Arbeit, Reinbek 1983, S. 115; C. Dormagen, Modernisierungsreserve Frau. Von Weichmacherinnen und anderem Material, in: Ästhetik und Kommunikation 72 (1989), S. 25 ff.

Beide greifen aber den befestigten Status der Regelarbeitszeit an und erzeugen eine tendenziell gemeinsame Angst. Es wird ein neues Grundmuster erkennbar, zu dem beide Linien zusammenfließen könnten. Darüber sollte die isolierte Form, in der die Einwandererökonomie heute in den offiziellen Arbeitsmarkt eingreift, als Substitut für den eigenen, inzwischen vernichteten traditionellen Sektor[29], nicht täuschen. Die gewerkschaftliche Abwehr, die den Status verteidigt, hat keine Zukunft. Die Frage ist nicht, wie der Status zu halten ist – das ist er nicht –, sondern welche systemverändernden Zugeständnisse gegen Statusreduktion ausgehandelt werden.

Wo das Zusammenkommen von Migrationsökonomie und fortgeschrittener Flexibilisierung hinführen würde, ist heute schwer zu sagen. Jedenfalls wird das Ergebnis nicht eindeutig ausfallen: Als Möglichkeit ist die Kurzschließung fortgeschrittenster Techniken mit vorindustriellen Arbeitsformen immerhin enthalten. Genauso ist möglich, daß Migration und freigesetzte industrielle Arbeitskraft die Aufnahme von Beziehungen verweigern. Die Bedingungen des Zusammenkommens sind die eigentlich kritische Frage. Dabei geht es nicht um politische und arbeitsorganisatorische Einräumungen, sondern um den sich herstellenden oder gerade nicht herstellenden Zusammenhang. Das Wohnproblem zu lösen oder den Arbeitsmarkt zu öffnen wäre, vorausgesetzt, es gelänge, die halbe Lösung, wenn sie sich nicht fortsetzte in die Herstellung gesellschaftlichen Zusammenhalts.

Integration

Es gibt zur Integration keine Alternative.[30] Man kann sich dem gewiß nicht dadurch entziehen, daß man Absichten unterschiebt, die vom Problem bereits überholt sind: Nationalisierung, Neutralisierung kritischer Potentiale, kulturelle Kolonisierung[31] – die linke

---

29 Vgl. B. Lutz, *Der kurze Traum immerwährender Prosperität. Eine Neuinterpretation der industriell-kapitalistischen Entwicklung im Europa des 20. Jahrhunderts*, Frankfurt/New York 1984, S. 210 ff.

30 Eine vorsichtige, klärende Bearbeitung des Integrationsbegriffs findet sich bei: D. Ipsen, *Was heißt eigentlich »Integration ausländischer Familien«?*, in: C. Arin (Hg.), *Ausländer im Wohnbereich*, a.a.O., S. 43 ff.

31 Vgl. für die französische Auseinandersetzung und Politik: P. Weil, *La France et ses étrangers*, a.a.O., S. 157 ff., 243 ff.

Polemik ist so bodenlos wie die rechte, vielmehr, im Unterschied zu dieser, weiß sie nicht einmal, mit welchem Feuer sie spielt. Wir haben in der Tat etwas zu verteidigen: ein Gesellschaftsverständnis, das die Aufspaltung der Gesellschaft in miteinander unverträgliche Gesellschaftsteile nicht toleriert. Darauf insistiert zu Recht die konservative und die rechtsradikale Polemik gegen die Einwanderung, und man muß ihnen auch praktisch recht geben, wenn man keine überzeugende und praktikable Alternative anbieten kann.

Die Aufspaltung der Gesellschaft in feindliche Lager gefährdet nicht grundsätzlich den Gesellschaftszusammenhang, da beide Seiten, selbst wenn sie darüber die vorhandene Gesellschaft ruinieren, doch zu wissen glauben, daß sie um dieselbe Sache kämpfen; Verständigung ist nicht ausgeschlossen. Das impliziert prinzipiell Friedensschlüsse, die Perspektive der Versöhnung.

Eine ghettoisierte Gesellschaft hat dieses letzte Gemeinsame verloren, weil die gegeneinander abgeschotteten Teile auch nicht in dem einen Punkt, der der Identität dieser besonderen Gesellschaft und der Bindung an sie, solidarisch sind. Die Fraktionen gehen einander nichts an, sie tragen, so gut es geht, ihre Interessen voran und bilden Festungen, die sie mit allen erhältlichen Waffen verteidigen. Was sie aneinander bindet, ist die Abhängigkeit von der gleichen Ökonomie, welche ihrer Seiten auch immer ihnen zugewendet sein mag. Indem sie einander nichts angehen, geht sie die Gesellschaft nichts an. Sie haben jenseits ihres Vorteils kein Ziel. Sie haben also nichts, worüber sie sich letztendlich verständigen könnten.

Wie kommt man über diesen Punkt hinaus? Wohnung, Arbeit, Ausbildung sind Etappen.[32] Kulturelle Präsenz soll ablenken, leistet das aber nicht. Kriterium der Integration für beide Seiten sind die politischen Rechte.

Einwanderung als Identitätswandel

Wo liegen die Voraussetzungen dafür, daß die Einwanderer mit der Gesellschaft, in die sie eingewandert sind, überhaupt befaßt sind? Entscheidend werden die Aufgliederungen sein, die sie bei

32 Ebd., S. 243.

längerem Aufenthalt in der Korrosionsluft modernisierter Gesellschaften nicht vermeiden können.

Fremdheit wird vor allen Kulturunterschieden bereits durch Aussehen und Hautfarbe festgeschrieben. Südlich geprägte Kulturen sind deshalb vermittlungsfähiger als nördliche mit angelsächsischer oder vergleichbarer Stammbevölkerung oder Elite. Ähnliches gilt für kulturelle Distanz. Angesichts der hohen Homogenität nördlicher Wohlfahrtsgesellschaften gibt es keine Vermittlungsgrößen mehr: Das Volk ist aufgelöst, es gibt nur noch unterschiedlich gut (oder schlecht) ausgestattete Konsumenten. Die neuen Einwanderer ihrerseits bringen, anders als die polnischen, irischen, jüdischen Migranten des vorigen Jahrhunderts, keine der europäischen vergleichbare historische Perspektive mit, keine gemeinsamen religiösen Traditionen oder moralischen Verinnerlichungen. Die vorhandenen kulturellen und ethnischen Distanzen sind aber auf Vermittlungsgrößen angewiesen.

Eine erste Möglichkeit ist, daß die Einwanderer unter sich die Abstufungen und Schattierungen herstellen, die die Gastgesellschaft nicht mehr anbietet. Das könnten Einwanderergruppen leisten, die über die gleiche europäische Perspektive verfügen wie das Aufnahmeland. Derartige Ungleichzeitigkeiten der Einwanderer unter sich wären also zu fördern. Die Anwesenheit mehrerer zugewanderter Ethnien in der Stadt führt zu Konflikten (die New Yorker Bronx), wenn die Stadt insgesamt ihre soziale Biegsamkeit verloren hat und die Einwanderer und Randgruppen alle in denselben abgeschriebenen Vierteln unterkommen müssen, sie kann, bei offeneren Verhältnissen, es auch zur Regel werden lassen, daß unterschiedliche Einwandererkulturen gerade aufgrund ihrer verschiedenen Nähe oder Ferne zur Einwanderungsgesellschaft eine Kette bilden.

Eine zweite Ebene der Auffächerung ist die Klassenschichtung innerhalb der einzelnen Ethnien. Sie ist bei den modernen nichteuropäischen Einwanderern der erste interne Widerspruch, der nach außen dringt. Beweglichere übernehmen als Vermittler gegenüber Verkehrsformen, Bürokratie und Kultur des fremden Landes Dienstleistungsfunktionen, den Großhandel für die Versorgung mit heimischen Rohstoffen, Beratung und Repräsentanz innerhalb der Ämter des Gastlandes. Sie konstituieren sich schnell als privilegierte bzw. wohlhabende Mittelschicht, die, wie die heimatliche, von der Übervorteilung der unkundigen Unterschicht lebt, mit Rändern zu illegalen Geschäften. Parallel bildet sich eine intellektuelle Schicht aus, die perfekt die Sprache des Gastlandes spricht und an seinen Hochschulen studiert, seinen Lebensstil übernimmt.

Die nächstfolgende Auffächerung verläuft entlang der Geschlechterlinie. Männer und Frauen haben auf dem Arbeitsmarkt wie im privaten Leben sehr unterschiedliche Möglichkeiten und entwickeln angesichts dessen entgegengesetzte Strategien. Die unterschiedlichen Emanzipationsprämien für Männer und Frauen spalten die ethnische Teilgesellschaft in ihrem Zentrum: Männer haben nichts zu gewinnen, Frauen sehr viel. Die archaische männliche Sozialisation wird nicht gebraucht. Frauen der zweiten Generation, die die Schulen des Gastlandes durchlaufen haben, begreifen dagegen, welche Möglichkeiten ihnen im Gastland offenstehen, sich der Gewalt der Männer zu entziehen. Sie passen mit ihrer subjektiven Interessenrichtung wie als erwünschte innergesellschaftliche Repräsentanz kultureller Ferne, als emanzipierte Exotik, in die Strömungsrichtung der umgebenden Gesellschaft. Sie können sich, wenn sie den Familienkonflikt durchstehen (und überleben), das Maß des Sicheinlassens auf die Gastgesellschaft weitgehend frei wählen.

Die jüngste Aufspaltung ist die der Generationsschichtung, identisch mit dem Problem der dritten Generation, das ein Unterschichtproblem ist: Die Angehörigen dieser Generation sind nicht mehr Migranten, sie sind das vorhandene Stadtproblem. Während sich die Mittelschichtkinder durchs Gymnasium bewegen, bleibt die Mehrheit ohne Zukunftsaussichten zurück: Die Jugendlichen sind im Gastland geboren, verstehen weder die Kultur der Eltern noch die des Gastlandes, sprechen keine der beiden Sprachen ausreichend, vermögen weder die traditionellen Bindungen zu achten, noch haben sie über die Schule von denen der Gastgesellschaft mehr als die leerste formale Oberfläche mitbekommen. In ihrer beredten Sprachlosigkeit, einem Gebrauch der industriellen Objektwelt, der die Objekte unter Ausblendung ihrer Kontexte benutzt, können sie sich dagegen durchaus mit Schicksalsgenossen der Gastgesellschaft verständigen, nicht zuletzt in Straßenschlachten mit oder gegen die einheimischen *underdogs*.

Diese verschiedenen Aufspaltungsebenen bieten Ansatzpunkte der Integration. Sie entfalten aber keinen Automatismus der Anpassung und Eingewöhnung. Sie können genausogut beschränkt bleiben auf den negativen Teil: die Destruktion des mitgebrachten traditionellen Erbes. Dann bleibt es bei Parallelführungen: beibehaltene Ghettoisierung nach innen, formaldemokratische Forderung der Gleichberechtigung nach außen.

Die Möglichkeit des Scheiterns

In allen europäischen Gesellschaften gibt es Anzeichen dafür, daß der moderne Einwanderungsprozeß schiefläuft – oder zumindest, daß er anders verläuft als die innereuropäischen Wanderungen des 19. Jahrhunderts. Nach diesem Erfahrungsmodell, das bis heute unsere Vorstellung von Zuwanderung prägt und die positiven Affekte bereitstellt, gehen die Ankömmlinge auf die Gesellschaft, in die sie einwandern, bewußt zu, trotz erfahrener Ablehnungen und Schwierigkeiten, mit dem Willen, spätestens in der zweiten Generation dazuzugehören. Wenn heute die zweite Generation der Einwanderer der sechziger Jahre davon, trotz äußerlicher Anpassung in den Standards, so weit entfernt ist wie die erste, dann läuft auch auf der Einwandererseite etwas falsch.

Die Seite der Gastgesellschaften ist gut überschaubar. Die Abwehr erfolgt desto blinder und brutaler, je dichter sie mit der eigenen unabgeschlossenen Modernisierungsgeschichte verzahnt ist. Bereits die normalen Veränderungen des Lebens, die ständige Modernisierung von Arbeit und sozialer Geltung, sind eine Überforderung: Auflösung sozialer und lokaler Heimaten; Auflösung und Neuzusammensetzung der Familie entlang der ungültig werdenden, sich neu definierenden Geschlechterrollen; Entwertung von Sicherheiten wie Handarbeit, Körperkraft, körperlicher Gewalt als Recht und Teil von sozialem Verhalten, Formalisierung, Versprachlichung und Privatisierung von Auseinandersetzungen; Verlust von Klassen-, Familien-, Gruppensolidarität.

Daß die Übertragung dieser Misere auf die Einwanderer durch Randgruppen den Integrationsprozeß nicht fördert, ist klar. Aber es verrät ein völlig sentimentales Verständnis von Einwanderung und Gesellschaftsbildung, wenn man glaubt, damit den wirklichen Grund gefunden zu haben. Auch die Einwanderer früherer Zeiten wurden nicht mit offenen Armen empfangen. Aber sie haben sich in die Gesellschaft hineingeboxt, weil sie wirklich hineinwollten. Wenn es heute anders verläuft, dann ist die reale

Ablehnung durch die Inländer kein zureichender Grund.

Eher findet man eine Begründung in der ungewohnten kulturellen Ferne zwischen Gastländern und Einwanderern. Diese kommen von weit her, aus radikal anderen Kulturen, ohne daß ernsthafte kulturelle Vermittlungen vorausgegangen wären. Hunger, Arbeitslosigkeit, Krieg treiben die Menschen unmittelbar aus archaischen Verhältnissen heraus in die Kälte und Kompliziertheit der Industriegesellschaft, wo keiner auf sie gewartet hat. Manche können im reichen Land nur als Sozialfälle existieren.

Auch diese Beschreibung enthält aber noch keinen zureichenden Hinweis. Den genauen Hinweis gibt erst der Zustand der etablierten Einwandererkolonien, die mitten im Generationenwechsel sind. Was oben Parallelführung genannt wurde, ist zur allgemeinen Form der Etablierung geworden. Statt zu einer Integration in der zweiten Generation kommt es zur Spaltung des Eingemeindungsvorgangs in mehr oder weniger erfolgreiche ökonomische Eingliederung und eine wechselseitig erfolgende kulturelle Ausgrenzung.

Ich beschränke mich, was das Scheitern der Einwanderung angeht, auf den Fall, den ich selber halbwegs beobachten kann, die türkische Einwanderung in Berlin. Alarmzeichen bilden nicht die rechtsradikalen Äußerungen an sich. Der Punkt ist vielmehr, daß dieser rechtsradikale Lärm in seiner ganzen Hilflosigkeit zwei wunde Punkte zutreffend bezeichnet: die Unfähigkeit der politischen Gesellschaft, mit der Einwanderung aktiv umzugehen, und die Abwehr von Integration durch die Einwandernden selber.

Ich bewege mich, wenn ich dies sage, in einer Gefahrenzone. Doch der Eindruck läßt sich nicht wegreden: Die Einwanderer haben sich in einer Wagenburg eingeigelt, die sie schon aus reiner Angst nicht verlassen. Auf diese Gesellschaft zuzugehen hieße für die Einwandererkolonie, den familiären Despotismus, die Männermacht, aufzugeben. Die umgebende Gesellschaft ist der Feind, mit oder ohne Imam, Koranschulen, verschleierte Frauen. Diese grundlegende Abwehr meint nicht Deutschland, sondern verteidigt sich selbst. Zugleich wird am ökonomischen Ausgangspunkt der Einwanderung festgehalten – Arbeit zu finden, Geld zu verdienen, Status aufzubauen (Status ist: ein Daimler, Elektronik, ein Haus in der Heimat).

Diese Ziele erzwingen keinen inneren Kontakt mit dem Gastland, im Gegenteil, sie wären als Status korrodierbar, würde man sich auf die Modernisierungstendenzen des Gastlandes einlassen. Die reale Fremdenfeindlichkeit dient eher als Alibi. So filtert sich eine eigenartige Kulturfigur heraus: Aus beiden Kulturen werden nicht die lebendigen, sondern nur die Bleianteile festgehalten, aus der archaischen Kultur die Männerrolle, aus der Modernisierungskultur formale Rechte und wertfreie Ökonomie.

Das Entscheidende sind nun die Folgen. Da haben wir, als medial sichtbare Schicht, das Problem der dritten Generation. Das sind die bewaffneten, Erpressung und Raub ausübenden Kinder in den Grundschulen, die Banden von Jugendlichen mit ihren Raubzügen, das Kriminellwerden arbeitsloser junger Männer. Diese Vorgänge lassen sich durch die Brille der Pädagogik betrachten: Die Jugendlichen wissen und erfahren täglich, daß sie nicht gebraucht werden, die Industrie, die ihre Fähigkeiten brauchen könnte, geht ein, auf dem Ethnomarkt herrscht unerbittliche Konkurrenz. Aber das erklärt nicht das Verhalten der Kinder. Was hier vor sich geht, ist nicht pädagogisierbar. Vielmehr zeigen sich hier die Kosten der Parallelführung, der Verlust jeglicher Orientierung.

Man tut gut daran, von jedem Gedanken an Kriminalität abzusehen. Kriminell werden deutsche Jugendliche in gleicher Lage auch. Die Orientierungslosigkeit begegnet einem viel eher in gewaltfreien Schulsituationen. Das Phänomen ist das der Nichtbetreffbarkeit. Eine Enttäuschung kursiert: Es gibt im Gegenüber von gutwilligen Inländern und Ausländern dritter Generation offenbar nichts, woran die europäische Sozialisation appellieren könnte.

Gibt es wirklich nichts Gemeinsames? Sich dabei zu beunruhigen hat notwendig zwei Seiten. Die eine ist die der Selbstkontrolle: Handelt es sich nicht doch um die Projektion des »weißen« Blicks auf das Fremde? (Das wäre daran zu kontrollieren, ob man sich z. B. mit jugendlichen rechtsradikalen Schlägern noch auf irgend etwas Gemeinsames beziehen könnte.) Die andere Seite ist die politische Reaktion: Die Sache muß unbedingt in Bewegung gebracht werden.

Jugendgewalt

Die Gastgesellschaft steht unter Zugzwang. Sie hat sich selbst gegenüber die Aufgabe, offensiv zu sein und die Entwicklungen zur Ghettoisierung nicht auf sich beruhen zu lassen. Aus gleichem

Grund sind ihr nur Mittel erlaubt, die auch gegenüber der Stammbevölkerung gebraucht werden, von Ausbildung und kulturellen Angeboten bis zur Polizeigewalt. Daß die Einwanderung von rechtsradikalen Inländern mit Haß, Terrorisierung und körperlicher Gewalt beantwortet wird, gibt einen Maßstab an die Hand.

Diese Symmetrie ist unübersehbar in dem Augenblick, wo man sich auf den Teilbereich gewalttätiger Jugendlicher einläßt, auf Bandenbildung, Straßengewalt, Kleinkriminalität. Methoden, Bilder, Rechtfertigungen sind nahezu symmetrisch, Erklärungsmuster und Verständnisformen von außen auch – was man gerade versteht, ist nur eine Frage der Richtung, in die man blickt; die Logiken der Handlung und die Logiken des Verständnisses sind identisch.[33]

Natürlich sind objektiv die Lagen nicht vergleichbar. Die einen schießen, trotz allem, aus dem Haus heraus, die anderen wollen hinein. Aber das geht in die reziproken Situationsbeschreibungen nicht mehr ein. Auch das ist verständlich, die Ungleichheit sitzt überall. Sie herrscht, in anderer Form, zwischen denen, die politisch diskutieren, und denen, die auf Ausländer einschlagen. Weder kann das wechselseitige Sichhochschaukeln zum Jugendproblem zusammengefaßt und als Protestblock gegen die übrige Gesellschaft gestellt werden – man würde das Ausländersein herauswerfen –, noch kann man einseitig für die Ausländersituation Partei nehmen – man würde sich blind machen gegen die fatale Verschränkung von Ghetto und Rechtsradikalismus, die das Fenster Jugendprobleme so handgreiflich wie kein anderes wahrzunehmen erlaubt.

Wenn das Jugendproblem ein Fenster ist, kein eigener Gegenstand, dann muß man sich zu jeder der beiden Seiten, der der ausländischen und der der deutschen rechtsradikalen Jugendlichen, gesondert verhalten, entsprechend den Verschiedenheiten der Situation – man wird aber durch die Verkrallheit beider Gruppen ineinander auch gezwungen, diese zweiseitige Antwort öffentlich zu bündeln, also gegeneinander abzugleichen. Der Abgleich ist schon deshalb nicht zu vermeiden, weil beiden Gruppen die Gegenseite jeweils die Stichworte zur Formulierung ihrer Selbstausgrenzung liefert. Anders gesagt: Die Stichworte sind real, keine

33 Vgl. K. Farin, E. Seidel-Pielen, *Krieg in den Städten. Jugendbanden in Deutschland*, Berlin 1991.

Vorwände, verlangen also unterschiedliches Handeln. Solange man aber davon ausgeht, daß Selbstausgrenzung und erfahrene Ausgrenzung trotz allem verschiedene Tatbestände sind, muß man versuchen, aus der Verkeilung der beiden Minderheitspositionen ineinander auszubrechen und das vorhandene gesellschaftliche Schwergewicht wirken zu lassen.

Nur von einem überlegenen Zentrum aus ist die doppelte Integration zu leisten. Der Anstoß zur Integration der ausgegrenzten ausländischen Jugendlichen so gut wie die Rückgewinnung rechtsradikaler Jugendlicher für den gesellschaftlichen Grundkonsens können nur durch Großzügigkeit gelingen, dadurch, daß man auf beide zugeht. Beide haben – unterschiedlich – recht und unrecht. Dieser perspektivlosen Lage muß die Gesellschaft sich also massiv stellen, um die Situation zu öffnen. Läßt sie sie in der vorliegenden Form bestehen, weil die Ausgrenzung so bequem und genug Polizei vorhanden ist, dann wird sie auf längere Sicht durch den kontinuierlichen Ausgrenzungsaufwand bis ins innerste konditioniert und vergiftet werden.

Kommunalpolitik

Letztlich kommt es darauf an, die Situation überhaupt in Bewegung zu bringen. Eine Herausforderung ist fällig. Sie ist über mehr Anteil am Reichtum, über Objekte, nicht zu leisten (sie bedeuten den Einwanderungsbevölkerungen auch immer etwas anderes). Das einzige, was den Prozeß in Gang zu setzen vermag, ist das Angebot politischer Rechte.

Das Angebot politischer Rechte mit einer Demokratisierung der Formen und Ebenen ihrer Ausübung zu verbinden böte die Chance, die Einbindung der Ausländer in den Prozeß dieser Gesellschaft unmittelbar zugleich mit der Modernisierung und Demokratisierung der Gastgesellschaft selber, bis zur Auslöschung der wechselseitigen Rollen, zu verknüpfen. Es versteht sich von selbst, daß ein solcher Prozeß auch ein Angebot nach rechts ist, an die Fraktion derer, die, indem sie auf die Fremden einschlagen, auf ihre eigene Situation einschlagen.

Das bedeutet für die Gastgesellschaft einen erheblichen Ruck: die Politisierung des Konflikts. Das Stagnieren und Fehllaufen der Integration muß den Schulen und Polizeiberichten entzogen und zum politischen Problem der Gesamtgesellschaft gemacht werden (rhetorisch und in gewissen Ansätzen geschieht das von Zeit zu Zeit in Frankreich, früher gaben die USA dafür Beispiele). Dazu hinzukommen muß, was die meisten (vor allem die großen, im Gegensatz zu Schweiz, Niederlande, Dänemark usw.) europäischen Gesellschaften nicht einmal sich selber gegenüber in ausreichendem Maße haben: die Demokratisierung der Schlichtung.

Die Ausstattung mit politischen Rechten ist nur durchsetzbar und entwickelt nur eine Sogwirkung, wenn sie auf unterer Ebene geschieht. Das gilt vom kommunalen Wahlrecht abwärts: als Entfaltung von Stadtpolitik. Noch das kommunale Wahlrecht ist dazu fast zu hoch angesiedelt, um wirklich mit der Situation der Einwandererteilgesellschaften in Reibung zu kommen. Um diese Reibung tatsächlich zu erzeugen, muß das Entscheidungsniveau entschieden herabtransformiert, näher an die wirklichen sozialen Verhältnisse und Formen gebracht werden – ohnehin das Demokratisierungsproblem demokratischer Gesellschaften schlechthin, auch ohne Ausländer.

Wenn es gelingt, ausreichend nah angesiedelte politische Ebenen der Einwirkung, der delegierten Verantwortung und Selbstbestimmung zu schaffen, läßt sich hoffen, die Einwanderer insgesamt, auch die orientierungslose dritte Generation, in den eigenen Gesellschaftsprozeß einbinden zu können. Das ist eine Hoffnung auf die Macht von Verfahren, die mehr als Placebos sind. Sind die Verfahrensweisen glaubwürdig, werden sie die Eingewanderten auch in ihr Projekt verwickeln, weil für die Ghettoisierten dabei etwas zu gewinnen ist. Sie haben Stützpunkte der politischen Grundfigur zu setzen, des nicht verhandelbaren Typus von Gesellschaft, innerhalb dessen man sich bewegt. Verfahren haben es an sich, Öffnung und den Punkt der Nichtverhandelbarkeit gleicherweise abzubilden.

Verfahren sind etwas Äußerliches, und nur deshalb besteht überhaupt Aussicht auf Erfolg. Das Verfahren berührt nicht die Unterschiede der Kultur. Was äußerlich ist, wird aber irgendwann innerlich werden. Das wäre der Erfolg: daß demokratisches Verfahren die Einwanderungsbevölkerungen auf die Seite der Ziele der Gesellschaft zieht. Wir sind nicht mehr in Alexandria. Die antike Äußerlichkeit ist uns fremd. Wir können auf die innere Repräsentation von Gesellschaft in jedem einzelnen nicht verzichten, desto weniger, je individualisierender die heutigen Verhältnisse sind. Auf dieses Ziel des Inwendigwerdens, des Solidarischwerdens mit dieser Gesellschaft muß man unbeirrt zugehen. Nur das ist Integration.

Stadtökologie

Unsere Zivilisation der Städte, Verkehrsmittel, technischen Produktionsweisen und Verbrauchsgewohnheiten stößt an ihre Grenzen. Es sind die Grenzen des Ökosystems Erde. Nennen wir es nur weiter bei seinem alten Namen: Natur. Diese Natur hat, wie weit sie sich dabei auch verwandelte, bisher das Gesellschaftsprojekt genährt und getragen. Nun gehen Vorräte und Toleranzen zu Ende. Die Ausscheidungen an Wärme, Gasen, Radioaktivität usw., die die reichen Industriegesellschaften hinter sich lassen, wenden sich gegen sie und geben ihnen nur noch wenig Zeit.

Über die Schäden und Gefahren wissen wir wissenschaftlich genommen zuwenig, alltagspraktisch bereits mehr als genug. Über das, was sich tun läßt, gibt es die erstaunlichsten gegensätzlichen Aussagen. Gegen das viele Wissen muß man sich den Platz zu einfachem Nachfragen freischaufeln. Welche Stelle besetzen die Städte im ökologischen Krisenverhältnis? Welche Rolle spielen sie als Verursacher, und welche Handlungsmöglichkeiten gibt das Thema Stadt frei? Wie müssen die Städte verändert werden, damit weiter menschliches Leben möglich ist, das die Ängste, Hoffnungen und Anstrengungen wert wäre? Das bloße ökologische Überleben ist kein lebenswertes Ziel, es erfüllt gerade das von der Evolution vorgegebene Pensum bzw. hält möglicherweise künftige Überraschungen, Jahrtausende oder Jahrmillionen später, vor, wenn aus der heutigen Spezies etwas Besseres geworden ist.[1]

Ökologie als Modernisierung

Stadtökologie – eine kritische Wortbildung, voller Fallstricke. Stadtökologie heißt, von der Stadt zu reden innerhalb eines Katastrophenhorizonts, der historisch produziert ist, aber naturgeschichtliche Ausmaße hat. Die Stadt tritt als ökologisches Subjekt auf, unterworfen dem Beurteilungsmaßstab einer Naturwissenschaft: der Ökologie, Wissenschaft der kritischen Grenzbeziehungen. Das Thema ist umfassend und lokal begrenzt zugleich – und

1 F. Vester, *Neuland des Denkens. Vom technokratischen zum kybernetischen Zeitalter*, Stuttgart 1980, S. 160, 165.

nur deshalb sinnvoll. Gegenüber dem Ausspielen unfruchtbarer Gegensätze – heile Vergangenheit und katastrophale Zukunft, globale Technikkultur und sanfte Stammeskulturen – ist die Stadt, verstanden als Großstadt/Metropole, ein drittes Thema. Rückkehr wie Entglobalisierung sind gleicherweise unglaubwürdige Richtungen. Vielmehr, es ist überhaupt falsch, weil einseitig von der Angst beraten, der ökologischen Zuspitzung entkommen zu wollen. Man muß ihr entgegengehen.

Man kann sich dabei allerdings abstützen. Die Stadt ist als gesellschaftliche Einrichtung so alt und so erfolgreich, daß man zuerst in ihr selber ein ökologisches Regulativ vermuten muß, selbst wenn die Moderne, wie über soviel anderes, auch darüber längst hinweggegangen sein mag. Es ist kein Gründungsvertrag denkbar, der nicht, als Garantie seiner Begründetheit, nicht zugleich ein Vertrag mit der Natur wäre. Daß die Soldaten der Moderne das vergessen haben, ist kein Gegenbeweis, sondern beschreibt nur das aktuelle Problem.

Die ökologische Relevanz des Grundvertrags kann man ganz einfach ausdrücken: Die Stadt ist die spezifische menschliche Umwelt schlechthin. Sie erfüllt, als nichtnatürliche Umwelt, die eine Aufgabe, die vom ökologischen Standpunkt aus gesehen luxurierenden Eigeninteressen der Gesellschaft: Akkumulation von Reichtum, Geschichte, Kultur, gegen den unmittelbaren Zugriff natürlicher Regulierungen in Schutz zu nehmen. Sie konnte das vor der industriellen Revolution niemals einseitig tun. Lokale Fixierung und relative Beschränkung in Fläche und Wachstum waren die Bedingung ihrer Einbettung in die Naturgeschichte.

Sicher ist es an der Zeit, sie auf die darin verdeckte und buchstäblich verbrauchte biologische Umwelt durchsichtig zu machen. Nur hat die Industrialisierung der Welt das ganze Verhältnis umgekehrt. Es gibt keine vorliegende Natur mehr, in die wir uns noch einbetten könnten. Der gesellschaftliche Verbrauch bestimmt von sich aus den Gesamtzusammenhang, und die Natur liegt in seiner, unserer, Hand – wir sind dafür verantwortlich, ob noch etwas davon übrigbleibt als Grenze unserer selbst. Die Ökologie der Natur ist das Gleichgültigste überhaupt, über den Untergang der Arten, auch unserer, geht sie schlicht hinweg. Von einer ökologischen Krise zu reden heißt von vornherein, sich auf den Standpunkt unserer Verantwortlichkeit zu stellen.

Auf dieser Ebene muß der Gründungsvertrag noch einmal geschrieben werden. Gleichgeblieben ist allein die Nötigung, die Stadt als Übersetzung zu verstehen: als gesellschaftliche Einrichtung, die uns die biologische Umwelt – nunmehr die von uns nahezu zerstörte – gerade so weit wie möglich vom Leibe hält, dafür aber Gegenleistungen zu erbringen hat. Von diesen im eigenen Interesse und städtischen Material zu reden hieße, Stadtökologie zu betreiben – eine Ökologie, die zur Stadt städtisch redet, statt sie mit einem Vorgarten zu verwechseln.

Die Übersetzung hat sich vor Kurzschlüssen zwischen Naturgrenzen und sozialen Grenzen des Projekts Stadt zu hüten. Aber sie wäre von vornherein falsch angelegt, wenn sie den ökologischen Druck als Zwang von außen am Horizont stehenließe. Die Städte haben einen ungeheuren Modernisierungsbedarf, und sie sind zugleich, wie die Gesellschaft insgesamt, zu verregelt und zu sehr in Interessenbereiche aufgeteilt, als daß noch eine ausreichende Bewegung möglich wäre. Statt wirklicher Entscheidung gibt es so nur den müden Durchschnitt der Standpunkte, wo keiner privat verliert, aber das Ganze zu Bruch geht. Entsprechend wirkungslos sind die ökologischen Anstrengungen, entsprechend kaputt sehen die Städte aus.

Es herrscht also, wenn sich innen nichts mehr bewegt, Bedarf an externen Zwängen. Je schneller externe Zwänge als interne begriffen werden können, desto besser für die jeweilige Gesellschaft. Die Bundesrepublik hat diese Modernisierungchance durch den Beitritt der DDR erhalten, Westeuropa erhält sie durch die osteuropäischen Staaten. Ob die Chance genutzt wird, wird man sehen.

Der ökologische Krisenhorizont ist in genau diesem Sinn eine Modernisierungchance. Als solche muß er lesbar gemacht werden.

Die frühsozialistische Öko-Utopie

Stadt und Ökologie aufeinander zu zu denken verlangt mithin zunächst, die Gegenläufigkeit beider Ebenen zu Ende zu denken. Der gefühlvolle Kurzschluß »Öko-Stadt« nützt nichts. Wo das hölzerne Eisen nicht mitgehört wird, muß nicht nur geduldig über Stadt und Naturgeschichte nachgedacht, sondern muß auch nach Brücken und Merkzeichen auf halbem Wege gesucht werden, die die Entfernung sinnfällig machen.

Der konsequenteste Ausdruck der Gegenläufigkeit von Stadt und Ökologie ist die klassische, tief in der Geschichte der Linken wie der Ökologiebewegung verankerte Forderung nach Aufhebung der Stadt. Sie entstammt der Aufklärung, deren inneren Widerspruch, Modernisierung als Natur zu drapieren, sie auf die Spitze treibt. Sie hatte aber seitdem Zeit, auch ihre eigenen Widersprüche zu entfalten. Daß die vorrevolutionär erfolgte unmittelbare Umsetzung in Lebensstil des Adels ihre reale Basis in der agrarischen Revolution besaß, die damals, von England ausgehend, führende Gruppen des französischen, dänischen und preußischen Adels ergriff[2], mindert die Beunruhigung nicht: Die damit in die Welt gekommene Sehnsucht natürlichen Lebens ist bis heute nicht ausgestanden und unvermeidlich Teil der Sache Ökologie.

Die Rückkehrforderung war ein Signal von solcher Wucht, daß es Generationen brauchte, um es abzutasten. Als Forderung nach Aufhebung des Unterschieds von Stadt und Land ist sie einer der Grundbausteine der frühsozialistischen Utopie. Die Aufhebung der Differenz konnte nur die Aufhebung sowohl des Dorfes wie der Stadt in die höhere Einheit sich allseitig selbstversorgender Produzentenverbände bedeuten. Das Ende der Stadt, als Ort der alten Gesellschaft und natürlicher Produzent ihrer Übel, war gewollt. Das darin enthaltene Vertrauen auf die Ablösbarkeit gesellschaftlichen Bewußtseins von der Stadt ist dabei, scheint mir, so utopisch wie Fouriers Zutrauen in die Fähigkeit des Genossenschaftsmodells, die gesellschaftlichen Interessenunterschiede zu versöhnen.

Marx und Engels haben gerade diese Forderung übernommen[3] und aus diesem utopischen Vertrauen auf die Kraft gesellschaftlichen Bewußtseins geschlossen: Nur die Aufhebung des Landes würde die Fesseln sprengen, in denen das Landproletariat, im Unterschied zum freien städtischen Proletarier, befangen sei. Sie waren allerdings realistisch genug, zugleich damit eine Rudimentärökologie zu verbinden, die beanspruchen konnte, das ökologische Problem Stadt zu einer Lösung zu bringen. Eine klassische Passage

---

2 Vgl. z. B. G. M. Trevelyan, *Illustrated English Social History*, Bd. 3, (1942), Harmondsworth 1964, S. 143 ff.; H.-H. Müller, *Märkische Landwirtschaft vor den Agrarreformen von 1807*, Potsdam 1967.

3 Punkt 9 des Sofortmaßnahmenkatalogs im *Kommunistischen Manifest* lautet: »Vereinigung des Betriebs von Ackerbau und Industrie, Hinwirken auf die allmähliche Beseitigung des Unterschieds von Stadt und Land.«

im 1. Band des *Kapitals* formuliert dieses Bündnis von Klassen-
kampf und Ökologie in großartiger Schärfe: »Mit dem stets wachsenden Übergewicht der städtischen Bevölkerung, die sie in großen Zentren zusammenhäuft, häuft die kapitalistische Produktion
einerseits die geschichtliche Bewegungskraft der Gesellschaft,
stört sie andererseits den Stoffwechsel zwischen Mensch und Erde,
d. h. die Rückkehr der vom Menschen in der Form von Nahrungs-
und Kleidungsmitteln vernutzten Bodenbestandteile zum Boden,
also die ewige Naturbedingung dauernder Bodenfruchtbarkeit. Sie
zerstört damit zugleich die physische Gesundheit der Stadtarbeiter
und das geistige Leben der Landarbeiter.«[4]

Marx stützt sich auf Liebig, dessen berühmtes Buch zur Theorie
des Nahrungskreislaufs und ihrer Anwendung auf den Ackerbau
1840 erschienen war.[5] Liebig zeigt, daß im entwickelten Ackerbau
der natürliche Kreislauf nicht mehr vorhanden ist: Statt daß dem
Boden die Grundstoffe der Eiweißbildung wieder zurückgegeben
werden, entzieht ihm der Raubbau der Landwirtschaft ständig
Nährwerte, zugunsten progressiver Verarmung. Daher die Forderung: »Als Princip des Ackerbaus muß angesehen werden, daß der
Boden in vollem Maaße wieder erhalten muß, was ihm genommen
wird, in welcher Form dieß Wiedergeben geschieht, ist wohl ziemlich gleichgültig.«[6]

Liebigs Arbeit zielte auf die Herstellung eines künstlichen Dün-
gers. Marx erkannte darin das gesellschaftliche Verhältnis, die gestörte Beziehung zwischen Stadt und Land. Engels formulierte die
gleiche Erkenntnis als Stadtsoziologe: »Wenn man sieht, wie hier
in London allein eine größere Menge Dünger als das ganze König-
reich Sachsen produziert, Tag für Tag unter Aufwendung unge-
heurer Kosten – in die See geschüttet wird, und welche kolossalen
Anlagen nötig werden, um zu verhindern, daß dieser Dünger nicht
ganz London vergiftet, so erhält die Utopie der Abschaffung des
Gegensatzes zwischen Stadt und Land eine merkwürdig praktische Grundlage.«[7]

J. Hobrecht hat beim Berliner Entwässerungssystem daraus die
Konsequenzen gezogen und die städtischen Abwässer auf Riesel-

4 *MEW*, Bd. 23, S. 528.
5 J. v. Liebig, *Die organische Chemie in ihrer Anwendung auf die Agricultur und
Physiologie*, Braunschweig 1840.
6 Ebd., S. 167.
7 *Zur Wohnungsfrage* (1872), in: *MEW*, Bd. 18, Berlin 1971, S. 280.

felder der weiteren Umgebung geleitet – auch eine Aufhebung des Verhältnisses, zugunsten der Stadt. Die Scheidung von Stadt und Land aufzuheben hieß demgegenüber für Engels, »eine möglichst gleichmäßige Verteilung der Bevölkerung über das ganze Land, … eine innige Verbindung der industriellen mit der ackerbauenden Produktion, nebst der dadurch nötig werdenden Ausdehnung der Kommunikationsmittel – die Abschaffung der kapitalistischen Produktionsweise dabei vorausgesetzt –«[8], herzustellen.

Das ist, von heute aus gesehen, eine rationalistische Utopie. Da wir in den Zeiten ihrer Erfüllung leben, können wir sie nicht ohne den Anspruch lesen, die Ergebnisse um uns herum vorzufinden. Was an Ergebnissen feststellbar ist, trifft aber nirgendwo den Punkt: Einerseits haben wir die asiatischen Mißverständnisse – Stalins Kollektivierung der Bauernschaft, den Versuch der Roten Khmer, die Städte auszulöschen –, andererseits die ganz normale westliche Verstädterung des Landes, Zersiedelung, Straßenbau, Dezimierung der Arten usw. Der Kurzschluß von Agrar- und Industrieproduktion hat stattgefunden, aber ohne die Menschen zu verrücken, als bloße Bekräftigung der Herrschaft der Stadt über das Land.

Statt dessen hören wir inzwischen die Drohung heraus. Die Aufhebung des Unterschieds von Stadt und Land bedeutete, ernst genommen, einen vollständigen Umbau der historischen Welt. Dafür ist sowohl der Weg zu verlustreich als auch der ökologische Bewertungsrahmen – Liebigs Begriff von Nährstoffausgleich – zu eng. Die städtische Zivilisation verbraucht Natur auf Ebenen, die im 19. Jahrhundert noch gar nicht gedacht wurden. Selbst das technisch mögliche Zurückgeben im engen Rahmen der Nährstoffbilanzlehre ist zur Zeit ausgeschlossen: Heute bewahrt man tunlichst die Äcker vor den Phosphaten, Schwermetallen usw., die die Schornsteine und Kanalisationen ausstoßen.

Das Projekt eines bilanzierten Ausgleichs ist insgesamt innerhalb der Voraussetzungen des 19. Jahrhunderts befangen, es denkt das Naturverhältnis in Kategorien der Wertlehre und innerhalb einer Perspektive unaufhaltsamer gesellschaftlicher Selbstvervollkommnung. Die realen ökologischen Kosten waren noch gar nicht bekannt. Heute bildet nicht mehr die Verarmung der Böden, sondern die Beschädigung der Erdatmosphäre den ökologischen Ho-

8 Ebd.

rizont. Es sind also gesellschaftliche Entscheidungen nicht mehr von historischer, sondern von naturgeschichtlicher Tragweite fällig. Gefordert ist, nicht diese oder jene Ernährungsgrundlage, vielmehr Grundvoraussetzungen des Lebens überhaupt vor der Zerstörung zu bewahren. Heutige und zukünftige Menschenmengen sind zwar vielleicht ernährbar, aber für das Ökosystem Erde bei heutigen Verbrauchsgewohnheiten nicht tragbar. Das Gesellschaftsprojekt selber steht in Frage.

Abschaffung der Großstadt

Die frühbürgerliche Utopie enthielt, zumindest bei Fourier, auch das Moment der Angst vor der industriellen Welt und die damit einhergehende Stadtfeindschaft. Das war kein Standpunkt großbürgerlicher ökologischer Vernunft wie bei Marx, sondern die kleinbürgerliche Abwehrhaltung der unabhängigen Produzenten, die auf der Verliererseite der Industriegesellschaft standen. Die Perspektive der Aufhebung der Scheidung von Stadt und Land war dagegen ein kühles rationalistisches Projekt, das die alte Welt der Kleinproduzenten verloren gab und zu neuen Formen voranschreiten wollte, unbekümmert um die Ängste der Zerstörung. An der Oberfläche gab es ein in Millionen zählendes verstädtertes Proletariat, das in der Tat mit der Stadt zu leben gelernt hatte.

Aber über die Kosten der Verstädterung war mit dieser Zurechnung nichts gesagt: Der Verlust der Geborgenheit im patriarchalischen System der Leibeigenschaft oder überhaupt der ländlichen Arbeitswelt braucht Zeit, um generationenübergreifend verarbeitet zu werden, und er hat zugleich Bedarf an Repräsentation, wozu gerade innerhalb der deutschen Entwicklung die Arbeiterparteien überhaupt nicht fähig waren[9]. Der kleinbürgerliche Protest will of-

---

9 Vgl. E. Lucas, *Vom Scheitern der deutschen Arbeiterbewegung*, Basel/Frankfurt 1983, S. 133 ff. – England war bereits im 19. Jahrhundert ein so gut wie vollständig verstädtertes Land; 1851 lebte bereits die Hälfte der Bevölkerung in Städten, 1891 72 %: vgl. P. Hall, a.a.O., S. 59 ff. Daß das eigentliche Leiden der Transformation bereits im 18. Jahrhundert stattfand und seine kulturellen Formen zu finden begann, hat E. P. Thompson (*Die Entstehung der englischen Arbeiterklasse*, Frankfurt am Main 1987) gezeigt. Die USA dagegen, 1850 etwas mehr als die Hälfte urbanisiert, konnten die späten Transformationsprobleme der dreißiger Jahre erfolgreich ghettoisieren, während die führende weiße Bevölkerung durch Einwanderung in die Neue Welt grundsätzlich die kontinentaleuropäischen Wachstumsschmerzen hinter sich gebracht hatte.

fen zurück. An die Stelle der aufgehobenen Scheidung – eine Modernisierung – tritt dann die Forderung nach Abschaffung der Großstadt: Zerstört den Moloch.

Noch hier sind zwei Linien zu unterscheiden, die anarchistische und die völkische. Die anarchistische Linie ging und geht aufs Ganze: Vollständiges Ausbrechen aus dem herrschenden Lebensstil, Übergang aus der Stadt zum Land mit der Absicht der Selbstversorgung, Frieden mit der Natur und unter den Menschen. Um diesen Preis ist die Strategie, trotz vieler Fäden und ihrer erneuten Verführungskraft in den siebziger Jahren und praktischen Versuchen massenhafter Durchsetzung vor allem in den USA, nur in kurzlebigen Aufschwüngen oder an den Rändern der Gesellschaft möglich. Nicht daß man nicht ohne heutige Technik leben könnte: Die Shaker beweisen das Gegenteil. Sie weisen damit aber auch darauf hin, warum man nicht an einem gegebenen Punkt damit anfangen kann: Die für den Bruch nötige Rigorosität wendet sich längerfristig gegen die Gruppen selber, die ihn unternehmen.

In der deutschen Tradition ist die andere Linie vorherrschend, die Verbindung mit jenem dumpfen antikapitalistischen Ressentiment, das die Nazis so fürchterlich zu bündeln verstanden und das seinen klarsten Ausdruck im Antisemitismus fand.[10] Dieser Weg zur überparteilichen Diktatur war gerade für diejenigen folgerichtig, die als Heimatschützer oder ökologisch denkende Stadtplaner und Ingenieure den Widerstand des normalen Verwertungskapitalismus kennengelernt hatten. Insofern muß man Teile der NS-Massenbewegung als ökologische Bewegung ernst nehmen.

Dabei ist unvermeidlich, daß man auf viele Züge stößt, die der heutigen Ökologiebewegung teuer sind, insbesondere die Neigung, gesellschaftliche Zustände mit dem Gestus des Heilers in biologischen Metaphern zu denken. Innerhalb des völkischen Antikapitalismus der SA schlug der Turbinenspezialist F. Lawaczek innerhalb des ersten Arbeitsbeschaffungsprogramms der NSdAP von 1932 eine alternative Energiepolitik vor, die in der Verbindung von dezentralisierter Stromproduktion (u. a. über Windräder) und einem auf die Wasserstoffproduktion zentrierten Gesamtkonzept des industriellen Produktionsprozesses als Stoffkreislauf ein ky-

10 Vgl. Mosse, a.a.O. (siehe oben, Stadtwachstum, Anm. 14), sowie U. Linse, *Ökopax und Anarchie. Eine Geschichte der ökologischen Bewegungen in Deutschland*, München 1986.

bernetisches Modell der Rohstoffökonomie darstellte. Auf diesem Wege sollte – und dafür wurde natürlich der diktatorische Staat gebraucht – die Großindustrie abgebaut, die Produktion dezentralisiert werden.[11]

Wie bei Fourier sollte die Landwirtschaft, das Dorf, das Zentrum abgeben, auf das hin die Industrie zu organisieren war. Das kam mit dem Siedlungsprogramm G. Feders, des nach Otto Strasser wichtigsten Exponenten dieser Strömung und 1934 kurzzeitigen »Reichssiedlungskommissars«, genau überein. Die Infragestellung des privaten Bodeneigentums war allerdings in der NSdAP nicht mehrheitsfähig und führte nach dem Röhmputsch zu Feders Sturz.[12] Auch danach wurden gelegentlich Anstrengungen zur Ausdünnung der großen Städte durch Sanierung und Drosselung des großstädtischen Wohnungsbaus unternommen.

Aus dem Scheitern dieser radikalen Richtung entwickelte sich ein nahezu unangreifbares Bündnis von Technokratie und Biologismus, das ebenfalls an der Demontage der Großstadt arbeitete: das Konzept der »gegliederten und aufgelockerten Stadt« bzw. der Stadtlandschaft. Letztere organisiert das Miteinander von motorisierter Massengesellschaft und überwachbaren/überschaubaren Siedlungseinheiten. Das Straßenschema reproduziert Blattstrukturen, die Siedlungszellen werden wie Blätter gegeneinander isoliert[13], ein politisch nützlicher Biologismus, wie er auch in anderen Bereichen des Nazi-Imperiums am Werke war, z. B. innerhalb der DAF in den Arbeiten von H. Kükelhaus.[14] Als die Stadtlandschaft in den fünfziger Jahren dann wirklich gebaut wurde, zeigte sich, daß es sich um eine Autobahnlandschaft handelte: Abschaffung der Stadt unter Aufgabe des radikalen Veränderungswunsches, mithin der Ökologie.

Die radikale Forderung nach Abschaffung der Stadt wird zur Zeit kaum noch erhoben. Was von der konservativen Linie weiterlebt, sind einerseits Verschiebungen des Wunsches auf die ästheti-

11 Vgl. M. Walz, »*Wasserstoffwirtschaft*«; *die technische Utopie für mittelständische Sozialisten?*, in: *Ästhetik und Kommunikation* 36 (1979), S. 117ff.

12 Vgl. M. Walz, *Gegenbilder zur Großstadt. Von den nationalsozialistischen Versuchen zur Auflösung der Stadt bis zu den Wiederaufbauphasen nach 1945*, in: *Stadtbauwelt* 65 (1980), S. 473ff.

13 H.B. Reichow, *Organische Stadtbaukunst. Von der Großstadt zur Stadtlandschaft*, Braunschweig/Berlin/Hamburg 1948.

14 Vgl. D. Hoffmann-Axthelm, *Brauchbare Sinnlichkeit. Kurzer Problemkatalog zu Kükelhaus*, in: *Arch+* 78 (1984), S. 56ff.

sche Ebene, andererseits ein naives Vertrauen auf die Leitfunktion biologischer Mechanismen der Selbstregulierung als richtiger Bewegungsform der Technik und überhaupt gesellschaftlicher Verhältnisse. Die diktatorischen Gelüste einer solchen Näherung werden dabei entweder verdrängt oder auf therapeutische Ebene gehoben. Es sind, was letzteres angeht, die heute innovativen Momente, die im Nationalsozialismus vorbereitet wurden: Rohstoffökonomie als vernetztes System unter dem Gesichtspunkt endlicher Ressourcen und der Paradigmenwechsel von der »männlichen« Metaphorik der Physik zur »weiblichen« der Biologie.

Biologisierung der Gesellschaft

Ökologie ist nichts anderes als der fortgeschrittene Ausdruck für ein Denken in naturgeschichtlicher Kontinuität, das über die gesellschaftliche Differenz schicksalhaft hinaus ist. Die Ökologie hat schon von Haus aus, als Teilgebiet der Biologie, keinen Anlaß, gesellschaftliche Zustände von naturgeschichtlichen zu unterscheiden. Sie ist, soweit Wissenschaft und nicht Heilslehre, die von der Eingepaßtheit des Lebens in die Nische seiner Entstehungsbedingungen, sei es als Eingepaßtheit des einzelnen Organismus, der einzelnen Art in eine spezifische Umwelt, sei es der Gesamtheit des Lebendigen ins globale Ökosystem.

Diesem Zugriff unterliegen fraglos auch alle menschlichen Zustände. Insofern sie ihm unterliegen, entlassen sie keine Imperative und keine Weltanschauung. Die Menschen mit ihrem Tun und Lassen sind, auch wenn es ihnen gelänge, den ganzen Planeten kaputtzumachen, nur eine weitere Facette der unendlichen Gleichgültigkeit und Ziellosigkeit der Evolution. Die Ökologie ist auch gegenüber der menschlichen Veränderung ihres Gegenstandes gleichgültig. Ob eine Umwelt naturgegeben oder technisch hergestellt ist, gilt gleich, solange sie als Umwelt funktioniert – fragt sich nur: für wen.

Die Fiktion einer Natur vor dem Zugriff des Menschen erübrigt sich also, die technische Veränderung von Umwelten mit den ihr folgenden Anpassungen oder Artuntergängen bleibt innerhalb der Regel.[15] Die Ökologie ist eine Biologie der menschlich verursach-

15 R. K. Kinzelbach, *Ökologie, Naturschutz, Umweltschutz*, Darmstadt 1989, S. 87 u. ö.

ten Veränderungen. Die Natur der Ökologie ist eine menschlich dominierte Natur, und Ökologie selber ist das dem Zeitpunkt fast vollständiger menschlicher Aneignung des Biotops Erde angemessene Überblickswissen.

Nun wird aber unter dem Titel Ökologie auch unvermeidlich über Gesellschaftsverhältnisse geredet, eben jene, die aufgrund ihres aufwendigen Realisierungsstils die heutige Aktualität ökologischer Rahmenreflexion provoziert haben. Diesem politischen, kulturellen, technischen Gebrauch von Ökologie gegenüber ist einige Umsicht angebracht, die im Auge behält, daß hier und was hier übertragen wird.

Erstens: Ökologisches Beziehungsdenken formuliert in eins eine informationstheoretisch gelesene autonome Natur und eine von ihren eigenen Techniken überwältigte Gesellschaft. Ökologie ist das aufgedeckte System der unabsehbaren Abhängigkeiten im Stoffwechsel der Natur, das wir lesen können dank der Komplexität, die unsere eigenen gesellschaftlichen Verhältnisse als System technisch vermittelter unabsehbarer Abhängigkeiten erreicht haben. Da ist nichts gegenständlich, weder anschauliche Natur noch Technik: Es geht um Regelmechanismen mit unbekannten Sollvorgaben (früher sagte man: Gleichgewicht, heute: wachsende Komplexität) im Horizont irreversibler Evolution, ein Pensum naturgeschichtlicher Abstraktion, das wir ohnehin nur handhaben können, indem wir uns ungewollt mit dem wenigen identifizieren, was es an Anschaulichem enthält, den unvermeidlichen Beispielen aus Tier- und Pflanzenwelt (es ist ohnehin das Schicksal der Ökologie, mit ihren Beispielen verwechselt zu werden), oder, so von Gesellschaft die Rede sein soll, dem Autoverkehr.[16] Es geht um eine »dritte«, kybernetische Natur.

Zweitens: Ökologie ist längst ein widersprüchliches ideologisches Feld von Heilserwartungen – biologisches Denken hat sich mit der informationstheoretischen Wende in den Naturwissenschaften (Prigogine, Maturana, Varela u. a.) einerseits[17] und der

16 F. Vester, *Neuland des Denkens. Vom technokratischen zum kybernetischen Zeitalter*, München 1985, S. 116ff.
17 Dazu E. Morin, *Le paradigme perdu: la nature humaine*, Paris 1973; E. Jantsch, *Die Selbstorganisation des Universums. Vom Urknall zum menschlichen Geist*, München 1979; Vester, a.a.O.; J. Rifkin, *Entropie. Ein neues Weltbild*, Frankfurt/Berlin/Wien 1985; H. R. Maturana, F. J. Varela, *Der Baum der Erkenntnis. Die biologischen Wurzeln des menschlichen Erkennens*, München 1987.

Alternativbewegung, ihrem wissenschaftstheoretischen Unterbau und ihrem spirituellen Marktangebot (Zen, Schamanismus, Hopi-Ethnologie usw.) andererseits[18] zu einem verzweigten Feld »neuen Denkens« verflochten, das inzwischen mehr Probleme unter sich begräbt, als es im einzelnen auftut. Der Kurzschluß zwischen Biologie und Zen ist so etwas wie das Grundmotiv der Bewegungsökologie. Nun ist aber die Frage, welchen Stellenwert ein solcher aufgeklärter Psychobiologismus im Regelsystem der realen Gesellschaft einnimmt. Gesellschaftliche Grundressourcen sind nicht Energie oder biologische Information, sondern Geld und Macht, mit den jeweiligen Selbstregulierungsebenen Markt und Politik. Während eine Analogie von Markt und Evolution angesichts der Herzlosigkeit beider Systeme nicht besonders schwerfällt[19], ist die politische Ebene ohne Analogie. Aber auch die Ökonomie ist – sonst gäbe es die ökologische Drohung nicht – ein einseitig gesellschaftliches Regulierungssystem, das Naturverluste in Kauf nimmt, um sich von den Naturbedingungen, also gerade jenen rücksichtslosen Formen, in denen sich die natürliche Regulation bewegt, zu emanzipieren: nicht nur zu überleben, sondern auch noch, ohne Mangel zu leiden, unter Konkurrenzbedingungen, die den Aufwand nicht minimieren zugunsten der Art, sondern maximieren zugunsten einzelner. Das Bündnis mit der Macht ist gerade deshalb so eng. Wenn ökologische Vernunft in dieses System eindringen soll, kann es erstens nicht über die Ökonomie, sondern nur über die Politik eintreten, und nicht als Rückkehr zur Selbstregulierung der Natur, als biologische Effizienz, sondern nur als gesellschaftliche Vernunft. Biologischer Regulierungszwang muß also in gesellschaftlich Gewolltes umgedacht werden.

Drittens: Das »neue Denken« neigt zu einem Überhang an Metaphorik. Die Kontinuität von naturgeschichtlichen und gesellschaftlichen Strukturen wird über Analogien hergestellt, die das Besondere der gesellschaftlichen Arbeits- und Lebensverhältnisse ausblenden. Allgegenwärtiges Beispiel für die Macht von Meta-

18 P. Feyerabend, *Erkenntnis für freie Menschen*, Frankfurt am Main 1980; H. P. Duerr, *Traumzeit. Über die Grenze zwischen Wildnis und Zivilisation*, Frankfurt am Main 1978; D. Hofstaedter, *Escher, Gödel, Bach, ein Endloses Geflochtenes Band*, Stuttgart 1985; F. Capra, *Wendezeit. Bausteine für ein neues Weltbild*, München 1985; im übrigen die Bücher von Castaneda.
19 Kinzelbach, a.a.O., S. 81.

phern ist das »Lesen« des genetischen Codes[20] – eine Fälschung[21], die aber eine ungeheure Macht in der Propagierung genetischer Eingriffe entfaltet. Das Auge ist auch nicht der erste Fotoapparat, das Herz keine Pumpe, die Zelle kein Kraftwerk.[22] Daß der Fotoapparat ein armseliges Werkzeug ist verglichen mit einer Wahrnehmungsfähigkeit, die im Auge ihr führendes Ausübungsorgan hat, hat die Sinnesphysiologie ausreichend gezeigt, aber der Fotoapparat ist nicht nur ein schwarzer Kasten mit einem Loch[23], sondern auch ein gesellschaftliches Ideentheater. Die metaphorische Aussageweise suggeriert etwas, was tatsächlich nicht möglich ist, weil gesellschaftliche Verfahren zwar strukturell biologische wiederholen mögen, in ihrer besonderen Ausfaltung aber immer auch gesellschaftliche Triebphantasien, historische Erfahrung, kulturelle Bilder usw. verwirklichen. Jede technische Verwirklichung ist, sie mag so dumm sein, wie sie wolle, gegenüber der Biologie um den ganzen gesellschaftlichen Erfahrungsraum reicher, dem sie entstammt.

Der fehlende städtische Maßstab

Verzichtet man auf diese Unterscheidungen und behandelt die anstehenden Fragen eines ökologischen Umbaus nach dem bloßen Maßstab der Analogie zur Biologie[24], dann ergibt das genauso eine Strategie wie die sozialistische Utopie der Aufhebung der Scheidung von Stadt und Land, aber eine in entgegengesetzter Richtung, nicht mehr einer Vergesellschaftung der Biologie, sondern einer Biologisierung der Gesellschaft. Diese Strategie läuft, gegenüber der ökologischen Drohung, darauf hinaus, die technische Reproduktion an der natürlichen zu messen und sie ihr ähnlicher zu machen. Der gesellschaftliche Verbrauch natürlicher Ressourcen muß sich nachweisen lassen, daß er, verglichen mit der Sparsamkeit der synergetischen Wirtschaftsweise der Natur, ineffizient ist und durch die Nebenwirkungen der Verschwendung sogar das Überleben selber gefährdet. Ein System, das 80 % der verbrauchten Ener-

20 Vester, a.a.O., S. 164.
21 Vgl. M. Bölker, *Die Lesbarkeit des Menschen*, in: *Ästhetik und Kommunikation* 75 (1990), S. 23 ff.
22 Vester, a.a.O., S. 219.
23 Vgl. D. Hoffmann-Axthelm, *Sinnesarbeit. Nachdenken über Wahrnehmung*, Frankfurt am Main 1984, S. 77.
24 Vester, a.a.O., S. 48.

gie ungenutzt wegwirft, kann gegenüber einer technisch durchschaubar gemachten Natur, die ein Verlustminimum von 2 % erreicht, nicht bestehen, zumal nicht angesichts der Drohung, die Evolution werde sich von diesem unwirtschaftlichen Teilkapitel Menschheit schon zu befreien wissen.[25]

Das ist vielleicht richtig. Aber das kann nur ein Grenzpunkt, kein Maßstab sein. Vom Naturstandpunkt aus ist gesellschaftliches Leben ohnehin nur Verschwendung: Es orientiert sich nicht an der Minimierungstendenz der Evolution, sondern setzt eigene Maßstäbe. Kosten sind also beabsichtigt. Die Verschwendung heißt: Geschichte, Kultur, Stadtleben. Die Stadt ist grundsätzlich ein Nehmer, kein Geber, und sie steht unweigerlich mit ihrer Leistung dafür, daß sie den Druck auf die Natur wert ist.

Demgegenüber ist es auffällig, wie wenig inspirierend der biologische Maßstab sich auswirkt, wenn es genau hierum geht. Die allgemeine Vorstellung, daß der technische Verschleiß auf biologische Verschränkungsdichte (Energiekaskaden, Recycling) gebracht werden müsse, kommt in der Stadt als Konzept einer in der Form völlig ungeklärten Renaturierung an. Das zeigt sich gerade bei einem so konsequenten Vordenker wie F. Vester: »Zur Zeit steht das zukünftige Weltdorf jedoch immer noch aus. Es müßte reizen, es entstehen zu lassen. Durch Versuch und Irrtum, unter Nutzung kybernetischer Technologien. Ein Öko-Dorf, das, als ›Zelle‹ begonnen, zur Stadtlandschaft werden kann. Ein humanes Ökosystem, das einerseits die modernsten Technologien, andererseits die ältesten Gegebenheiten in der biologisch-genetischen Struktur des Menschen einbezieht, das die lebendige Natur mitspielen läßt und davon selber wieder profitiert, statt sie zu vergewaltigen und sich damit gleichzeitig ihrer zusätzlichen Unterstützung zu berauben.«[26]

Anders als in den weiter oben zitierten Passagen von Marx und Engels ist hier keinerlei gesellschaftliche Strukturvorstellung vorhanden. Unter dem Vernetzungsgesichtspunkt ist alles Gesellschaft oder auch alles Biologie, ohne Unterschied. Damit fehlt die Notwendigkeit, die Stadt so oder anders zu machen; wie Gesellschaftliches allgemein tritt sie als Ziel, als gewünschte Gestalt, gar nicht auf. Das einzige, was dahin deutet, ist das Wort Stadtlandschaft: ein zwielichtiges Erbe.

25 Ebd., S. 49 u. ö.
26 Ebd., S. 229.

Ökotop Stadt?

Die neue Kontinuität von Biologie und Gesellschaft heißt: Die Stadt kann ohne Umstände ökologisch beackert werden. Das hat eine wissenschaftliche und eine Bewegungsseite. Die wissenschaftliche ist die Vereinnahmung der Stadt als biologische Umwelt. Für E. P. Odum etwa ist die Stadt umstandslos ein Teilsystem des globalen Ökosystems[27]: Umwelt biologischen Lebens so gut wie Teich, Flußdelta oder Savanne. Aber weiß der Biologe überhaupt, was er da sagt? Wohl kaum. Denn was er als Versorgungssystem analog zu einem natürlichen Biotop auffaßt, ist nur die sichtbare Außenseite eines unsichtbaren Verwertungssystems. Der sichtbare Verbrauchsvorgang wie der unsichtbare Verwertungsprozeß haben darüber hinaus die Eigenschaft, weltweit zu sein: Der städtische Verbrauch bezieht sich auf die ganze Erde, ist also als abgrenzbares Teilsystem, innerhalb der Kriterien der biologischen Ökologie, nicht zu beschreiben.

In der Tat fungiert die Stadt für diejenigen Tier- und Pflanzenpopulationen, die in sie eingepaßt sind, durchaus als Ökosystem: Die städtischen Umgebungen aus Betonflächen, Höfen, Dächern, Grünanlagen, Bahngleisen usw. ersetzen den eingewanderten Mäusen, Mauerseglern, Gräsern usw. das, worauf sie sich in der freien Natur als Umgebung eingespielt hatten. Diese Stadt der Gräser und Mäuse gibt es aber nur hinter dem Rücken der menschlichen Bewohner.

27 *Ökologie. Grundbegriffe, Verknüpfungen, Perspektiven*, deutsch bearbeitet von J. Reichholf, München/Wien/Zürich 1980, S. 24 ff., 43 ff. Odum kann denn auch die Stadt nur deshalb zwanglos seinem Konzept aufsteigend künstlicher Öko-Systeme einordnen, weil er den physikalischen Gesichtspunkt der Antriebsenergie zum Ausgangspunkt macht, unter Ausblendung des eigentlich biologischen Gesichtspunktes des Trophischen. Das Künstliche zeigt sich insbesondere an der Konstruktion eines Bindegliedes, indem Odum die Reihe der mit Zusatzenergie arbeitenden gesellschaftlichen Systeme durch eines eröffnet, das mit natürlicher Zusatzenergie arbeitet, das der von Strömungsenergie bewegten Flußdeltas. Zweifellos ist die ganze Erde eine trophische Einheit und ist alle Energie letztendlich weitergegebene Sonneneinstrahlung. Der Begriff des Ökosystems sollte aber, wenn die klassischen Paradigmen Teich, Wiese, Korallenriff irgendeinen Sinn haben, als Bedingung einbegreifen, daß ein System, Sonneneinstrahlung und andere Verwicklungen in die Erdgeschichte vorausgesetzt, die Bedingungen seiner eigenen Reproduktion enthält, des Auf- und Abbaus von lebendiger Substanz. Daß die Stadt rein formal in diesem Sinne nicht abgrenzbar ist (von einem Kreislauf ganz zu schweigen), sondern auf beliebige Fernen offenbleibt, ist nicht nur ein formaler Unterschied, über den man sich hinwegsetzen könnte.

Das Bewegungsäquivalent des Ökotops Stadt ist die Öko-Stadt.[28] Da geht der Streit darum, wie utopisch sich der ökologische Umbau der Stadt gebärden darf. Anders gesagt, wie naiv und direkt dürfen Stadt und Biologie aufeinander bezogen werden, wie direkt kann man Natur in der Stadt wiedereinsetzen? Bedenklich ist nie das einzelne, der berühmte innerstädtische Biotop auf Bahngleisen und Fabrikmauern oder die Binsenkläranlage, sondern die darin mitgesetzte Perspektive, unmittelbar biologische Terminologie in Technik umzusetzen, also gleichsam ökologische Metaphern zu bauen und die Stadt auszurüsten wie mit Glasfaserkabel oder Erdgas.

Im heutigen *patchwork* der Stadtökologie bleibt ungeklärt, was utopisch und was realpolitisch, was Zeichen und was wirksame Technik ist. Das ist ein Moment der Stärke. Es bewahrt aber auch die in der Ökologie mitlaufende Stadtfeindschaft davor, sich kritischen Fragen stellen zu müssen. Geredet wird ja nicht von Ökologie, oder nur als alles rechtfertigende Überschrift, sondern, z. B., von Grün, was eine utopische Vokabel sein kann, die ihr Recht hätte, ließe sie sich vom heute Möglichen unterscheiden, die aber in der Regel nur Stadtausstattung meint und provinzielle Ängste vor zuviel Großstadt transportiert.

Solange dergleichen nicht klärbar ist, bleibt auch die technische Stadtökologie Teil des Versuchs, die Stadt, die man nicht abschaffen kann, soweit wie möglich zu entstädtern. Es wird nicht am wirtschaftlichen, politischen und kulturellen Funktionsknoten angesetzt, sondern am Erscheinungsbild, so als lebten wir in der Stadt wie das Reh im Wald. Es wird mit Berufung auf den offensichtlichen Widerspruch zwischen natürlicher und städtischer Ökonomie, zwischen natürlicher Sparsamkeit, Einnischung, Nähe und der Naturferne der Stadt, eine technische Natürlichkeit inszeniert, in der zuwenig Platz bleibt für die Tatsache, daß wir, anders als die Vögel unter dem Himmel, unseren Bedarf nicht fertig in unserer Umwelt vorfinden. Was Bedarf ist, ist vielmehr ein weites Feld, einem Biologen, der in Kategorien natürlicher Nützlichkeit zu formulieren hat, auch nicht klarzumachen (wie lächerlich sind die Analogien der Verhaltensforscher, die uns kulturelle Züge erklären sollen). Bedarf und Bedarfsdeckung ist gesellschaftlich entsprechend nur arbeitsteilig zu produzieren –

28 Vgl. vor allem: R. Lutz, *Ökopolis. Eine Anstiftung zur Zukunfts- und Umweltgestaltung*, München 1987.

wobei das Ausmaß des Verbrauchs nicht von unserem Hunger, sondern unserer Kaufkraft abhängig ist. Dafür ist in der biologischen Analogie[29] kein Platz, es läuft alles wie in der Natur, nur eben technisch übersetzt.

Betrachtet man die Stadt unter Gesichtspunkten biologischer Effizienz, hält sie natürlich den Vergleich mit biologischen Gruppierungen nicht aus. Die Stadt muß folglich als die schlechtere Natur beurteilt werden. Dabei übersieht die Öko-Bewegung leicht das ökologisch Wesentliche an der Stadt: daß es gerade die Verweigerungsseite der Stadt ist, in der sich der Regulierungscharakter der Natur ins Gesellschaftliche übersetzt hat.

Der Stadt wird nicht zugestanden, daß sie für das, was in der Natur Ökologie ist, ihre eigene Sprache entwickelt hat, trotz der unabweisbaren Abhängigkeit vom Ökosystem Erde. Die Abhängigkeit ist nur die eine Seite, die damit, daß sie gesellschaftlich aus dem Bewußtsein gedrängt wurde, nicht schon die richtige ist. Das Gesellschaftsprojekt hatte gerade die Freiheitsgrade zum Gegenstand, die die Vergesellschaftung innerhalb dieser Abhängigkeit aufgetan hat. Selbst wenn nun das Konto überzogen scheint, kann auch dieser Umstand nur auf der Ebene der erreichten relativen Autonomie gegenüber der Natur verhandelt werden.

Subjektökologie und Globalökologie

Die Kritik der Bewegungsökologie wäre falsch verstanden, würde sie als Versuch der Beseitigung gelesen. Die bewegungsökologischen Motive müssen nur an die zugehörige Stelle verwiesen werden: in ein gespanntes Gegenüber zu einem ökologischen Objektivismus, der die Gesellschaft naturwissenschaftlich, sei es über biologiekonforme Planungsmethodik, sei es über Grenzwerte, Gesetze, Meßsysteme und Verbote, unter Kontrolle bringen will.[30] Beides steckt im Biologismus der Ökologie.

Subjektökologie ist die Sorge um die eigene Umwelt. Es ist eine gesellschaftliche Umwelt, aber man betrachtet sie naiv als private, in der man sich bewegt und zu der man sich verhält, als wäre sie Natur. Nur so entsteht das ungeheure Protestpotential, die unmit-

29 Vester, a.a.O., S. 48.
30 Vgl. M. Hegger, W. Pohl, *Bekenntnisökologie versus Ökotechnologie*, in: *Arch +* 94 (1988), S. 44 ff.

telbare Betroffenheit. Die Umwelt ist schmutzig, voller Gifte und
schädlicher Strahlungen. Es ist gesundheitsgefährdend, sich in ihr
zu bewegen, und schwierig, Kinder gesund in ihr aufzuziehen. Ihr
kultureller Reichtum, als Naturwelt, erlebte Natur, ist angegrif-
fen: der Wald, das Wasser, die großen Tiere. Greifbar wie die Schäden sind die Verursacher, die Energiezentralen, die großen Industrien, die technisierte Landwirtschaft.

Entsprechend verteidigt sich das Subjekt. Es ißt gesunde Dinge,
aus kontrolliertem Anbau, unterhalb der zulässigen Strahlendosis,
trägt natürliche Textilien, akzeptiert nur pH-Wert-neutrale
Crèmes und Shampoos und wohnt, soweit es geht, in einer Umgebung unschädlicher Materialien, kämpft gegen Chemie und Atom-
industrie, gegen Autoverkehr, Vivisektion von Tieren, Gentech-
nik, für Papier- und Glasrecycling, biologische Düngung und
Solarenergie.

Der Faden, der diese vielen Wendungen zusammenhält, ist die
Metapher des Körpers. Die Reinhaltung des eigenen Körpers von
Giften usw. ist, wenn überhaupt, nur höchst bedingt nachvoll-
ziehbar, sie ist vor allem eine Vorstellung und als solche Teil einer
traditionell weiblichen Verantwortung für Ernährung und Kinder. Die Körpermetapher umgreift aber auch noch die Erde, nicht
als Besitzgefühl, sondern als Identifikation mit ihrer Trägerrolle,
als Gesamtheit leidender Natur. Je weiter die Subjektökologie
ihre Betroffenheit verallgemeinert, desto mehr bewegt sie sich
von einem handfesten Besitzindividualismus, der das eigene Haus
ökologisch befestigt, zu einer neuen gesellschaftlichen Moral. Sie
tut das, indem sie die ökologische Vernunft mit Heilserwartungen auflädt: Harmonie mit der Natur, Frieden, geschlossene
Kreisläufe. Die Subjektökologie verallgemeinert sich als Ökologie einer geretteten Welt, als die Anarchie der Regenbogenkoali-
tion, die allein schon recht hat wegen der Vielfalt ihrer Widersprüche.

Globalökologie, umgekehrt, ist Zentrums-, Gesellschaftsökolo-
gie. Sie entzündet sich am schwärmerischen Überschuß, an Widersprüchlichkeit und Narzißmus der Subjektökologie. Der subjektive Weg zu ökologischer Vernunft ist zu lang; die ökologische
Ausstattung privater Umwelten setzt die große Zerstörung oft ja
nur fort: Die Ökosiedlung etwa begrenzt zwar den Schaden, aber
sie treibt, im Namen natürlichen Lebens, den Verschleiß von Boden und Energie, die Entmischung der Funktionen und die Ver-

vielfachung des Verkehrs genauso voran wie jede andere Siedlung auch.[31] Der globalökologische Standpunkt rechnet den tatsächlichen Schadensstand vor und fordert gesamtgesellschaftliche Maßnahmen, die an den Kern des Übels gehen, soll nicht die Evolution über das Kapitel menschliches Leben bereinigend hinweggehen.[32]

Das gesellschaftliche Leben muß noch technischer, noch unnatürlicher werden, um aus dem bisherigen menschheitlichen Dilettantismus im Umgang mit Natur herauszukommen und jenes Minimum an Natur übrigzulassen, das es dem Ökosystem erlaubt, sich auf der heute erreichten Beschädigungsebene zu stabilisieren.[33]

Das heißt Einschränkung des Verbrauchs, also frontale Kollision mit jenen subjektiven Bewegungsströmen, die nicht zuletzt auch die Öko-Bewegung vorantreiben. Wie der Körper die Grundmetapher der Subjektökologie ist, so die tragende Metapher der Globalökologie das Gesetz, sei es als Härte natürlicher Bedingungen, sei es die Härte politischer Einschränkungen. Die Reflexion auf die Erde als Bezugsgröße individuellen Handelns ist verständlicherweise weder naiv noch spontan, sondern an Berufsinteresse, Amt, Entscheidungsbefugnis oder an die bereits – aus der Religion oder der Philosophie – mitgebrachte Fähigkeit zu abstrakten, interesselosen Einstellungen gebunden.

Um so unvermittelter stoßen Einsicht in das weltzeitlich Nötige und politisch Machbares zusammen. Es gibt kein Realisierungskonzept außer dem Rückgriff auf eben die Machtfraktionen, die die heutige Lage produziert haben: Staat und Kapital. Es kann nur dem Kapital zugeredet werden, daß eine ökologische Orientierung langfristig wirtschaftlicher ist, und der Politik, daß bestimmte Grenzwerte einfach, auch gegen den Protest der Industrie, durchgesetzt werden müssen. Da ersteres ergebnislos zu sein pflegt, verschärft sich die Tendenz zu staatlichen Regulierungen.

Globalökologie hat also zwangsläufig einen jakobinischen Charakter, der zur Globalität der Einsicht in den Zeitpunkt 5 Minuten nach 12 gerne auch die Schärfe der Guillotine hätte oder sich wenigstens mit der Perspektive des Untergangs der Spezies verbünden muß, um dem Stand der Einsicht und der entsprechenden

---

31 D. Hoffmann-Axthelm, *Entweder-Oder*, in: *Arch+* 92 (1987), S. 73 ff.
32 Vester, a.a.O.
33 Kinzelbach, a.a.O.

Ungeduld Genüge zu tun. Wie die Subjektökologie zur Anarchie des Besitzindividualismus, so tendiert die Globalökologie zur Ökodiktatur.

Die ist natürlich nicht machbar. Es kommt in der Wirklichkeit nur zu einem technischen Grabenkrieg zwischen Verursachung und Unterbindung, die ökologische Vernunft degeneriert zu einem System von Höchstwerten, Meß- und Überwachungsapparaten, das den sich ständig ändernden Erkenntnissen über die Ursachen zwangsläufig hinterherhinkt, weil nur umständlich nachgewiesene Einwirkungen politisch angegangen werden können. Bis die Gesetze da sind und greifen, ist es meist schon zu spät.

Es ist also gut und notwendig, daß es beide Stränge in der politischen Ökologie gibt. Die globalökologische Einsicht ist zu schwach, es sei denn, sie ergriffe die Macht (aber das Leben, das dann übrigbliebe, wäre dem Untergang der Spezies kaum vorzuziehen). Die Bedürfnisökologie hat es viel leichter, auch noch den Verzicht auf FCKW-Treibgase ins System der Bedürfnisse aufzunehmen. Aber Bedürfnisse sind letztendlich unerfüllbar: Das macht ihre nicht nachlassende Dynamik aus und zugleich ihre Angewiesenheit auf Zeichen, die das Gewünschte nicht sind, sondern nur zeigen, um das schlecht Vorhandene ihm gegenüber offenzuhalten. Damit ist der Ozonhaushalt der Erdatmosphäre nicht unmittelbar zu retten, wohl aber mit dem realpolitischen Schub, den die Wunschökologie kulturell erzeugt.

Globalökologisch ist es immer schon zu spät. Wie spät, kann uns aber keine Meßtechnik und keine Hochrechnung sagen, auch keine, stets vorläufige, Theorie über die Verursachungszusammenhänge, von deren Genauigkeit ja der zu verordnende Eingriff abhängt. Wenn wir den Voraussagen glauben müßten, die uns innerhalb von 40 Jahren die Zerstörung der atmosphärischen Schutzschicht voraussagen, dann müßten wir uns jetzt entweder mit Hallenstädten oder gar Bunkersystemen oder ausschließlich mit der Reduktion des Verkehrs beschäftigen, ohne den Dialog mit den Bedürfnissen aufzunehmen und durchaus dem auch zu vertrauen, was sie an Ökologie vorschlagen.

Die ökologische Dringlichkeit ist aber nicht so eindeutig darstellbar, daß der Streit zwischen beiden entscheidbar wäre. Worum geht es eigentlich? Um die Lebensverhältnisse der Stadtbewohner oder das Überleben von Natur? Wollen wir auf die Natur verzichten oder auf einige gesellschaftliche Errungenschaften? Wen wollen wir eigentlich retten?

Alternativ gestellt, ist die Frage falsch und kann zu keiner brauchbaren Antwort führen. Eine Antwort ist nur zu erwarten, wenn die beiden Ökologien in Verhandlungen treten. Die Subjektökologie ist zwar ungeduldig und militant, läßt aber Zeit offen, die Zeit der subjektiven Umwege, ohne die nichts sich je geändert hat. Gerade darüber ist die Subjektökologie auch der notwendige Vermittler zwischen denjenigen Massenbedürfnissen, die die Welt kaputtmachen, und der globalökologischen Einsicht, daß es bereits zu spät ist.

Ökologie und Emanzipation

Die ganze Frage ist, wie die ökologischen Rahmenbedingungen uns betreffen. Sie reden nicht von uns und nicht zu uns. Es wäre gerade deshalb verschleiernd, von Humanökologie zu sprechen. Daß der Begriff nach wie vor gebraucht wird, heißt nicht, daß er berechtigt wäre[34]: Die Menschen haben sich aus dem ökologischen Gefüge herausbegeben und sich erweiterte Bedingungen erarbeitet, auf Kosten der übrigen Natur. Sie sind dadurch heute so weit, daß von ihrem technischen Geschick oder Ungeschick der weitere Bestand von Natur abhängt.

Die harten naturgeschichtlichen Grenzen erweisen ihre Härte also nicht mehr, indem sie unsere Bewegungen bremsen, sondern indem sie uns auf die Kosten hinweisen. Die Frage ist nun, wie von dieser fremden und doch in Zukunft in ihrer Wirkung ganz von uns abhängigen Härte innergesellschaftlich geredet werden kann, so, daß auf einer Bühne, die bisher von gesellschaftlichen Machtfiguren und ihrem ungehemmten Verbrauch bestimmt war, der drohende Tod des Substrats als Mitspieler anwesend ist.

Dazu braucht, um im Bilde zu bleiben, die unterlegene, tote Natur eine menschliche Maske, um aufzutreten wie der steinerne Gast im *Don Giovanni*. Ökologie als innergesellschaftlicher Mitspieler

---

34 B. Campbell, *Humanökologie*, Berlin 1987, behandelt zwar die menschliche Gesellschaft als ökologisches Thema, aber unter dem Gesichtspunkt des Anthropologen. Von einer Humanökologie kann man also allenfalls im Übergangsfeld zwischen Natur und Gesellschaft reden, für die Vor- und Frühformen von *homo erectus*; die Einbettung menschlichen Lebens in seine Landschaften sieht auch Campbell als Kultur, a.a.O., S. 19.

kann nicht der naturwissenschaftliche Maßstab mit seinen so präzisen wie unzuverlässigen Zeitvoraussagen sein, nicht als Schrift an der Wand (gewogen und zu leicht befunden, Daniel 5, 25-27). Die Ökologie muß im Zentrum des gesellschaftlichen Gastmahls auftreten. Die wesentliche ökologische Aussage ist nicht, daß es dies oder jenes Gefüge der Natur gibt. Ihre Aktualität ist die der knappen Zeit: Die Menschen waren im Kampf gegen die Natur so erfolgreich, daß sie, so weitermachend, sich selbst eliminieren werden. Darauf muß reagiert werden, und das geht nicht ohne Verzichte.

Wir müssen auf nichtrepressive Weise mit dem Gedanken vertraut werden, daß für den Umfang von Bedürfnissen, die jeder einzelne Angehörige der reichen Industrienationen als Gefüge seiner Emanzipation mit sich herumträgt, diese Erde zu klein ist. Damit tritt die Ökologie, wiewohl befremdlich von außerhalb kommend, als neue Figur im innergesellschaftlichen Verteilungskampf auf. Wo muß verzichtet werden, und wer ist es, der die Kosten trägt?

Die Ökologie, sagt man, stelle die Gattungsfrage voran. Das hieße soviel, als könnten wir uns innergesellschaftliche Auseinandersetzungen nicht mehr leisten, sondern müßten, alle in einem Boot sitzend, erst einmal das gemeinsame Überleben sichern. Ökologie und gesellschaftliche Emanzipation verhielten sich also gegenläufig zueinander, und die großen Verlierer der ökologischen Krise unseres Produktivitätsmodells wären die drei wichtigsten innergesellschaftlichen Emanzipationsbewegungen der letzten hundert Jahre: die Arbeiterbewegung, die Frauenbewegung, die Unabhängigkeitsbewegungen der Dritten Welt.

Da bleibt aber allemal zu fragen, ob jeweils das Emanzipationsziel weit genug gedacht ist. Wenn wir uns mit dem Gedanken vertraut machen müssen, daß die Welt für die Masse emanzipativer Bedürfnisse zu klein ist, dann heißt das auch, daß wir lernen müssen, zwischen Objekten und Umständen zu unterscheiden. Als der Anspruch auf eigene Gärten und eingeschossige Villen im Grünen, weite Reisen usw. noch Privileg eines kleinen Kreises von Menschen war, schadete der Luxus nicht weiter, weil die Menschheit insgesamt noch am Orte klebte und wenig zu Unterhalt und Unterkunft beanspruchte. Die Verallgemeinerung des adligen Luxus führt nicht nur an objektive Grenzen, sondern entleert auch den begehrten Gegenstand. Erst im Durchgang durch diese Enttäuschung erfahren wir, was wir gewonnen haben. Das ist bereits der

Standpunkt 1789. Es gilt aber auch für die nachfolgenden, eben genannten Emanzipationsbewegungen.

Daß es auf allen drei Ebenen Interessenwidersprüche zwischen Ökologie und Emanzipationsziel gibt, liegt auf der Hand. Es gibt aber auch die umgekehrte Aussicht. Ich skizziere das in aller Kürze am Verhältnis von Emanzipation und Autofahren. Das ist nur scheinbar reduktiv und verhandelt nur scheinbar die Sache am Beispiel. Ob es einem gefällt oder nicht, das Auto ist dasjenige technische Gerät, das am deutlichsten für subjektive Emanzipation steht. Mit nichts identifiziert sich das (männliche) Selbst so spontan, mit nichts verbindet es so genau die lebensgeschichtliche Vorstellung des Vorwärtskommens, des Ausbrechens aus Beschränkungen, die Möglichkeit änderbarer Lebensverhältnisse.

Für die Arbeiterbewegung ist das eigene Auto das Unterpfand für den erreichten Aufstieg, das für alles einzustehen hat – und das ist das meiste –, was man nicht erreicht hat, auch für das Unterpflügen des Versagens gegenüber dem Nationalsozialismus und für den vollständigen Kompromiß mit den herrschenden Verhältnissen. Die ökologische Kritik rüttelt daran, aber auch an den Arbeitsplätzen. Die Arbeiterbewegung, als männliche Autofahrerbewegung, fürchtet mit Recht, um die Früchte ihrer Kämpfe betrogen zu werden, weil sie sich selber betrogen hat. Auch wenn sie Industrie und Banken vor ihren ökologischen Kritikern schützt, befördert sie, im Zeitalter der Automatisierung und des erbarmungslosen Rückgriffs auf Billiglohnländer der Dritten Welt, ihren eigenen Rückgang.

Da sie es sich als künftige Minderheit immer weniger wird leisten können, sich von den anderen Protestbewegungen zu isolieren, ihr aber auch Reste des sozialistischen Ideals unausweichlich in den Knochen stecken, wird sie ebenso unausweichlich sich auf ökologische Ziele zubewegen. Bleibt der Tatbestand, daß das Auto als subjektives Bewegungsmittel Lohnarbeit erträglicher macht. Aber in einer Stadt, die durch die Kritik der Ökologie hindurchgegangen wäre, wären die Dinge ohnehin anders geordnet: Es gäbe kleinere Betriebe, mit sehr viel mehr Arbeitsautonomie und einer entsprechend engen Verflechtung von Wohnen und Arbeiten. Auf die Ökologie zu hören hieße für die Arbeiterbewegung am Ende nur, bei ihren eigenen Utopien anzukommen, berichtigt um einige wichtige dazwischenliegende historische Niederlagen.

Die Frauenbewegung stößt nicht frontal mit der Ökologie zusammen wie das sozialistische Lager. Frauenemanzipation und Auto hängen ganz praktisch und unauffällig zusammen. Für viele alleinlebende Frauen, besonders die alleinerziehenden, ist das Auto einfach ein unverzichtbares Werkzeug. Es beschützt, hilft Kinder hin- und herbringen, macht Unterbrechungen des Alltags möglich, spontane Entscheidungen. Von Ästhetik und Technik des Geräts pflegen Frauen weitgehend zu abstrahieren, sie benutzen es, ohne sich an überhöhtem Verbrauch, tropfendem Öl, Abgaswerten usw. zu stören, bis es stehenbleibt. Das ist so sympathisch wie ökologisch unerfreulich. Unter den heutigen Bedingungen läßt sich daran aber auch nichts ändern: Schon wo zwei Erwachsene sich um die Kinder kümmern, sind ohne Auto Eltern wie Kinder aus weiten Bereichen möglicher Aktivität und gesellschaftlicher Präsenz einfach ausgeschlossen. Es müßten die Lebensverhältnisse in den Städten anders werden, damit Frauen sich ohne Auto ungehindert und angstfrei bewegen könnten. Das wäre aber nichts anderes als zu Ende gedachte Ökologie.

Freiheitsbewegungen gehen nicht um Autofahren, sondern um eine Umkehrung des Ausbeutungsgefälles, das die einen immer reicher, die anderen immer ärmer macht. Aber für die betroffenen Menschenmassen heißt das, wie gerade die Öffnung Osteuropas für den westlichen Lebensstil beweist, durchaus Anteil an den Luxusgütern der Reichen, vor allem dem Auto. Daß eine achtköpfige Familie in einer Kleinwohnung haust, um sich als erstes Aufstiegssymbol einen Mercedes leisten zu können, führen uns schon die Einwanderer in den europäischen Metropolen vor. Bislang ist das Ökosystem Erde noch halbwegs lebensfähig, weil der größte Teil der Menschheit an die Güter, mit denen die Industrieländer den Globus ruinieren, gar nicht herangelassen werden. Wenn alle Inder, Chinesen, Afrikaner, Lateinamerikaner mit der Ausgiebigkeit der US-amerikanischen Bevölkerung Auto fahren würden, wäre die globale Öko-Katastrophe erreicht.

Die Anpassung ist also gar nicht nötig. Die Frage ist nur, wie der Verzicht auf Massenmotorisierung sich durchsetzt: als ökologisches Diktat der Industrieländer, wie sich das im Falle des brasilianischen Regenwaldes andeutet, oder als Wiedergewinnung von kultureller Autonomie durch die Befreiungsbewegungen. Diese können nur mit der Ökologie zu ihrem Ziel kommen, nicht gegen sie.

Schon diese beiläufige Diskussion zeigt, daß die ökologische

Herausforderung die gesellschaftlichen Emanzipationsbewegungen nicht abblockt, sondern sie zwingt, mit den eigenen Zielen ernst zu machen. Geschieht dies, dann ist aber auch die Ökologie in der Gesellschaft angekommen, sie ist kein biologisches Projekt mehr, sondern selber Gesellschaftsprojekt.

Ökologie der Zeit

Wenn die Ökologie gesellschaftlich reden soll, brauchen wir einen Maßstab, der das ökologische Handeln von Meßgeräten und naturwissenschaftlichen Modellen befreit und in sozialen Ausdrücken beurteilbar macht. Der letzte gesellschaftliche Maßstab, wissen wir (nicht nur aus Smith und Ricardo, sondern auch aus dem 90. Psalm), ist die Zeit. Auch die ökologische Aktualität ist eine der zeitlichen Dringlichkeit: Die Ökologie sagt uns, daß wir über unsere Verhältnisse gelebt haben, mit einem Wort, daß es zu spät ist. Das naturgeschichtliche Zu-spät muß nun innerhalb der modernen Zeitökonomie ausgedrückt werden, die in ihrer Doppeldeutigkeit als Lebens- und Verwertungszeit gerade der Schlüssel der innergesellschaftlichen Zeitzerstörung ist.

Diese Zeitzerstörung ist die der gelebten Zeit durch die exekutive Zeit, entlang dem Widerspruch zwischen dem Gewinn an Möglichkeiten und dem Verlust an Lebenszeit. Man hat alles – mit riesigen sozialen Unterschieden natürlich –, aber nicht die Zeit (und nicht die Fähigkeit), es zu genießen. So wahr es ist, daß die fossilen Brennstoffe knapp sind: Zeit ist die knappste gesellschaftliche Ressource. Leben heißt, Zeit jenseits der Überlebenszeit zu haben. Indem die Industriegesellschaften nur noch arbeiten und freie Zeiten organisieren, um über ein Maximum an Gütern verfügen zu können, zerstören sie sich von innen heraus.

Das Überraschende ist dann, wie genau diese innere Zerstörung sich einfügt in die Zerstörung der natürlichen Ressourcen. Die naturgeschichtliche Zeit, die wir damit verschleudern, ist zwar nicht unsere Zeit – wir haben definitiv die langen natürlichen Zeiten gegen kurze, sich historisch weiter verkürzende, gesellschaftliche Zeit eingetauscht. Aber wenn wir die in Kohle, Öl, Gas gespeicherte, prinzipiell nicht wiederholbare erdgeschichtliche Lagerzeit verschleudern können, indem wir nur die eben jetzt verbrauchte gesellschaftliche Arbeitszeit der Förderung und Verteilung bezahlen, so macht ja gerade erst der bedenkenlose Verschleiß fossiler Energien die Zerstörung von gesellschaftlicher Zeit möglich. Es ist die natürlichste Beschränkung der Bedürfnisse, daß man nicht alles haben und sehen, nicht überall sein kann, und genau diese Beschränkung wird durch Energieverbrauch beseitigt: indem in der Antarktis gefrühstückt, in der Wüste Eis gegessen, zwischen Premieren und Terminen um die Erde gejettet oder Geschäfts- wie Ferientag fahrend verbracht wird.

Gerade die Transgression kostet natürlich am meisten. Das heißt aber nicht, daß die Norm erträglich wäre. Das ist für die einfachste Zeitverschleuderung, das Autofahren, genügend berechnet worden: Das Ausmaß an menschlicher Arbeitszeit, das individuell bezahlt und individuell auch (durch eigene Arbeitszeit) abgegolten werden muß, bildet hinterrücks das Mißverhältnis ab, in dem die verbrauchte naturgeschichtliche Zeit zur gewonnenen gesellschaftlichen Zeit steht.

Die Anstrengung, unter dem Titel Ökologie die ökologische Zeitknappheit gesellschaftlich abzuarbeiten, kann man vergessen, wenn es nur darum geht, die Ab- und Zuflüsse zu biologisieren – das kann im einzelnen nützlich sein, geht aber am Charakter der Gesellschaftsveranstaltung vorbei. Die Ökologie muß Zeitökologie werden, um in der Gesellschaft anzukommen, sie muß also den Kern gesellschaftlicher Selbstzerstörung angreifen. Daß das in Auseinandersetzungen führt, die langfristig die heutige Art und Weise des Wirtschaftens verändern werden und wo eher politisch-ökonomischer als biologischer Sachverstand gebraucht wird, ist jedem aufmerksamen Beobachter klar, aber man muß es den Biologen ja nicht gleich sagen.

Was ist Stadtökologie?

Städtische Ökologie ist kein Ziel, wie Wohnungsbau oder die Versorgung der Gesellschaft mit Kindertagesstätten, Schulen und Verkehrseinrichtungen, sondern eine Frage der kritischen Methodik, des Wie, also: Wie man das städtische Leben organisiert. Ökologie, die als Luxus nachträglich hinzukommt oder weggestrichen wird, kann nur ein Mißverständnis sein: Die Dinge sind von ihrer Wurzel her ökologisch angelegt, oder eben nicht. Sind sie es nicht, ist auch durch nachträgliche Konzessionen nicht mehr viel zu machen. Es kann, nach alledem, auch nicht um die beliebte Frage gehen, wieviel Ökologie man sich gerade leisten kann. Mit Kultur oder Entwicklungshilfe in der Dritten Welt gleichgestellt, ist natürlich immer alles andere dringender als Ökologie. So bleibt nur das Einsparen, Zusammenstreichen, Abspecken übrig, als wäre Ökologie etwas, was hinzukäme zur normalen Wirklichkeit. Es ist genau umgekehrt: Die Ökologie beginnt bei den normalen Aufgaben.

Die Aufgabe ist, die Stadt so umzubauen, daß der Verbrauch natürlicher Ressourcen verringert wird. Natürliche Ressourcen sind auch die Luft, das Wasser, der Boden. Alle vier Elemente müssen dabeisein. Dann wiederum kann es nicht darum gehen, die Elementarprobleme naturalistisch zu lösen, als additive Errichtung von Wasser-, Luft-, Erde- und Energiespareinrichtungen, sondern man muß an der Stadt selber operieren. Sie ist, in Übersetzung des Organismus-Umwelt-Verhältnisses, sowohl Stadtgesellschaft wie gebaute Stadt. Es wäre abstrakt, die eine wie die andere Ebene unter das Wasser-, Boden-, Energie-, Luftproblem zu subsumieren, ohne dabei auf die Organisationsform selber zu zielen. Da aber geht es nicht um Erde, Wasser, Feuer, Luft, sondern um den Zeitgebrauch. Man muß also die Arbeits- und Lebensverhältnisse aufsuchen, die an der Quelle des Verschleißes der Grundressourcen stehen, und sie neu zu ordnen versuchen.

An diesem Punkt wird man feststellen, daß sich die dabei auftretende Reihe von Fragen und Antworten überraschend derjenigen nähert, die anhand des Migrationsproblems auftrat. Daß man zu Lösungen kommt, die anscheinend nicht miteinander zusammenhängende Problem zwanglos vereint lösen, ist das zuverlässige Zeichen dafür, daß man den Kern einer Sache getroffen hat. Hier ist es der Kern des städtischen Konflikts, für den das Warnsignal nur deshalb jetzt von außen kommt, weil es innen zu lange überhört wurde. Es realisiert die Zusammengehörigkeit, die weiter oben im Verhältnis von Ökologie und Emanzipation behauptet wurde.

Die Stadtökologie, die wir haben, leidet demgegenüber an drei Gebrechen: Zum einen betrifft sie noch immer weitgehend nur das Wohnen, zum anderen denkt sie zu sehr in Substitutionen, drittens ist sie überhaupt zu sehr auf das Baubare, die *hard ware*, fixiert.

Zu 1): Die Abwehrbewegungen gegen die Einleitung von Abwässern in Flüsse, gegen Industrieschornsteine ohne Filter, gegen die Bodenverseuchung durch Ablagerung von Schwermetallen, gegen Verkehrslärm, überhöhte Geschwindigkeit, Abgase usw., sind doppeldeutig: Sie verteidigen das Leben allgemein, ein Leben aber, das ganz abstrakt gedacht ist, als bloßes Verbrauchen. Anschaulichkeit, Greifbarkeit hat dieses Leben andererseits nur als privates Wohnen, das den abstrakten Standpunkt verführerisch konkret darstellt: Es soll, ein Ausstattungsproblem, für ein nicht durch Arbeit und Verwertungszeit funktionalisiertes Leben stehen, das es nicht mehr gibt, schon gar nicht als bloßes Wohnen. Wenn man diese merkwürdige Rolle verstehen will, muß man mindestens erst einmal zurückkommen einerseits auf die arbeitsteilige Ordnung der Gesellschaft, die das Wohnen zu einer isolierten Funktion gemacht hat, und zum anderen auf die Natursehnsüchte, die sich an diese isolierte Funktion ankristallisiert haben und von einer Natur reden, die genauso abstrakt ist wie die Idee des Lebens als bloßes Wohnen, in natürlicher Umgebung.

Zu 2): Die Welt ist voller ökologischer Lösungen. Alle wiederum sind nur relativ ökologisch entlastend. Es ist z. B. »umweltschonender«, Zeitungspapier zu recyclen als zu verbrennen, noch wirksamer wäre es fraglos, den Papier- (und Holz-)Verschleiß vom Ansatz her – Marktzwängen und Gebrauchsweise von Zeitungen – anzugehen. Oder: Womit belastet man den Naturhaushalt stärker, dadurch, daß man Stoffwindeln in der Waschmaschine wäscht oder Papierwindeln benutzt (wobei noch zwischen gebleichten und ungebleichten zu differenzieren und das in Aussicht stehende Verfahren zur Umwandlung des durchnäßten Papierhäcksels in Dünger – der dazu nötige Hitzebedarf sollte im Verfahren selber entstehen, wie bei der Silage – hinzunehmen ist)? Es ist bekanntlich die Frage, auf welcher Ebene man ansetzt, am Anfang, in der Mitte oder am Ende einer Bedürfniskette. Was als Öko-Stadt gilt, ist ein ungeordnetes Miteinander einzelner Maßnahmen, die jeweils an einer Ecke des Vorhandenen ansetzen und dort ökologisch optimieren.

Dabei geht es nicht um eine Kritik positiver Realisierungen: Zu Recht wird mit einer Fülle von Installationen experimentiert, Sonnenkollektoren, Grasdächern, Schmutzwasserkreisläufen und -kläranlagen, Blockkraftwerken, begrünten Brandwänden usw. Das kann aber nicht das Ziel sein. Jede technische Lösung, sie sei so biologisch, wie sie wolle, muß angesichts des offenen Diskussionszusammenhanges städtischer Ökologie auch diskutierbar bleiben. Was als Baustein und Instrument durchaus nützlich ist, kann, als Lösung, als Beendigung des Problems, falsch sein und weit wichtigere Probleme und tiefergreifende Lösungen gerade verdecken.

Zu 3): Die herrschende ökologische Politik ist die der teuren Zusatzinstallationen. Alles bleibt, wie es ist, und um diese Unbeweglichkeit ökologisch kompatibel zu machen, wird überproportional draufgezahlt. Diese Strategie der Konfliktvermeidung, die bei uns die allgemeine ist, können sich nur reiche Nationen leisten, und auch sie nur bedingt. Daran hängt aber, was an Ökologie machbar ist. So lastet das Übergewicht des teuren Apparativen auf der gesamten Öko-Bewegung. Die Dinge, z. B. der Katalysator als Zusatzgerät zum Verbrennungsmotor, sind teuer und greifen wenig ein, aber sie stellen eine ökologische Lesart her. Als Stadt bekommen wir das Dienstleistungszentrum, das seine eigene Kläranlage hat, über Luftschneisen sich selbst belüftet und Kleinstmengen Energie erzeugt usw. Aber die ökologische Ausstattung ist Segment einer Rundum-Abschottung des Komplexes gegen die übrige schmutzige und gefährliche Stadt.

Gewiß muß das große Projekt kleingearbeitet und durchsetzbar gemacht werden, es geht nicht um Utopie. Aber das Kleinarbeiten darf nicht dahin führen, daß die Sache nicht mehr aufzufinden ist, während die Überschriften stimmen. Es geht hier einmal nicht um Zeigeformen, um symbolische Prozesse. Symbolökologie ist z. B. das Trockenklo in der Öko-Siedlung. Es muß so tun, als hätte man mit ihm ein Gesellschaftsziel erreicht, weil die Öko-Siedlung selber als ökologisches Kleinarbeiten eine Fälschung ist, die ökologische Ausstattung eben jener zerstörenden Wünsche nach natürlichem Leben und Anteil am Boden, die wir überwinden müssen, damit Natur für uns übrigbleibt. Die perfekt ausgestattete Öko-Siedlung ist gerade in ihrer Anschaulichkeit des Erreichten falsch.

Richtige Lösungen erkennt man daran, daß sie schwierig und ungegenständlich sind, weil sie die wichtigste Ressource ökologischer Anpassung in Anspruch nehmen, die Veränderung der Produktions- und Lebensverhältnisse. Dabei ist schwer entscheidbar, wo der dickere Beton ist, in der Industrie oder in den Wohnzimmern. Aus der ökologischen Aktualität kann aber keine Stadtplanung gefolgert werden, das wäre ein Mißbrauch der Sache. Es müssen demgegenüber die richtigen Fragen gestellt werden, auf die ökologisch geantwortet werden kann. Die Ökologie ersetzt das gesellschaftliche Ziel nicht, sie orientiert es nur. Wenn wir wissen, welche Stadt wir wollen und was sie in Zukunft leisten soll, dann können wir anfangen zu überlegen, wie sie, und mit welchen Techniken, ökologisch umgebaut werden muß, damit sie Bestand hat und nicht sich selber abschafft.

Zentral-Dezentral

Nur das jeweilige genaue Stadtprojekt kann als Schiedsrichter dafür dienen, was innerhalb des strittigen Feldes möglicher ökologischer Maßnahmen richtig ist. Ökologie kann kein formuliertes System sein, kein Programm, das wie geschrieben verwirklicht wird. Ökologischer Umbau bleibt, angesichts einer widersprüchlichen Welt, notwendig und glücklicherweise ein Flickwerk von Maßnahmen. Es wird nie und unter keinen Bedingungen möglich sein, jeweils auf einer Ebene zu handeln, schon deshalb, weil sich das in jedem Einzelfall anders stellt. Worum es geht, ist das Zusammenwirken der unterschiedlichsten Maßnahmen, oberflächlicher und radikaler, verursachungsbezogener oder *end-of-the-pipe*-bezogener, zu einem Gesamteffekt: geringerer Umweltbelastung.

Damit ist von Anfang an auf die reine Lehre dezentraler Gesellschaftseinheiten verzichtet und die synthetische Kraft der Zentralen durchaus auch als Ökologisierungschance offengehalten[35], nicht nur als Zentrum des Verschleißes. Ob etwas zentral oder dezentral gelöst wird, kann jedenfalls als Kriterium nicht ausreichen. Die Zurückführung z. B. des städtischen Energie- oder Wasserverbrauchs auf den Verursachungspunkt hat zu viele Gesichter. Vom ökologischen Pensum soviel wie möglich am Verbrauchsort abzuarbeiten ist sicher die nächstliegende Forderung. Sie trifft aber auf die engen Grenzen, die die städtische Arbeitsteilung, die entsprechenden Bedürfnisunterschiede, die individualisierten Zeitbudgets dafür vorgeben. Zweierlei ist also von vornherein klar: Eine Stadt kann nicht auf autonome Versorgungspunkte zurückgeführt werden, ohne aufzuhören, Stadt zu sein, und die Ver- und Entsorgungsprobleme können nicht als unabhängige Schichten behandelt werden, die man aus dem städtischen Leben herauslösen kann. Der ständige Streit, wieviel zentral, wieviel dezentral zu bearbeiten sei, ist nicht naturwissen-

---

35 Vgl. J. Huber, *Die verlorene Unschuld der Ökologie. Neue Technologien und superindustrielle Entwicklung*, Frankfurt am Main 1986.

schaftlich, sondern nur im jeweiligen Projekt zu entscheiden.

Was heißt überhaupt dezentrales Abarbeiten? Was ist der dezentrale Ort – Wohnung, Arbeitsstätte, Freizeit, gesellschaftliche Einrichtungen? Solange dezentraler Ort Wohnort heißt, ist die Dezentralität nicht viel wert. Sie heißt nur, daß sich die Individuen in ihrer privaten Öko-Festung verschanzen. Das energieneutrale Haus ist letztendlich immer ein Einfamilienhaus – wer will das sonst bezahlen. Die Kosten selber sind bereits asozial, sie schließen Verallgemeinerung aus. Im übrigen degradiert solch ein Haus den Bewohner zum Meßwertüberwacher und macht ihn immer dann, wenn es ernst wird, von Reparaturbetrieben abhängig. Das dezentrale Abarbeiten muß, was die Energiesparsamkeit angeht, voraussetzbare Haustechnik sein, die die Subjekte jeweils dort in Anspruch nehmen, wo sie sich, arbeitend, schlafend, ausgehend, reisend, im Laufe des Tages oder der Nacht gerade befinden.

Dezentralisierung hat also nur Sinn, wo sie sich ablösen läßt von der subjektiven Selbstverwirklichung – wo Dezentralität nicht als Hort subjektiver Gegenwelt gedacht wird, sondern als ungehinderte Entfaltung der tatsächlichen Aufgliederung der Lebensverhältnisse, indem auch Produktion, Wohnen, Erholung, Kultur usw. entsprechend kleingearbeitet werden. Diese Zerstreuung setzt zugleich eine weitergehende Zentrierung voraus, z. B. in der Industrie, aber auch in der Energieproduktion[36] – je mehr dezentrale Stromproduzenten es geben wird, desto wichtiger wird das Netz als Gesamteinrichtung, wenn man nicht die Häuser mit Speichereinheiten vollstellen will.

Unter dem Gesichtspunkt einer solchen Gegenläufigkeit wird sich zeigen, daß eine Verflechtung von Wohn- und Arbeitsstätten einerseits, eine Entkopplung von Lebensführung und Wohnort andererseits ein neues Muster ergeben, das zur Alternative zentral-dezentral quer steht. Der sozusagen therapeutische Stellenwert der Dezentralität in der ökologischen Diskussion rührt ja daher, daß begleitend eine daraus sich wiedergewinnende Lebenseinheit vorgestellt wird. Deren wird man aber nie habhaft werden, die Dezentrierung des Subjekts ist unumkehrbar.

Was ansteht, ist nicht die Zerstörung der Apparate und Zentralen, mit Sicherheit aber deren Anpassung an subjektive Zeiteinteilungen und Lebensmuster. Dieses Ziel ist aber, als Grundsatz

36 Vgl. das Interview mit dem Solarenergie-Lobbyisten O. Ullmann, *Bölkow-Stiftung*, in: *Arch +* 94, S. 51.

genommen, genau die Forderung der Rettung städtischen Lebens. Die städtische Grundbedingung, unter der das Ziel zu diskutieren und tatsächlich zu erreichen ist, ist daher der Flächenverbrauch. Hier bündeln sich die Widersprüche und neuen Entwicklungen auf die handfesteste Weise. Das Ergebnis der gebauten, vorhandenen, bewohnbaren Stadt macht sichtbar, was man erreicht hat. Die Wiedergewinnung von Stadt stellt sich also immer zugleich als Flächenökonomie dar. Die anstehende Bewegung der Entmischung und Neuvermischung ist deshalb das große Einsparungspotential der kommenden Jahrzehnte.

Modernisierung

Stadtwanderung und ökologische Krise schreiben sich in eine Unruhe ein, die seit zwei Jahrhunderten die Städte umwälzt, mit völlig offenem Ausgang. Sie sind, heißt das, keine von außen auf die Stadt prallenden Schicksale, auch keine Begleiterscheinungen, vielmehr notwendige Äußerungsformen einer ständigen gewollten Umwälzung, die, wie zum ersten Male mit ganzer Rücksichtslosigkeit im Kommunistischen Manifest ausgesprochen, nichts verschont und nirgends haltmacht.[1]

Das 19. Jahrhundert ist die klassische Bühne dieser neuen Erfahrung. Zwischen Französischer Revolution und Erstem Weltkrieg umfaßt es einen Umbruch der Produktions- und Lebensverhältnisse, der erstmals in der Geschichte der Menschen alles und jeden erreichte, alle vorhandenen sozialen, zeitlichen und räumlichen Bindungen aufbrach und in einen nicht endenden Prozeß der ständigen Neubewertung und Neuzusammensetzung hineinzwang. Das ist es, was man Moderne nennt: Übergang von einer traditionellen Ordnung, wo die einzelnen ihren festen Platz in einem Fachwerk der Herrschaft hatten, das Ort, Funktion und Erscheinung zusammenband, zu einer Organisation entlang den ständig sich selbst überholenden Bedürfnissen der industriellen Arbeitsteilung, Übergang als Dauerzustand.

Innerhalb der Umwälzung der gesamten Verhältnisse hat es wenig Sinn, nach Ursache und Wirkung zu fahnden. Es ist nicht einfach das Produktionsinteresse, das sich die übrige Gesellschaft unterwirft. Zu sehr war jeder Schritt nach vorne, gleich auf welchem Felde, immer auch die Einlösung vorhandener Hoffnungen auf Emanzipation, auf mehr Glück, besseres Leben, im gleichen Atemzuge also auch willentliche Abwendung von bestehenden Verhältnissen und Zwängen, die man ertragen, aber nicht geliebt hatte. Die jeweilige Unordnung ist, anders gesagt, Freisetzungsprodukt. In Willkür wie Zwanghaftigkeit spiegelt dieses jeweilige Ergebnis die Zwänge, die es hinter sich gelassen hat.

Es handelt sich nicht um ein bewußtes gesellschaftliches Projekt, selbst wenn es an Projekten – das der Aufklärung ist vielleicht das

1 Vgl. M. Berman, *Why modernism still matters*, in: S. Lash, J. Friedman, *Modernity and Identity*, Cambridge 1992, S. 34f.

erfolgreichste, aber Reformation und Kommunismus gehören in die gleiche Ordnung – nicht gefehlt hat. Die Projekte, die intellektuellen Gesellschaftsentwürfe, verbünden sich mit – sind die Geburtshelfer von – gesellschaftlichen Erschütterungen, die sich an das Beabsichtigte nicht binden lassen. Wir haben es nur an der Oberfläche mit gelenkten, verantworteten Prozessen zu tun – die Modernisierungspolitik der neuzeitlichen Staaten –, zugleich aber auch mit einer unerkannt in den Individuen operierenden Gewalt der Veränderung, die sich am deutlichsten nicht in den Manifesten, sondern in Triebschüben darstellt.

Der Umbruch zur Moderne war langwierig und ist nicht eindeutig datierbar, ja nicht einmal abgeschlossen; das 18. Jahrhundert hat, je genauer man hinsieht, die entscheidenden Vorbereitungen getroffen; die Folgerungen sind, wie die Frauenbewegung zeigt, nicht einmal heute vollständig gezogen, es stehen immer noch Ergebnisse aus. Begriffe helfen hier nicht weiter, man muß den Umbruch der Verhältnisse vorstellen können. Nur dann stellt sich ganz von selbst heraus, wie der Wechsel der Lebensverhältnisse Zug um Zug auch die Stadt auseinandernimmt und neu zusammensetzt.

Die geschlossene Stadt

Man muß gründlicher zurückschauen, als das dem fortschrittsbeseelten 19. Jahrhundert lag. Es gab einen Sprung im Gefüge selbst, im Verhältnis von öffentlicher und privater Stadt. Was zerbrach, war jene vermittelnde Einheit, die die Korporation Stadt und das bürgerliche Leben noch sinnfällig miteinander verbunden hatte, das Haus. Das hat keiner deutlicher und lauter eingeklagt als W. H. Riehl[2], und gerade im Anschauungsreichtum seines Stadt-, Fortschritts- und Industriehasses liegt die Stärke seiner Polemik.

Bis zum Untergang des Ancien régime konnte das Haus als Bild des Anteils an und der Ausübung von Macht dienen. Wer ein Haus besaß, durfte Bürgerrecht erwerben. Das Haus auf der im Stadtplan ruhenden Hausstelle war die Form, in der das private Leben stadtöffentlich war. Es stellte nach unten Staatsmacht dar, nach oben bündelte es die Individuen, die es enthielt, der Hausherr hatte

2 W. H. Riehl, *Die Familie* (1854), Stuttgart ¹⁰1889, S. 150ff.

im Unglücksfall den Kopf hinzuhalten. Hausherr und Abhängige wohnten unter einem Dach. Das galt für den Landesherrn wie für städtische Kaufleute, Handwerker, Grundherren und freie Bauern. Alle aßen an der gleichen Tafel, schliefen unter demselben Dach. Das private Haus hatte noch staatliche Züge, das Stadtregiment (und selbst die Landesherrschaft) noch häusliche.

Die moderne Ordnung der Dinge abstrahierte gerade von dieser stabilen Ordnung und öffnete sie nach beiden Seiten, nach oben und nach unten. Einerseits wurde das Haus als Medium des Politischen zu eng, andererseits entwanden sich die Individuen seiner zusammenfassenden Macht. Die Stadtverwaltung streifte ihre Häuslichkeit ab, die individuelle Parteinahme ebenfalls – professionelle Verwaltung, und jeder geht seiner Wege. In England galt das schon seit der Glorious Revolution, in Preußen nahm die Sache 1809 Gesetzesform an – die Steinsche Städteordnung. Sie war, weil von oben eingeführt, eine kühne Wette auf die Richtigkeit der Einsicht, und man kann durchaus ihre Wirkung als die einer Regeneration der Stadt beschreiben.

Riehl lag gerade das fern. Er beachtete die öffentliche Ebene nur in der Form der Abwehr und wäre gern zur germanischen Gesellschaft frei in der Landschaft stehender Bauernhöfe zurückgekehrt, wenn er sicher gewesen wäre, auch so seine Bücher schreiben und drucken lassen zu können. Gerade deshalb begriff er schärfer als alle anderen die private Seite, das Haus als autonome, öffentliche Herrschaft und Vorsorge einsparende Macht. Am gebauten Haus organisierten sich Rechtsverhältnisse - hausherrliche Gewalt und Hausfriede[3]; wirtschaftliche Einheiten – das Haus als Betrieb; der Zusammenhang der Familie als Produktionsgemeinschaft – Haus als Geschlecht.

Was man von Riehl unbedingt nehmen muß, ist dieses Verständnis für das einsparende Ineinander. Mit dieser Blickeinrichtung ausgerüstet, sieht man die sparsame Mitte der repressiven Ordnung. Der soziale Verband wies Raum zu, organisierte Rechte und Anteile an Flächen. Die Stellung im Hausverband bemaß den Anteil am korporativen Raum. Die Abhängigen tauchten als selbständige Rauminhaber nicht auf. Das Herrschaftsverhältnis war deshalb zugleich eine ungeheure Raumökonomie. Je weiter man auf der sozialen Leiter nach unten geht, desto geringer wurden die

3 Vgl. Otto Brunner, *Land und Herrschaft*, Wien ⁵1965, S. 256f.

Trennwände zwischen Arbeitsraum und Lebensraum; ganz unten gab es keinerlei Trennung mehr, man schlief neben den Pferden, in Küchen, Kellern, Werkstätten, Heuböden usw. Der städtische Handwerkerhaushalt schlief im selben Raum, der meist die Werkstatt selber war, während im Kamin gekocht wurde (»schwarze Küche«).

Der verfügbare Raum wurde sowohl umschichtig wie unterschiedlich, jedenfalls aber ständig genutzt. Die Kleinkinder wurden auf Bretter gewickelt an der Wand aufgehängt, die älteren spielten unter den Beinen der Erwachsenen oder arbeiteten mit. In reicheren Verhältnissen bildeten sich Zwischenschichten aus, Höfe, Gesindekammern, Halbstöcke, Dachböden als Bühnen des Lebens. Privatheit schuf sich in der Neuzeit lediglich die Oberschicht, für alle übrigen gab es keinen Gedanken daran, Leben war hausöffentliches Leben im Arbeitszusammenhang, der noch nicht Arbeitsplatz, sondern gesellschaftlicher Ort war.

Auf dieser Raumökonomie beruhte die geschlossene Stadt. Sie war das Haus im großen, korporativ gruppiert und zeitlich/funktional geschichtet: Notwendigerweise fiel aber beides hier nicht überein. Im Vordergrund der mittelalterlichen Stadt zumindest stand sicherlich die hausherrliche Figur: Um den Markt gruppierten sich die Patrizier, während zum Stadtrand zu, aus den patrizischen Urgrundstücken hervorgegangen, sich die zünftisch organisierten Handwerker und Kleinhändler drängten.[4] In den Arbeitsstuben, Lagerböden, Kellern und Ställen dieser Häuser, in Winkeln, an den Mauern, den Kirchen, auf den Straßen, kurz, in den Poren des Stadtkörpers, lebten die Tagelöhner und Ärmsten. Für dauerhaft benötigte Arbeitskräfte im Fernhandel entstanden auf den Grundstücken der grundbesitzenden Bürger eigene sekundäre Kleinstrukturen wie die Gänge in Lübeck, die *corti*, *rami*, Reihenhäuser in Venedig.[5] Hinzu kam die Zweitstadt der Verkaufsbuden, die allenthalben öffentliche Plätze, Straßen und Brücken füllte, ergänzt durch Stände, Karren, Standplätze von Hökerern,

4 Vgl. E. Piper, *Der Stadtplan als Grundriß der Gesellschaft. Topographie und Sozialstruktur in Augsburg und Florenz um 1500*, Frankfurt am Main 1982.

5 Vgl. M. Scheftel, *Gänge, Buden und Wohnkeller in Lübeck. Bau- und sozialgeschichtliche Untersuchungen zu den Wohnungen der ärmeren Bürger und Einwohner einer Großstadt des späten Mittelalters und der frühen Neuzeit*, Neumünster 1988; *Dietro i palazzi. Tre Secoli die architettura minore a Venezia 1492-1803*, hg. v. G. Ganighian, P. Pavanini, Venedig 1984.

Kähne auf dem Wasser, ambulantes Gewerbe.[6]

Aber in jeder Stadt gab es unvermeidlich nicht nur eines, sondern mehrere Machtzentren: Burg und Tempel, Kirche, Landesherrschaft, städtischer Rat, Patrizier und Zünfte. Alle diese Machtgruppen bildeten eigene Stadtbereiche aus[7], teils mit eigener Rechtsverfassung. Führende Familien wohnten schon aus Sicherheitsgründen innerhalb ihrer Klientelen. Andererseits brachten die Außenbindungen es unweigerlich mit sich, daß auch miteinander Unvereinbares in der Stadt untergebracht werden mußte: unterschiedliche Bevölkerungen verschiedener Sprache und Kultur, verschiedenen Glaubens, oder – Juden, Studenten, Soldaten usw. – unter verschiedenem Recht.[8] In allen diesen Fällen wurde nicht verschränkt, sondern nebengeordnet. Jedes Segment bildete aber in sich wieder die gleiche korporative Verschränkung aus, die das Ganze organisierte.

Daß die zentrierende Ordnung nicht ohne das ergänzende Segmentierungsmodell auskam, ist der Grund dafür, daß es in der vorindustriellen Zeit keine Stadterweiterung im modernen Sinne gab: Die Stadt war ein so komplexes Gebilde, daß sie nicht einfach räumlich erweitert werden konnte, es mußten vielmehr, wie in der

6 Für letzteres siehe die zahlreichen Kupferstichfolgen der Ausrufer und *gridi*; zum Berliner Budenwesen siehe die Kupferstiche von Rosenberg und die Polemik von G. H. v. Lamotte in der *Berlinischen Monatsschrift*, abgedruckt in: K. Gerlach (Hg.), *Für Vernunft und Aufklärung. Die Berlinische Monatsschrift (1783-1796). Eine berlinische Auswahl, Miniaturen zur Geschichte, Kultur und Denkmalpflege Berlins Nr. 22*, Berlin 1987, S. 69 ff.

7 Ein noch heute ablesbares Beispiel einer solchen Identität von Stadtgliederung und politischer Differenz bildet z. B. der Stadtgrundriß von Gubbio, dessen Entwicklungsgeschichte durch die mehrphasige Anstrengung gekennzeichnet ist, die feindlichen Gründungsviertel, die adlige, kaisertreue Corona und die plebejische, papsttreue Colonia, erst stadtstaatlich, dann landesherrschaftlich zu überwinden, vgl. P. Micalizzi, *Storia dell'architettura e dell'urbanistica di Gubbio*, Rom 1988.

8 Unterschiedliche Rechtszustände fallen meist auch mit Segmentierungen zusammen; zur Geschichte des Ghettos und der Judenhöfe erübrigen sich Hinweise; ähnlich funktionierten, mit Mauern, festen Toren und Schließungszeiten, Universitätsviertel oder die englischen Juristenhöfe; in allen Großstädten gab es exterritoriale Bereiche auch für die anderen Gruppen, berühmt sind die *quartieri spagnoli* in Neapel von 1575, die Seesoldatensiedlung Nyboder in Kopenhagen von 1622, die *fondachi* der türkischen und deutschen Kaufleute in Venedig (ausdrückliche Kontrollinstrumente im Gegensatz zu den Höfen der Hanse in London usw.), die riesigen Armenhäuser in Neapel, Genua usw., das Berliner Waisenhaus, die Frankeschen Stiftungen in Halle; wie die Hurenstraßen waren auch Gaunerviertel zweideutig geduldet, z. B. der berühmte Cour des Miracles in Paris, den erst Haussmann beseitigte.

Zellteilung, gleichartige Gebilde danebengestellt werden, auch wenn diese dann möglicherweise als Vorstädte von der ersten Stadtgemeinde abhängig waren oder Altstadt und Neustädte, wie in den Hansestädten zu beobachten (besonders Braunschweig, Rostock, Stralsund), sich sekundär wieder zu einer Stadtgemeinde zusammenschlossen.

Ein ökologisches Modell

Die Raumökonomie begründet den ästhetischen Eindruck ökologischen Gleichgewichts, den im Rückblick die vorindustrielle Welt vermittelt. Nicht zu Unrecht: Die vorindustriell geschlossene Stadt war die entwickeltste Form des ökologischen Kompromisses vorindustrieller Verhältnisse. Sie minimierte nicht nur den gesellschaftlichen Verbrauch von Boden, sondern den Verbrauch überhaupt – um einen Preis, den keine der Industrienationen mehr zahlen wird.

Das vorindustrielle Modell zeigte ökologische Tugend, indem es den Verschleiß von Ressourcen zu einem Privileg weniger machte, zugunsten des Ausschlusses der Mehrheit. Allerdings ist dies Modell uns zugleich auch zu zeitgenössisch, als daß überzeugte Distanzierungen angebracht wären: Daß dieser Preis heute noch in der Dritten Welt gezahlt wird, halten wir für ziemlich selbstverständlich, und wäre das nicht der Fall, wäre die ökologische Katastrophe längst an einem Punkt, wo sich Diskussionen erübrigen.

Insofern sollten wir uns nicht zieren, die vorindustriellen Zustände zumindest als Modell, also als funktionstüchtig, zur Kenntnis zu nehmen. Die alte Stadt war ökonomisch in einem antiquierten Wortsinn, dem der Sparsamkeit. Sie erreichte diese Sparsamkeit dadurch, daß die Grundkosten stabil und vor allem klein gehalten wurden. Der historische Ablauf vermittelt den Eindruck einer riesigen Verschwendung von Menschen und Mitteln: Großbauten kriegerischer und religiöser Art, Kriege, Feste, höfische Verschwendung. Alle diese großen Gesten der Gesellschaft ruhten auf der sehr viel umfassenderen Einsparung von Unruhe und Kosten im wirklichen sozialen Gefüge.

Das hieß standardisierte Entbehrung für die einzelnen. Die Entbehrung war zum einen soziale Bewegungslosigkeit, zum andern Hunger, Frieren, Entbehrungen an Familie, Liebe, Wärme jeder

Art. Wo aller Ton auf den großen Bewegungen lag, war für Eigenbewegungen im einzelnen kein Platz. Die einzelnen erfuhren Bewegung nur als Einbeziehung in die Großbewegungen, bei kollektiven Arbeiten, im Krieg, als Abgabe von Überschuß, Aufgehen in Volks- und Frömmigkeitsbewegungen (Aufstände, Ketzerei, Kathedralbau usw.). Was Rang und Verbrauch anging, blieb dabei jeder an seiner Stelle. Die einzelnen, darunter immer die kleinen Leute verstanden, der *popolo minuto*, zählten nicht, sie wurden gezählt, nach verfügbaren Arbeitstagen oder zugewiesenen Kapazitäten.

Die zweite Säule der Stabilität waren die dabei eingerechneten demographischen Verluste. Nirgendwo war die Lebenserwartung besonders hoch, aber statistisch zeichnet sich über Jahrhunderte, mit oder ohne Pest und Cholera, eine zuverlässige Tödlichkeit der Städte ab. Bis unmittelbar an die Schwelle der industriellen Revolution gilt: Die »Normalität war ein Übergewicht der Toten über die Geborenen im langjährigen Durchschnitt«.[9] Auch das war eine Vorbedingung der Stabilität, der Sparsamkeit der Verhältnisse. Die Stadt verbrauchte ihre Bewohner in einem Maße, daß für ausreichende Reproduktion kein Platz mehr war. Die Lücken mußten ständig und systematisch von außen aufgefüllt werden. Ohne die höheren, die möglichen Bodenerträge übersteigenden Geburtenraten des Landes wären die vorindustriellen Städte ausgestorben.

Die Raumökonomie eines Produktion und Leben noch nicht trennenden Daseins war die dritte Säule der ökologischen Verträglichkeit der vorindustriellen Stadt. Die Raumzuweisungen änderten sich kaum, das technische Niveau der Behausung nur langsam, und ohne daß sich daraus größere Raumansprüche ergeben hätten. Es wurde im vorhandenen Parzellensystem ausgewechselt oder, wo Expansion unumgänglich war, eingeschachtelt. So konnte die Stadtgestalt ruhen und sich auswachsen wie ein Gesicht, bei gleichbleibendem Körper, ohne ständigen Umsturz der Gleichgewichte und Massen, konnte der Verbrauch sich an den Grenzen entlangbewegen, die der vorindustrielle Raubbau und die schwierigen Transportverhältnisse vorschrieben. Schon das setzte Wäldern, Böden und Gewässern schwer genug zu.

9 E. Schulz, *Berlin 1650-1800. Sozialgeschichte einer Residenz*, Berlin 1987, S. 329.

Dieses Modell wurde im Zuge der industriellen Revolution unwiederbringlich über den Haufen geworfen. Der Ausgangspunkt hat mit der Stadt nicht unmittelbar zu tun: Es ist der Bevölkerungszuwachs im Laufe des 19. Jahrhunderts. Die Gesamtbevölkerung Deutschlands (Deutsches Reich ohne Elsaß und Lothringen) wuchs zwischen 1816 und 1910 von 23,5 Millionen auf 62,1 Millionen[10]: eine Zunahme um weit mehr als die Hälfte (62,5%). Dieser Zuwachs muß, um das demographische Gewicht zu kennzeichnen, erhöht werden um den Anteil der Auswanderung – allein in die USA bis 1900 mehr als 5 Millionen Menschen.[11] Die zuwachsende Bevölkerung war zumindest in der ersten Jahrhunderthälfte auf dem Lande nicht zu ernähren. Soweit sie nicht auswanderte, ging sie, der überwiegende Teil, in die Städte. Wieviel diese über das herkömmliche Maß hinaus aufnehmen konnten, war weniger eine Frage des realen Aufnahmevermögens der sich entwickelnden Industrie als der Hoffnung auf Arbeit und Überleben in den großen Städten.

»Die Bevölkerung wird ebenso zentralisiert wie das Kapital...«[12] In diesem Halbsatz des jungen Engels ist der Sprengsatz benannt, der die alte Stadt aufbricht, zerstört und ihre Partikel für neue Zusammenhänge freisetzt. Bevor Polizeipräfekten, Bodenspekulation und Bauunternehmer den Neubau der Industriestadt in die Hand nahmen, waren es die einwandernden agrarischen Massen, die, unter dem Zwang der Überbevölkerung auf dem Lande, in die Städte strömten. Die bloße Vermehrung der Köpfe ist die erste und entscheidende Tatsache: primäres Stadtwachstum.

Das Neue gegenüber traditionellem Stadtwachstum war die blanke Unverhältnismäßigkeit. Auch die Metropolen des 16. bis 18. Jahrhunderts hatten, von Madrid bis Petersburg, noch eine gewisse Normgröße eingehalten, die der Fähigkeit der in diesen Städten anwesenden Großhaushalte (Hof, Adel, Großkaufleute, Manufakturen) entsprach, die Menschenmassen – die neapolitani-

---

10 Vgl. W. Köllmann, *Bevölkerungsentwicklung und »moderne Welt«*, in: ders., *Bevölkerung in der industriellen Revolution. Studien zur Bevölkerungsgeschichte Deutschlands*, Göttingen 1974, S. 27.

11 J. Reulicke, *Geschichte der Urbanisierung in Deutschland*, Frankfurt am Main 1985, S. 41.

12 F. Engels, *Die Lage der arbeitenden Klasse in England* (1845), in: *MEW*, Bd. 2, S. 254.

schen *lazzaroni*, den Londoner *king and crown mob* – zu ernähren. Damit waren die agrarischen Einwanderer zugleich in das vorhandene gesellschaftliche Fachwerk eingeordnet. Das industrielle Bevölkerungswachstum dagegen nahm seinen Ansporn aus einer im Grundsatz unabgeschlossenen Erweiterungsfähigkeit der Ernährungsgrundlage. Indem es der jeweiligen Aufnahmekapazität der vorhandenen Industrie weit vorausgriff, setzte es auf immer neues industrielles Wachstum, das es, innerhalb des Wechselbades von Konjunktur und Krise, zu einem guten Teil als Konsument von Industriewaren, besonders über die Bauwirtschaft, zugleich vorantrieb.

Umwerfend war das Zuwachsverhältnis – je nach Größe eine Vervier- bis Verzehnfachung –, umwerfend war bei den Großstädten auch der absolute Zuwachs, 1880 in London rund 4 Millionen Einwohner, rund 2,2 Millionen für Paris, 1,1 Millionen Berlin, 320000 Mailand usw. Diese Menschenmassen konnten durch die vorhandene Stadtstruktur nicht aufgefangen werden. Das langsame Wachsen in Vorstädten mit ihren langen Zeiten der Anpassung war nicht mehr möglich, es mußte zu Stadterweiterungen kommen, die so rasch und so massenhaft erfolgten wie die Ausweitung der Industrie und der Umschlag der Konjunkturzyklen. Bevölkerungsdruck setzt sich zwar nicht unmittelbar in Stadterweiterung um, mittelbar aber ist er, wie die Korrelation von Bevölkerungswachstum und Bauaktivität (zumindest in Paris[13] und Berlin) für das 19. Jahrhundert zeigt, der entscheidende Anstoß, nicht die allgemeine wirtschaftliche Konjunktur.

Die Aufspaltung des Lebens

Die Vermehrung der Menschenzahl ist die eine große Bedürfnisbewegung, die das vorindustrielle Gleichgewicht hinwegfegte. Das allein hätte aber niemals die heutigen Großstadtstrukturen hervorgebracht. Hinzu trat, weit wirksamer noch, wenn auch zeitlich verschoben und noch immer unabgeschlossen, ein sekundäres Stadtwachstum: neben der Vervielfachung der Kopfzahl die Ver-

13 M. Lescure (*Les Sociétés immobilières en France au XIXe siècle*, Paris 1980, S. 7) hat gezeigt, daß zwar der Bevölkerungszuzug von den allgemeinen Konjunkturzyklen abhängig sein mag, der Zyklus der Baukonjunkturen aber strikt vom Bevölkerungswachstum abhängig ist. Dasselbe läßt sich für Berlin beobachten.

vielfachung, Differenzierung und Atomisierung der Lebensfunktionen und Bedürfnisse. In der Industrialisierung steckt die Gewalt des über Jahrtausende Vorenthaltenen. Der Kapitalismus entband sie, weil er sie brauchte, als Freisetzung von Arbeitskräften und Bedürfnissen. Triumph des industriellen Kapitals und Massenemanzipation zugleich, ist der Umbruch des 19. Jahrhunderts in seiner noch kaum vollständig überblickten Zerstörungskraft nur bedingt als Zivilisationsprozeß beschreibbar.

Die Industrialisierung der Lebensverhältnisse heißt an der Wurzel und auf immer neuer Ebene Trennung der Produzenten von ihren Produktionsmitteln. Dieser Spaltungsprozeß setzt die Energien frei, die dann in immer weiteren Beziehungen zum Tragen kommen. Die Trennung von ihren Produktionsmitteln setzt die unabhängigen wie abhängigen Kleinproduzenten frei und unterwirft sie den künstlichen Welten der Manufaktur, der Fabrik, des Büros. Daraus folgt das übrige: Die Wohnung, selbst das erbärmlichste Loch, ist nur noch Wohnung, das Leben ist privates Leben, auch wenn alle Ausstattungsmerkmale bürgerlicher Privatheit fehlen, die Zeit außerhalb, selbst wenn sie nur zum Essen und Schlafen reicht, ist freie Zeit. Die Ausstattung ist inzwischen nachgeliefert, so daß, während die Gewalt der Trennung vergessen ist, das Emanzipationsziel erreicht scheint.

Die Industrialisierung nahm die traditionellen Verschränkungen Stück für Stück auseinander. Menschen, die zuvor nur als Abhängige ein Lebensrecht hatten, bilden jetzt eine eigene Familie, heiraten, setzen Kinder in die Welt, auch dann, wenn alle Mittel dazu fehlen. Das Recht auf die eigene Wohnung wird historisch nachgeliefert. Man ißt in der Familie nicht mehr aus einer Schüssel, sondern jeder hat seinen Teller; man schläft nicht mehr in einem Bett, sondern jeder hat sein eigenes Bett (das Recht jedes Kindes auf das eigene Bett war sozialpolitische Forderung seit dem 18. Jahrhundert und ist heute noch nicht überall in Europa durchgesetzt). Jedem steht Privatheit zu: Das Kinderzimmer stellt die der Erwachsenen (hinterrücks dann auch die der Kinder) her. »Ein Zimmer für sich allein« (Virginia Woolf) wird zur Frauenforderung, zugleich zu der jedes Jugendlichen.

Der Spaltungsvorgang ist überall am Werk. Im 18. Jahrhundert ersetzte das erste moderne Restaurant mit Einzeltischen, an denen man à la carte sein Essen bestellte, die herkömmliche *table d'hôte*, das Einzelzimmer im Gasthof das allgemeine Bett. Die Friedhöfe wurden aus den Städten verbannt, die staatlichen Verwaltungen verließen das Residenzschloß und etablierten sich in eigenen Gebäuden, Garnisonen wurde kaserniert, Manufakturen und Fabriken verließen die Innenstadt und gingen in die Vorstädte oder ins Umland. Die Kinder kamen in die Manufakturen und auf diesem Wege auch in die Schulen, Vorlauf der Ausgliederung, Pädagogisierung der Kindheit im allgemeinen.

Das 19. Jahrhundert führte diese Spaltungen auf immer neuen Ebenen durch, machte sie auf die verschiedenste Weise verbindlich. Die Geschlechterteilung wurde zu einer der Räume und der Arbeitsplätze, der Lebensraum des Mannes verdoppelte sich in Wohn- und Arbeitsstelle. In Bank, Handel und Industrie trennten sich Wohnung, Kontor und Betrieb. Die Arbeiterfrauen traten in die Textilfabriken ein, aus denen die Männer herausmodernisiert wurden, für die aufsichtslosen Kinder entstanden Kindergärten, die Schule löste sich von der Wohnung des Lehrers. Die Konzentration immer größerer Wohnungsmengen differenzierte eigene Gebäudetypen und Stadtbereiche aus, die sich von den Geschäftszentren und Fabrikgegenden trennten.

Das alles erzwang neue Flächen, spezialisierte Orte und infolgedessen bislang nicht notwendige Wege, zugleich ungewohnte Verluste an toter Bewegungszeit, Verkehr. Das öffentliche Leben in der Stadt zerfiel in das Gewimmel individueller, sich zufällig überschneidender Wege, es ging buchstäblich im Verkehrsstrom unter, wie die gelebte öffentliche Zeit von den erzwungenen Wegzeiten der täglichen Ortswechsel verschluckt wurde. Diese neue Massenmobilität muß man erst einmal in ihrem Rohzustand um die Mitte des 19. Jahrhunderts zur Kenntnis nehmen, als buchstäbliches Auf-die-Straße-Werfen der Menschen, bevor man sie in formalisierter Form, als Verkehr, beiordnet.

Das neue Menschengewimmel war keine traditionelle, zuschauende oder aufrührerische Volksmasse mehr, sondern eine Gleichzeitigkeit von Individuen, von privaten zielstrebigen Besorgungen oder auch Vergnügungen[14]; statt der zeremoniellen Gerichtetheit

14 Vgl. die klassische Feststellung bei Engels, a.a.O., S. 257: »Diese Hunderttausende von allen Klassen aus allen Ständen, die sich da aneinander vorbeidrängen, sind sie nicht alle Menschen mit denselben Eigenschaften und Fähigkeiten und mit demselben Interesse, glücklich zu werden? Und haben sie nicht alle ihr Glück am Ende durch ein und dieselben Mittel zu erstreben? Und doch rennen sie aneinander vorüber, als ob sie gar nichts gemein, gar nichts miteinander zu tun hätten, und doch ist die einzige Übereinkunft zwischen ihnen die stillschweigende, daß jeder sich

der großen Straßen des Ancien régime herrscht von da ab die Anarchie sich kreuzender Absichten ohne Zuschauer und Formbedarf, erfaßbar nur für das passive Auge des Flaneurs[15] oder den nach physikalischen Kriterien – R. Baumeister bezieht sich auf die Feststofflehre[16] – zählenden Stadtplaner.

Erst gegen Ende des Jahrhunderts erhielt dieses Gewimmel von Menschen, Tieren und Fahrzeugen in den neuen Verkehrsmitteln, vor allem im Auto, ein Mittel der Formalisierung, das Privatisierung schuf. Der motorisierte Verkehr ist, wie die eigene Wohnung, nachgelieferte Ausstattung bereits vorhandener freigesetzter Funktionen.

Vor allem erforderte das Auseinandernehmen der traditionellen Verschränkungen fortlaufend und immer mehr Raum. Der Übergang des 19. Jahrhunderts erscheint insofern erst heute vollständig. Im industriellen Umbruch selber gingen vorindustrielle Formen und industrielle Aufspaltung des Lebens noch durcheinander. Die wesentliche Ressource für ein Auffangen der ungeheuren Reibungen des Übergangsprozesses war, daß noch auf die vorindustriellen Gewohnheiten zurückgegriffen werden konnte – wie heute in den Nachfolgestaaten der UdSSR. Das ständige Mißverhältnis in den großen Städten zwischen Bevölkerungszunahme, vorhandenen Wohnungen und verfügbaren Arbeitsplätzen war nur so, unter ungeheuren Leiden (Hunger, Obdachlosigkeit, Kindersterben), aufzufangen. Heimarbeit war in Arbeiterfamilien die Regel. Schlafgänger nutzten die vorhandenen Betten rund um die Uhr, Hausmädchen schliefen in den bürgerlichen Wohnungen in Zwischenböden, die Verkäuferinnen und Angestellten in den Dachkammern und Kellern der Geschäftshäuser, in denen sie angestellt waren.[17] Für die Statistik galt ein Raum erst ab sechs Personen als

auf der Seite des Trottoirs hält, die ihm rechts liegt, damit die beiden aneinander vorbeischießenden Strömungen des Gedränges sich nicht gegenseitig aufhalten; und doch fällt es keinem ein, die andern nur eines Blickes zu würdigen.«

15 Zu den Spielarten und der historischen Gefährdung dieses Blicks in der Literatur, bei Baudelaire, Poe, Hoffmann, vgl. W. Benjamin, *Das Paris des Second Empire bei Baudelaire*, Berlin/Weimar 1971, S. 77 ff.

16 R. Baumeister, *Stadt-Erweiterungen in technischer, baupolizeilicher und wirtschaftlicher Beziehung*, Berlin 1876, S. 47.

17 Für London vgl. Engels, a.a.O., S. 259 ff.; für Paris vgl. die Romane von Zola, zu den Wohnverhältnissen *L'Assommoir* (1876), zum Dasein der Angestellten *Au Bonheur des Dames* (1883); für Berlin gibt es hierzu ein überreiches Material in den Bauakten (soweit erhalten) sowie eine reiche Literatur, von Dronke, Sachs u. a. bis zur detaillierten Untersuchung von A. Braun, *Berliner Wohnungsverhält-*

überbelegt. Toiletten und Wasser befanden sich auf dem Hof, die Waschküche im Keller.

Das war aber nur Zwischenlösung, im Widerspruch zur Richtung des Industrialisierungsprozesses selber. Das Stadtwachstum im 20. Jahrhundert verdankt sich denn auch im wesentlichen der Auflösung dieser Übergangsverhältnisse. Jeder Individualisierungsschritt verlangt Raum, der neue Flächenbedarf folgt logisch aus dem Auseinandernehmen der traditionell verschränkten Lebensverhältnisse und ruiniert endgültig die Flächenökonomie der geschlossenen Stadt. Nicht mehr Individuen werden in den Poren des Systems verstaut, vielmehr sind gleichberechtigte Familien die sozialen Grundeinheiten, die mit einer eigenen Wohnung versorgt werden müssen, gleichgültig unter welchem sozialpolitischen Vorzeichen. Der eine Wohnraum der Arbeiterfamilie zerfällt in die bürgerlichen Trennungen von Wohn-, Schlaf-, Kinderzimmer, Bad und Küche, einhergehend mit der Unbrauchbarkeit der Wohnung für Arbeit. Die Wohnung wurde zum Synonym der Privatisierung des Lebens (Wohnung gleich Familienwohnung, eigener Wasserhahn, eigene Waschmaschine, eigenes Klo), wie Erstarrung zum unumgänglichen sozialen Standard.

Die Kapitalisierung des Bodens

Wenn in London innerhalb der ersten acht Jahrzehnte des 19. Jahrhunderts drei Millionen Menschen einwanderten, zwischen 1861 und 1871 rd. 45 000 jährlich, in Paris 1,75 Millionen, allein zwischen 1836 und 1873 eine Million, im Jahresdurchschnitt also 27 000, in Berlin im großen Zeitraum von 1800 bis 1880 knapp eine Million, aber zwischen 1860 und 1880 jährlich über 56 000, dann bedeutete das von vornherein eine völlig spezialisierte Nachfrage, die nach Wohnungen, und zwar nach billigen Kleinwohnungen.

Die Befriedigung dieser Nachfrage, so verspätet, ungenügend, auf Umwegen und zu Lasten der Ärmsten sie erfolgte, mußte zwangsläufig Bodenbesitz, Märkte und Bauproduktion revolutionieren. Allein die Massenhaftigkeit dieses einen Produkts mußte

nisse. *Denkschrift der Berliner Arbeiter-Sanitäts-Kommission*, Berlin 1893; vgl. auch G. Asmus (Hg.), *Hinterhof, Keller und Mansarde. Einblicke in Berliner Wohnungselend 1901-1920. Die Wohnungsenquête der Ortskrankenkasse für den Gewerbebetrieb der Kaufleute und Apotheker*, Reinbek 1982.

allgemein zur globalen Erschließung neuer Baugelände, zu zentra-
lisierenden Finanzierungsformen, schließlich zur seriellen Produktion und damit zur Herstellung gleichartiger, gleichförmiger,
gleich alter Stadtbereiche führen, die sich nur im Standard unterschieden, der für die jeweilige Zielgruppe zugrunde gelegt wurde.

Der Übergang zu kapitalistischer Verwertung des Bodens ist
dazu der Ausgangs- und damit der dritte Ansatzpunkt der Industrialisierung der Stadt. Es wuchs nicht nur die Nachfrage nach
mehr Stadtfläche, sondern es entstanden auch die Agenturen eines
massenhaften Angebots. Der Umbruch ist auch hier so grundsätzlich und unumkehrbar, daß die erheblichen zeitlichen und nationalen Unterschiede seiner Durchsetzung – im wesentlichen der von
der Reformideologie vollkommen überstrapazierte Gegensatz
zwischen angelsächsischer und kontinentaler Bodenpolitik[18] –
demgegenüber zurücktreten. Die Kapitalisierung der Stadt ist
nicht sichtbar, das meint, nicht an den Methoden der Parzellierung
oder an Bebauungsplänen ablesbar, auch nicht an Bauhöhen und
-dichten[19]: Es handelt sich um eine Veränderung im Finanzie-
rungsgefüge.

Stadterweiterung setzt Zugriff auf Boden voraus. Innerhalb der
Städte war die freie Verfügbarkeit von Haus und Grund seit dem
Spätmittelalter erreicht[20], aber erst die Auflösung der ständischen
Gesellschaft, die Scheidung von Haus und Betrieb, von sozialer
Position und Hausbesitz, von Gebäudewert und Bodenwert zogen
daraus die Folgerungen und machten den städtischen Boden be-
weglich. An die Stelle eines Stadtgefüges, wo jeder mit seinem
Platz in der Stadt zugleich seinen sozialen Ort beschrieb, trat eine
flüssige Ordnung der Interessen und Flächen nach Lagegunst und
entsprechenden Bodenpreisen. Die gebaute Stadt abstrahierte sich:
Sie wurde Haus für Haus durchsichtig auf die implizierten Boden-

18 Vgl. z. B. R. Eberstadt, *Handbuch des Wohnungswesens und der Wohnungsfrage*,
    Jena 1909, S. 331 ff.; W. Hegemann, *Das steinerne Berlin. Geschichte der größten
    Mietskasernenstadt der Welt* (1930), Braunschweig ³1979; S. E. Rasmussen, *Lon-
    don. Den vidudbredte Storby. Det nye London. En Storbyregion*, Kopenhagen
    ³1973, S. 291 ff.
19 Ein neueres Beispiel planerischer Verzerrung historischer Verhältnisse ist der, im
    übrigen hochinteressante, Aufsatz von J. Rodriguez-Lores: »*Gerade oder
    krumme Straßen«? Zu den irrationalen Ursprüngen des modernen Städtebaus*, in:
    G. Fehl, J. Rodriguez-Lores (Hg.), *Stadterweiterungen 1800-1875. Von den An-
    fängen des modernen Städtebaus in Deutschland*, Hamburg 1983, S. 101 ff.
20 Vgl. W. T. Kantzow, *Sozialgeschichte der deutschen Städte und ihres Bodens- und
    Baurechts bis 1918*, Frankfurt am Main 1980, S. 51 ff.

werte. Nicht mehr soziales Prestige oder Schönheit des Hauses waren der Maßstab von Veräußerung und Erwerb, sondern die jährliche Mieteinnahme.

Das gleiche geschah mit dem städtischen Umland. Die Ablösung der mittelalterlichen Bindungen, Zehnter, Jagd- und Weiderechte, Flurzwang und Allgemeinheiten, machte in einem in Preußen z. B. über ein Jahrhundert sich hinziehenden Freisetzungsvorgang aus genossenschaftlich gebundenem Ackerland frei verfügbares privates Bauland. Von da an war nur noch das Weichbild, als Grenze städtischer Baurechte, von Interesse, das übrige regelte der Bodenmarkt. Es war fortan die Nachfrage, die den Stellenwert jedes Stückes Boden innerhalb der Stadtgrenzen bestimmte. Nachfrage heißt: Zusammenkommen der neuen Bodenverhältnisse mit den beiden anderen, bereits ausgeführten Funktionen: dem Druck der Masseneinwanderung auf den Wohnungsmarkt und dem dazu parallel laufenden Bedarf an Spezialisierung und zunehmender Vergrößerung der nutzbaren Flächen. Einmal der Markt etabliert, konnten Landbesitz, Kredit und Bauunternehmer ihr Rollenspiel aufnehmen.

In welcher Proportion, in welchem internen Machtverhältnis die drei tragenden Rollen der Stadterweiterung die explosionsartige Erweiterung der Stadtmasse leisteten, war durch den Vorgang selber noch keineswegs festgelegt. Dieses Verhältnis stellte sich in London, Paris, Berlin so verschieden wie die ganze Entwicklung von England, Frankreich, Preußen selber. In London blieb das Geschäft der Stadterweiterung – das heißt überwiegend: des Wohnungsbaus – in den Händer der Grundbesitzer, in Paris war es ebenso entschieden eine Domäne des Bankkapitals, allein in Berlin kam angesichts der Abwesenheit sowohl des großen Grundbesitzes wie eines an langfristigen Kapitalanlagen interessierten Bankkapitals dem schwächsten Glied, dem Bauunternehmer, dank hausweise gewährten Hypothekenkredits die Rolle des Protagonisten zu.[21]

21 Vgl. H. Bernoulli, *Die Stadt und ihr Boden*, Zürich 1946. Zu London vgl. J. Summerson, *Georgian London*, Harmondsworth 1969; Rasmussen, a.a.O., S. 292f.; A.S. Wohl, *The Housing of the Working Classes in London, 1815-1914*, in: S.D. Chapman (Hg.), *The History of Working-Class Housing*, Newton Abbot 1971, S. 37f.; zu Paris: F. Loyer, *Paris. Le XIXème siècle. L'immeuble et la rue*, Paris 1988; P.P. Penzo, *Parigi dopo Haussmann. Urbanistica e politica alla fine dell' ottocento (1871-1900)*, Florenz 1990; Lescure, a.a.O.; zu Berlin: D. Hoffmann-Axthelm, *Baufluchten. Beiträge zur Rekonstruktion der Geschichte Berlin-Kreuzbergs*, Berlin 1987.

Die nächstliegende Antwort auf die sprunghaft steigende Nachfrage nach Wohnraum war jedoch die der Verdichtung der vorhandenen Bebauung. Über Jahrzehnte stauten sich die Einwanderer in den schlechtesten Vierteln der vorhandenen Stadt, traditionellen Vorstädten wie Innenstadt, die immer dichter überbaut wurden. Erst von einem bestimmten Zeitpunkt an trennten sich die Wege.

In den Ländern einer starken Industrialisierung, wo Grundeigentum, Kredit und Bauunternehmer eigene Gestalt besaßen, wurde die Stadterweiterung zum Auslaß der sozialen Krise. In den süd- und osteuropäischen Ländern kam es nicht, oder nur ungenügend, zur Ausbildung getrennter Rollen (in Italien gibt es sie bis heute nicht)[22] und blieb die städtebauliche Antwort überwiegend aus. Die Massen mußten in der Regel auch gar nicht einwandern, sondern waren aus früheren Hungerzeiten schon da, und auch bei weiterer Zuwanderung konnte am Modell der innerstädtischen Überfüllung festgehalten werden. Wo das nicht ausreichte, entstanden Barackenviertel und verstreute, auf willkürlich in Bauland umgewandelten Feldern errichtete Cluster von Einraumhäusern, wie sie noch heute in Süditalien das Bild vor 1900 industrialisierter Städte prägen. Am Stadtrand von Madrid werden sie bis heute nach jedem Hinausschieben der Bebauung neu errichtet.

Ab der Mitte des Jahrhunderts wurden diese Zustände in den Hauptstädten starker Industrialisierung hygienisch und sozialpolitisch so auffällig, daß einige Zentren der Wohnungsnot im Zuge von Straßendurchbrüchen und Freilegungen abgerissen wurden, doch nur, um das Elend in benachbarten Vierteln zu komprimieren.[23] Auf den freigeräumten Flächen entstanden, je nach Lage, vornehme Wohnhäuser, Banken, Hotels, Kaufhäuser, oder auch Fabriken, Speicher und Docks. So trieb man zwar nicht die Einwanderer in die Vororte, wohl aber diejenigen, die vorher in den innerstädtischen Vierteln gelebt hatten und die sich die Neubauwohnungen leisten konnten.

Die Klienten des Stadtwachstums waren allemal die Mittelschichten, unselbständiges Bürgertum und geschäftstüchtiges

---

22 Vgl. für Turin: R. Curto, *Mercato, formazione e trasformazione dei valori fondiari ed edilizi. Il caso di Torino*, Turin 1987; für Rom: A. Caracciolo, *Roma capitale dal Risorgimento alla crisi dello stato liberale*, Rom 1956. In Süditalien und Sizilien legt bereits der bloße Augenschein die Geschichte einer Elendsurbanisierung bloß.
23 Vgl. Wohl, *The Housing of the Working Classes*, a.a.O., S. 20f.

Kleinbürgertum. Ihre Nachfrage setzte die gigantischen Baukampagnen frei, die in Abständen die großen Städte wie eine Epidemie erfaßten. So unterschiedlich in den verschiedenen Städten dabei die Rollen verteilt waren, so fast zum Verwechseln ähnlich ist das Echo der sozialpolitischen Literatur, die die Leiden derer schildert, die dabei unter die Räder kamen. Allgemein mußten die Arbeiter für ihren Flächenanteil am Stadtwachstum, gemessen an ihrem Einkommen, viel zuviel zahlen. Die Chance, auf billigere periphere Wohngebiete auszuweichen, erhielten sie erst durch die Entwicklung von Nahverkehrsmitteln gegen Ende des Jahrhunderts.

Die zweite Modernisierung

Die eigentliche Industrialisierung der Stadt ist ein Spätprodukt der Industrialisierung. Die klassische Industriestadt, Dickens' Coke Town aus *Hard Times*, war für die Zeitgenossen bestürzend genug: Massenelend, menschenverdrängende Dampfmaschinen, rauchende Schlote, Eisenbahnen, Stadtviertel, wo eben noch Felder waren. Aber diese Stadt war, entgegen dem Eindruck ihrer Bewohner, dem antiken Milet, dem mittelalterlichen Paris, dem Amsterdam des 17., »Goldenen«, Jahrhunderts ähnlicher als – einige Jahrzehnte später – sich selbst. Sie war Schauplatz der neuen industriellen Dynamik, aber sie war noch nicht selber industrialisiert. Sie war vielmehr, was Wohnverhältnisse, Entfernungen, Hygiene, Anwesenheit der Menschen in den Straßen, Armenpflege oder Stadtpolitik anging, noch überwiegend vorindustriell.

Das war keineswegs nur eine Frage der nicht vorhandenen Stadttechnik, vielmehr des Organisationsgefüges überhaupt. Es verlangte einen Neuansatz, eine Modernisierung der Modernisierung, um auf diese zwar explodierende, strukturell aber noch recht traditionelle Stadt die Prinzipien der Fabrik zu übertragen: Trennung der Funktionen, ihre lineare Gliederung entlang Verkehrsachsen, Massenproduktion, in Serie und von Typenprodukten. Das waren auch nicht die Prinzipien der frühen Industrie, die noch empirisch vorging, sondern die des Neuansatzes der Industrialisierung in den achtziger Jahren des 19. Jahrhunderts, die Reflexion des Industriesystems über sich selbst, und es war der neue Flächenbedarf der sich modernisierenden Industrie, der den Umbau der

Stadt nach dem Bilde der Industrie erzwang.

In den achtziger Jahren entstand ein neuer Typus von Industrie, für den nicht mehr England, sondern die USA das Vorbild abgaben. In der Maschinenindustrie wurde über Typisierung und Normierung der Einzelteile das Endprodukt nicht mehr handwerklich erarbeitet, sondern aus den unabhängig voneinander produzierten Teilen montiert.[24] Das erforderte weniger qualifizierte Arbeitskraft, aber einen um so höheren Kapitalbedarf, der wiederum nur bei enormer Steigerung der Produktionsgrößen und ständiger Auslastung rentabel war. Gleiches galt für die neu entstehenden Industrien: die Großchemie und die Elektroindustrie. Die neuen Industrien traten bereits als Giganten in die Welt, mit auf dem Geldmarkt bereitgestellten Kapitalien, sie vergrößerten sich durch Übernahme von und Fusion mit Konkurrenten. Der ständig steigende Kapitalbedarf bei permanenter Rationalisierung hatte die bekannten wirtschaftspolitischen Konsequenzen: Verwandlung von Familienbetrieben in kapitalstarke Aktiengesellschaften, Unterordnung des Industriekapitals unter das Bankkapital, Ausbildung von Monopolen und Kartellen, vor allem aber, insbesondere in Deutschland, ein vielseitiges Bündnis von Industrie und Staat unter dem Obertitel Imperialismus: Einwilligung in die Bismarcksche Sozialgesetzgebung, Anlehnung an Staatsaufträge – Post, Eisenbahn, Rüstung –, Stützung der Kolonialpolitik, militärische Intervention als Mittel der Durchsetzung auf dem Weltmarkt.

Die Konsequenzen für die Stadtentwicklung waren ähnlich weitreichend. Der gesamte Maßstab geriet in Bewegung. Organisatorische Lösungen wurden unumgänglich, die die gesamte Stadt umfaßten, allen voran die neuen Stadttechniken: Telephon und elektrischer Strom, elektrische Hoch-, Untergrund- und Straßenbahnen. Damit war eine einheitliche Planung des Straßennetzes und der von ihm erschlossenen Entwicklungsbereiche vorausgesetzt, einerseits die Behandlung der Summe der vorhandenen und geplanten Straßen als System eines innerstädtischen Massenverkehrs, andererseits die Ausbildung von spezifischen Zonen für Industrie, City, Arbeiterwohnen, bürgerliches Wohnen, Erholung – mit der Folge der Herausbildung einer starken städtischen Verwaltung, die, in Konkurrenz mit dem Staate, nicht mehr nur nachträglich auf Veränderungen reagierte, sondern sie voraussah,

24 Vgl. C. Matschoß, *Geschichte der Ludwig Loewe AG*, Berlin 1930, S. 10ff.

ihre Richtung mitbestimmte und die erforderlichen Vorleistungen zur Verfügung stellte.[25]

Erstmals veränderte sich das Gesamtgefüge der Innenstädte: Die Wertsteigerung der zentralen Lagen führte zum Abriß der nicht ausreichend verwertbaren kleinteiligen Bebauung, die traditionellen Parzellen wurden zu oft blockgroßen Grundstücken zusammengelegt und diese maximal und mit einem einzigen Gebäudekomplex überbaut. Dessen Dimensionen nahmen, wie auch die neuen Achsen und innerstädtischen Freilegungen von Plätzen, gleichsam den Maßstabverlust der unbegrenzt expandierenden Flächenstadt nach innen. Neben Staat und Kommune waren es vor allem die neuen Kapitalkonzentrationen, die sich der Innenstadt bemächtigten, Banken, Versicherungen, Kaufhäuser, Zeitungsverlage, Geschäftshäuser, Großrestaurants mit Tausenden Plätzen, Passagen und Vergnügungsstätten. Gerade die jüngstaufgestiegenen Großstädte stellten die neue Lage am deutlichsten zur Schau: Budapest, Barcelona, Turin, Triest…

Umwälzender noch war der neue Brennpunkt Peripherie, die andere Seite der innerstädtischen Verteuerung des Bodens: Die Frühindustrie zog sich, angesichts der steigenden Kosten, aus dem Stadtinneren zurück, sie ging entweder in die Kleinstädte (Textilindustrie) oder an den Stadtrand (Maschinenbau). Die Randwanderung hatte unabsehbare städtebauliche Folgen: Erst zu diesem Zeitpunkt enstanden die effektiven Nahverkehrsmittel, die es erlaubten, auch das Wohnungsproblem anzugehen. Erst jetzt, im Zuge der durch die große Industrie erzwungenen Urbanisierung des Umlandes, brach das herkömmliche Stadtgefüge wirklich auseinander. Die in der Innenstadt zusammengepferchten, von Straßendurchbrüchen und Sanierungen bislang immer nur weiter in einzelnen Elendsvierteln kasernierten Arbeitermassen konnten nun herausgeschafft werden. In der Peripherie, im Arbeiterviertel, konnte der Umlernprozß, der aus Straßenliegern Bürger machte, an den eingewanderten Arbeiterbevölkerungen zu Ende gebracht werden.

Ab den neunziger Jahren wuchsen also den Großstädten, bei scheiternder Freiräumung der subproletarischen Ränder des Zentrums (Bethnal Green, La Goutte d'or, Scheunenviertel, Vester-

25 Zu diesem Topos Leistungsverwaltung vgl. Reulicke, a.a.O., S. 118ff.; H. Matzerath, *Urbanisierung in Preußen 1815-1914*, Stuttgart/Berlin/Köln/Mainz 1985, S. 335ff.

bro, z. B.), die charakteristischen Ringe geschlossener Arbeiterviertel zu. Diese neuen Stadtbereiche sind noch heute von merkwürdiger Doppeldeutigkeit, einerseits durchrationalisiert, andererseits noch innerhalb einer traditionellen Eigentumsordnung und Stadtästhetik hergestellt. Die Terrainspekulation war auf ihrem Höhepunkt, es wurde dichter und konsequenter typisiert gebaut denn je. Die Versuche der Wohnungsreformer, über Baukassen und berufsspezifische Erbbauvereine hygienische Lockerungen durchzusetzen, blieben vereinzelt. Es kam kaum zu hygienischen Verbesserungen über die stadttechnischen Leistungen hinaus, wohl aber zu einer nie dagewesenen Gleichförmigkeit der Bebauung und Monofunktionalität der Nutzung, der allenfalls die erzwungene Gesellschaftlichkeit der bleibenden Armutsverhältnisse entgegenarbeitete.

Die Stadt wurde dadurch einer zeitlichen und räumlichen Planmäßigkeit und Festlegung unterworfen, die in Widerspruch steht zum begleitenden Anschein allseitiger Mobilität des damals entstehenden Massenverkehrs. Die frühere Mobilität der Einwandererschichten ging gerade damals zu Ende. Das war nicht zuletzt sozialpolitische Absicht: die Arbeiter wurden seßhaft. Auf der Seßhaftigkeit beruht die jüngste *oral history*: Von der Generation, die in den neunziger Jahren in die neuen Arbeiterviertel einwanderte, geht ein Spannungsbogen lokaler Beständigkeit im eigenen Viertel bis in die sechziger, siebziger Jahre dieses Jahrhunderts.[26]

Die andere Seite dieser Verwurzelung im eigenen Viertel war die prinzipielle Trennung von Arbeitsort und Wohnort, die die neuen Transportmittel ermöglichten. Die wachsende Rigidität zonaler Festlegung der Stadtfläche erzeugte einen Verkehr, dem gegenüber das chaotische Gewimmel der frühindustriellen Zeit vermutlich noch Versammlungscharakter hatte. Am Wohnort entstand eine in ihrer Milieuhaftigkeit gerade künstliche, durch die Entfernung von der Fabrik geprägte Alltagskultur der Arbeiter.

Während Fabrikviertel und Arbeiterviertel aber häufig, trotz alledem, immer noch in fußläufiger Entfernung voneinander lagen, galt das für die entstehenden Angestelltenmassen auf keinen Fall, sie waren an die im Zentrum gebündelten Arbeitsplätze gebunden. Für alle bildeten sich obligatorische Berufswege heraus, die desto länger und ausschließlicher wurden, je folgerichtiger sich die funk-

26 Vgl. D. Hoffmann-Axthelm, *Vier Generationen Leben im Schlesischen Viertel*, in: *Baufluchten*, a.a.O., S. 108 ff.

tionale Entmischung und Zonierung der Stadt durchsetzte. Die regelmäßigen Ortsveränderungen, mit den bekannten Spitzenwerten in den Schlüsselzeiten des Arbeitstages, summierten sich zu einer neuen Macht in der Stadt. Mittel und Wege wurden zu einem berechenbaren System mit festgelegten Durchlaufmengen.[27] Die dadurch aufgezwungenen fixen Beförderungs- und Wartezeiten definierten die Stadtstruktur für die Mehrheit der Bewohner als Zeitstruktur, unter Bedingungen klassenbezogener Ungleichheit – als jenes Zeitgefängnis, das von den Pariser Unterschichten in den fünfziger Jahren, an seinem historischen Endpunkt, mit der Triade: *boulot*, *métro*, *dodo*, drastisch umschrieben wurde.[28]

Die planerische Moderne

Das alles gilt innerhalb der äußerlichen Traditionalität der zwischen 1880 und 1914 gebauten Stadtbereiche. Über diese Traditionalität war unter Bedingungen privater Finanzierung der Bauproduktion auch nicht hinauszukommen. Der entscheidende Schub sozialhygienischer Planbarkeit der Stadterweiterung erfolgte denn auch erst mehr als eine Generation später, unter stark veränderten wirtschaftspolitischen Bedingungen, in den zwanziger Jahren dieses Jahrhunderts. Es waren zudem erheblich radikalisierte Vorstellungen, die diesen zweiten Anlauf zur Industrialisierung der Stadt technisch und ästhetisch auszeichneten.

Ein neuer Rationalisierungsschub ging durchs gesamte Gefüge, mit neuen Organisationstechniken wie Betriebspsychologie und mechanischer Datenverarbeitung.[29] Massenarbeitslosigkeit und Krise untergruben bereits wieder das gefundene Verhältnis von Massenarmut und Wohnungsbau. Hatten bis dahin Staat und Kommunen sich auf sozialpolitische Weichenstellungen und die Bereitstellung der Infrastruktur beschränken können, so gerieten sie seit 1918 für den brisantesten Teil der Stadterweiterung, den

---

27 Die Methode der Verkehrszählung ist, einschließlich der seitdem üblich gebliebenen Darstellungsformen der Frequenzen, bereits bei R. Baumeister, *Stadt-Erweiterungen*, a.a.O., S. 30, benutzt.

28 Vgl. N. Evenson, *Cent ans de travaux et d'urbanisme, Paris. Les héritiers d'Haussmann*, Paris 1983, S. 131 ff.

29 Vgl. dazu R. Bendix, *Herrschaft und Industriearbeit. Untersuchungen über Liberalismus und Autokratie in der Geschichte der Industrialisierung*, Frankfurt am Main 1960, S. 374 ff.

Wohnungsbau, in die unerquickliche Stellung des Hauptverantwortlichen. Verallgemeinernd kann man sagen, daß nach dem Ersten Weltkrieg nahezu überall in Europa die Situation, bei steigenden Kosten, durch einen Mangel an privatem Kapital und die Dominanz kommunaler und staatlicher Baulandpolitik geprägt war.[30] Der Bau eines Hauses wurde für die kleinbürgerliche und bürgerliche Eigentümerschicht, die im 19. Jahrhundert den Häusermarkt getragen hatte, unerschwinglich. Das Bankkapital andererseits hielt sich fern.[31]

Um überhaupt den Wohnungsbau für Arbeiter und Angestellte in Gang zu halten, war staatliche Intervention nötig. Sie erfolgte über eine Kreditvergabe, die angesichts ihrer Unumgänglichkeit an erhebliche Bedingungen geknüpft werden konnte: Realisierung der von der staatlichen Gesundheitspolitik gewünschten städtebaulichen Formen, Gebäudetypen und Wohnungsgrundrisse. Der natürliche Partner dieser Verstaatlichungstendenz waren auf Bauherrenseite quasiöffentliche – gewerkschaftliche, genossenschaftliche – Baugesellschaften. Die Siedlung, ein antistädtisches Konzept, wurde zur herrschenden Form der Stadterweiterung. Jetzt endlich fand die Massenhaftigkeit des Wohnungsproblems scheinbar ihren organisatorischen Ausdruck: Die Stadterweiterung ging in großen homogenen Einheiten vor sich, die von allen kleinteiligen Parzellierungen und ungeplanten Eigentumsverhältnissen befreit und einheitlich nach Architektenentwurf erbaut wurden.

Die Vorteile der staatlichen Finanzierung, der zeitgleichen kommunalen Planung und der massenhaften Erstellung von Wohnungen in einer Hand konnten aber in den zwanziger Jahren noch gar nicht wahrgenommen werden. Sie hätten sich erst hergestellt, wenn von der Typisierung zur Industrialisierung weitergegangen worden wäre. Typisiert und massenhaft war vielmehr das parzelläre Vorgehen der Bauunternehmer des 18. und 19. Jahrhunderts gewesen. Was in Berlin, Frankfurt, Dessau in Sachen Rationalisierung und Vorfertigung tatsächlich geschah, waren Sandkastenübungen. In der dichtgebauten kontinentalen Stadt des 19. Jahrhunderts blieben dagegen, mit neuen Konflikten, wie in Deutschland dem Aufkommen des Nationalsozialismus, die Arbeiter- und Kleinbürgermassen zurück, die dort in den neunzi

---

30 Vgl. Internationales Arbeitsamt, *Die Wohnungspolitik in Europa. Der Kleinwohnungsbau*, Genf 1931.
31 Vgl. M. Lescure, a.a.O., S. 79 ff.

ger Jahren eingezogen waren.

Daß das ganze Programm einer Industrialisierung der Stadt Ideologie war, zeigte sich vollends bei seiner vollständigen Durchsetzung, im dritten Anlauf der sechziger Jahre: Es leitete damit stadtpolitisch das Ende der zweiten Industrialisierung ein. Mit der Auflösung der verdichteten Arbeiterviertel durch die nordwesteuropäischen Sanierungsstrategien der sechziger Jahre und den rasanten Ausbau der Großsiedlungen und Trabantenstädte ging zeitgleich auch die große Industrie einer grundsätzlichen Krise entgegen. Während sich die Trabantenstädte als bloße Bevölkerungscontainer ohne eigene wirtschaftliche Strukturen herausstellten, deren Bewohner täglich in die großen Zentren einpendeln oder als Sozialfälle stadtfern geparkt werden, lief der Abbau der klassischen Industrien des 19. Jahrhunderts an, der ganze Regionen zu Industriemuseen werden, andere, mit Rüstungs- und anderen High-Tech-Industrien, neu enstehen ließ, aber ausgelagert auf Umlandflächen.[32]

Es zeigte sich, daß beides zusammengehörte: Daß die Stadt industriell, sei es als Vorfertigung, sei es als Funktionsmodell, erst zu dem Zeitpunkt organisiert werden konnte, zu dem das Vorbild selber historisch zu werden begann. Funktional war die Erstellung einer neuartigen Peripherie aus verdichteter industriell gefertigter Hochhausbebauung unter einem ganz anderen Gesichtspunkt: innerhalb des zur Industriekrise gehörigen Prozesses des Sekundärwerdens der Klassencharaktere des 19. Jahrhunderts. Wo die Industriearbeit minoritär wird, andererseits auch die Bündelung von Subjektivität, Arbeitsethik und Unternehmergeist in einer hegemonialen Klasse angesichts gigantischer Leitungsapparate nicht mehr gebraucht wird, ist die Aufgabe der Verteidigung der bürgerlichen Stadt gegen die Massenarmut hinfällig. Bürgerstadt wie Arbeiterstadt unterliegen den gleichen Verwertungskriterien, Abrißstrategien und Neubewertungen.

Gegenwart der Modernisierung

Der entscheidende Punkt unter dem Blickwinkel der Selbstmodernisierung der Gesellschaft ist weniger das städtebauliche Elend der

32 Vgl. Häußermann, Siebel, *Neue Urbanität*, a.a.O., S. 44 ff.

neuen Massensiedlungen in Fertigteil- oder Schüttbeton als der sich vollendende Zivilisationsprozeß: ein Leben in der Säuberlichkeit minutiös getrennter Funktionen, in vollständiger Abhängigkeit von funktionierender Stadttechnik (Energie vor allem, für Küche, Wärme, Hausarbeit, Schreibtisch, Kontakte, Erholung, Transport). Privater Lebensbereich und Arbeitsbereich schließen sich, trotz gegenteiliger High-Tech-Ideologien, wechselseitig aus, der Wohnungsstandard ist per se eine Verhinderung von Arbeitsautonomie.

Bislang kaum begriffen ist die Trennung der einzelnen von auch nur Ansätzen selbständiger Erhaltung. Die Siedlungsplanung der zwanziger Jahre ließ, in Zeiten der Massenarbeitslosigkeit, immerhin noch Platz für Subsistenzgärten; die klassischen Industriegenerationen überlebten die wirtschaftlichen Krisen und Kriegszeiten nicht zuletzt deshalb, weil minimale Subsistenzformen da waren, um ohne Geld oder bei leeren Märkten zu überwintern: Kleingärten, Viehhaltung inmitten der Stadt, Minimalwirtschaft auf dem Balkon und im Hinterhof. Inzwischen fehlen dazu nicht nur die Vorrichtungen in den Wohnanlagen oder die stadtnahen Flächen, sondern vor allem das nötige Wissen und Können. Die Menschen hängen für die einfachsten Dinge von den Supermärkten ihres Viertels ab.

Die Umschichtung der materiellen Stadt ist der sichtbarste Teil der großen gesellschaftlichen Umgruppierung, die alles das, was im Einsatz der Industrialisierung angelegt war, endlich wahr macht. Das ungeheure Flächenwachstum der europäischen Städte ab 1960 faltet das bis dahin vorenthaltene Wachstum an Ausstattung aus. Das gilt auf allen Ebenen: als Explosion der Verwaltungsapparate, Umbau der Produktion zu linearen Abläufen (bis hin zu eingeschossigen Containerbauten von Kilometerlänge), Herausverlagerung der traditionellen Subsistenztätigkeiten als neuer Dienstleistungsmarkt, Entfaltung der subjektiven Flächenansprüche, vom Auto zur Wohnfläche. Dabei ist das Anrecht von Staat und Wirtschaft auf Verschleiß von Flächen und Ressourcen historisch nie bestritten gewesen, höchstens angefeindet und mit der Forderung der Umverteilung belegt: alle sollen mitmachen dürfen. Das entscheidende Zeitzeichen ist das Hinzukommen der unorganisierten Massen als Subjekte des gesellschaftlichen Verschleißes, und die diese Lawine entfesselnden inneren Sprengvorgänge sind das eigentlich Interessante am Vorgang.

Die Auflösung der sozialen Verbände, der Familie als sozialer Heimat und übergeordneter Überlebensgröße, läßt Einzelfälle übrig (Kleinfamilien, Paare, Singles). Sie werden äußerlich, durch Einkommen und Wohnbedürfnisse, gebündelt, ohne daß sie subjektiv noch etwas verbände. Alle vielmehr konkurrieren, mit höchst ungleichen Chancen, um Ausbildungs- und Arbeitsplätze, Wohnungen, Zugriff auf soziale Leistungen, öffentliche Flächen, mediale Aufmerksamkeit, um Parkplätze, Partner, Aussehen, Lotteriegewinne. Die Individualisierung bedeutet eine neuerliche Festsetzung, auf höherer Ebene: Während die lokale Bindung, die klassenspezifische Verwurzelung im Viertel, sich auflöst, wachsen den Individuen inmitten der wiedergewonnenen Mobilität Sachwertbindungen zu, die sie auf Schritt und Tritt begleiten: Wohnausstattung, Auto, Arbeits- und Freizeitkleidung, tragbare Technik (vom alten Kofferradio bis zum heutigen Portable, Taschenrechner, Autotelefon, Sprechfunk, Walkman). Die Festsetzung im Auto, die in der autobahnisierten Peripherie die kollektiven Transportzeiten ablöste, ist bislang die auffälligste, die Festsetzung vor dem privaten Fernseher, die das Leben auf der Straße, im Hof, in der Kneipe ablöste, die wohl nachhaltigste.

Das ist also das gleichzeitige Entgleisen der Stadt nach außen und innen. Die Parallelität von Schnellstraßenbau und Verkabelung wird zu Recht betont: Verkehr und Medien sind beides Operatoren eines Indirektwerdens der Stadt. Für eine Bevölkerung, die große Teile des Tages entweder im Auto oder in beruflicher wie privater Medienbindung (telefonierend, am Bildschirm, Radio, Film und Fernsehen) verbringt, ist die gebaute Stadt nicht mehr wichtig. Die mediale Präsenz überwiegt bei weitem die lokale.

Die Industriestadt als Zwischenergebnis

Die frühe Industriestadt, Coke Town, etwa 1780 bis 1880, war noch ein ganz widersprüchliches Gebilde, industriell in der Maßlosigkeit des Wachstums und der in Bewegung gesetzten Massen, aber traditionell in der organisierten Struktur – Arbeit und Wohnen eng vermischt, Zusammenballung der zuwachsenden Bevölkerung in den Innenstädten, Sparsamkeit im Verbrauch von Fläche, Kleinhaltung der Verwaltungsapparate. Diese traditionelle Ökonomie der Mittel ging auf Kosten der lebendigen Arbeitskraft als billigster Ressource. In beliebiger Menge vorhanden, war ihrem Verschleiß kaum eine Grenze gesetzt – man ließ sie arbeiten, solange das Tageslicht reichte, Beleuchtung machte sich in den meisten Fabrikzweigen nicht bezahlt; niedrige Löhne und geringe Reproduktionszeit ließen sie als Konsumenten knapperer Ressourcen wie Wohnraum, Energie, Transport, Erziehung usw. unverhältnismäßig wenig in Erscheinung treten, hätten sie unauffällig gemacht, wären die neuen Proletarier nicht so viele gewesen und Sterben nicht so auffällig.

Anders die Stadt der Großindustrie (nicht mehr Coke Town, sondern Elektropolis[33], etwa 1880 bis 1970). Jahrzehnte sozialer Kämpfe, politischer Auseinandersetzungen, Untersuchungen und Gesetze, technischer Fortschritte führten zu einer sozialpolitischen Wendung. Sie erfolgte zu demjenigen Zeitpunkt, wo angesichts gigantisch wachsender industrieller Installationen die extensive Ausbeutung uninteressant wurde. Die rationalisierte Großfabrik, indem sie kürzere Arbeitszeiten und geregeltere Arbeitsverhältnisse brachte, lieferte nicht zuletzt die Voraussetzungen einer sozialen Wohnungspolitik, des Zugriffs auf billiges peripheres Bauland. Den Rest besorgten die Massentransportmittel. Die Außenwendung war die entscheidende siegreiche Strategie der Sozialpolitik, das Ausweichen vor den innerstädtischen Mischungskonflikten in die Fläche.

Damit ist der entscheidende Angelpunkt bezeichnet, auf den die ganze bisherige Überlegung zusteuerte: Die Ausfaltung der sozialen Konflikte in die Fläche ist das Grundmuster, das Modell einer gesellschaftlichen Verschiebung des nicht wirklich gelösten Konflikts. Die sozialpolitische Wende ist kein Zurückstecken des Kapitalismus. Sie ist vielmehr die Verlagerung der extensiven Ausbeutung von der bloßen Arbeitskraft auf ein anderes Feld, eine Verschiebung der Kosten. Betrachtet man den Vorgang innerhalb des Bereichs industriellen Stadtumbaus, so ist diese Verschiebung handgreiflich: Bezahlt wird mit der Liquidierung der herkömmlichen Armutsökologie und dem Hinausgehen in den Flächenverbrauch.

Die städtische Fläche ist dabei das anschauliche Ende eines Fadens, der sehr weit führt. Deswegen wäre die Aussage einfältig ohne die Unterscheidung von Schichten der Verschiebung von

33 Vgl. P. Hall, P. Preston, *The Carrier Wave. New Information Technology and the Geography of Innovation, 1846–2003*, London 1988, S. 124 ff.

Kosten (und der Bedeutung dessen, was hier Feld oder Fläche genannt wurde):

1. Nicht umsonst steht am Ende der Phase der Aufbau eines Bündnisses. Die übergreifende Koalition von Kapital und Arbeitskraft, gewachsen durch Weltkrieg, Wirtschaftskrise, die verschiedenen Überwindungsformen wie New Deal, Faschismus, Nationalsozialismus, den Wiederaufbau, lebt vom klaren, politisch und arbeitspsychologisch einsetzbaren Bewußtsein gemeinsamen Interesses über das des Überlebens oder einer unvermeidlichen gesellschaftlichen Ordnung hinaus, das Interesse an der gemeinsamen Ausbeutung eines Dritten.

Mißt man den sozialpolitischen Fortschritt an den Kosten, die nach außen gewendet wurden, so ist er nichts, was man als Ergebnis und weiterer Ausgangspunkt einfach akzeptieren könnte. Die progressive Zerstörung der Dritten Welt ist davon die eine Seite. Die andere ist die Anwesenheit der Zerstörung, der verschobenen Ausbeutung, im ungleichen Reichtum der Industrienationen selbst. Jeder, der innerhalb der sozialpolitischen Sicherheitsfestung lebt, ist Nutznießer der draußen geführten Ausplünderung und der gelegentlichen Kriege, egal, was er persönlich davon denkt.

2. Die Gesellschaftskoalition beruht, im Vergleich zu Osteuropa, den meridionalen Rändern und der Dritten Welt, auf einer hier tatsächlich erfolgten Ausstattung der Unterschichten mit den ihnen bis dahin vorenthaltenen Gratifikationen. Der Einsatz der Sozialpolitik war insofern die Eröffnung der neuen Front der Beteiligung der Massen als Konsumenten, Eröffnung immer auch eines ungeheuren Marktes. Als Protagonisten dieses Marktes wurden die bis dahin Besitzlosen zugleich Teilhaber des Verfahrens (demgegenüber sind alle Nachweise, daß die Bedürfnisse heute vom Kapital erfunden und geformt werden, subaltern). Was sie inzwischen selber aufessen und verbrauchen, kann nicht reinvestiert werden, die Einspielung dieses Mehr an gesellschaftlichen Gesamtkosten muß anderswo, kann auch nicht nur draußen, in der Dritten Welt, erfolgen. Interne Verschiebungen sind ebenso nötig.

Jeden sozialpolitischen Zuwachs begleitet also ein Rationalisierungsschub, der historisches Industrialisierungsmaterial: Handarbeit, Unterernährung, Wohnungselend, Kindersterblichkeit, aufhebt und durch psychische Mehrbelastung ersetzt: vermehrte Arbeitslosigkeit, höhere Abstraktheit der Arbeit, größerer Verschleiß an Nervenkraft, weniger Autonomie bei mehr freier Zeit, weniger politischer Zugriff bei mehr privatem Konsum, weniger sozialer Zusammenhang bei mehr medialer Kurzschließung aller. An die Stelle des stummen Zwangs der Verhältnisse ist im Laufe des sozialpolitischen Jahrhunderts jene Auslieferung des Inneren an den Kapitalprozeß getreten, den romantische Erzähler wie Andersen, Chamisso oder Hauff einst im Teufelspakt Geld gegen Seele angekündigt hatten.

3. Die Industrialisierung stellte alle die Rohstoffe in vorerst beliebiger Fülle zur Verfügung, deren Knappheit die vorindustrielle Stadt ökologisch stillgehalten hatte. Die große Verschleißbewegung ist unvermeidbar gewesen: Ihre Gewalt ist die Gewalt der sich im Angesicht ihrer Überwindbarkeit Bahn brechenden Entbehrungen. Entscheidend ist, daß von da an zwischen innerer Ausbeutung und konsumtiver Aneignung nicht unterschieden werden kann. Jedes innen gefressene Loch kann und muß mit äußeren Objekten vollgeschüttet, jede leere, verlorene Lebenszeit mit mehr Zeiteinsparung vergütet werden. Das Leben verteilt sich im Ergebnis dank der Geschwindigkeit der möglichen Orts- und Objektveränderungen auf immer weitere Flächen, die freie Zeit zerstreut sich über den Globus, so weit Geld, Wünsche und Vorstellungskraft reichen.

Zwangsläufige Folge ist die Naturzerstörung – nicht die einer vorgesellschaftlichen Macht, sondern ganz krude der bewohnbaren Erdoberfläche. Das sozialpolitische Jahrhundert, das erste, in dem selbst die Unterschichten sich durch industrialisierte Naturverwertung Hunger und Kälte ersparen und zusätzlich Vergnügungen gewähren konnten, die bis dahin wenigen Herrschenden offengestanden hatten, hat es – wie wir heute, inzwischen verspätet, feststellen – logischerweise fertiggebracht, den Löwenanteil der heute bekannten fossilen Bodenschätze buchstäblich in Rauch aufgehen zu lassen und damit möglicherweise zugleich die erdumgebende und Leben ermöglichende Atmosphäre zu ruinieren.

4. Die Naturzerstörung ist dort am akutesten, wo sie nur die Kosten der industriegesellschaftlichen Verschwendung bezahlt hat, ohne im Gegenzug etwas für die betroffenen Bevölkerungen aufzubauen: in der Dritten Welt. Naturzerstörung heißt Auswanderung, weil die traditionellen Überlebenstechniken nicht mehr greifen, die fragilen Gleichgewichte zusammenbrechen. So kommt das Problem aus der Dritten Welt in die erste zurück: die zerstörte Natur als entwurzelte Arbeitskraft.

Hier trifft es auf eine Mauer der Abwehr, die aus dem Filz des Geld-gegen-Seele-Paktes gebaut ist. Wie immer wir die Sache nennen: Naturzerstörung, Dritte Welt, Modernisierungsverluste, es handelt sich, bei aller Verschiedenheit der Bilder, um eine, auf die psychischen Bausteine gesehen, Selbstbegegnung, um die Konfrontierung mit den Kosten des Herausgehens der Industriegesellschaften aus ihrer eigenen vor- und frühindustriellen Vergangenheit.

Neuer Horizont

Es steht nur eine Veränderungsdimension offen: die der weitergehenden Modernisierung. Sie steht offen, weil jedes Weitergehen älteren Druck abbauen, also früher Unterdrücktes wieder hochkommen lassen muß, unter Einschluß der Möglichkeit, daß es den Betroffenen zu Hilfe kommt.

Alles deutet darauf hin, daß wir mitten in diesem Prozeß stekken. Das sozialpolitische Modell ist ausgelaugt, es produziert zu hohe Kosten, hat noch viel zu sehr mit dem materiellen Widerstand der Dinge zu tun. Der neue Modernisierungsschub unterscheidet sich von den vorangegangenen gerade darin, daß er die Materialität des Umwälzens einzusparen tendiert, den rohen Verbrauch historischen Materials. Die Umwälzung geschieht durch Überlagerung des Vorhandenen mit einem höheren Organisationsniveau, das alles bis ins kleinste nach seinem Stellenwert verändert, ohne es materiell anzutasten. Der Fortschritt geht nicht mehr zwangsläufig mit dem Bagger voran. Daß er sich Bahn brach, war im 19. und 20. Jahrhundert wahrlich mehr als eine Metapher. Große Industrie, Stadtverkehr, Citybildung bedeuteten vorbehaltloses Niederreißen des Vorhandenen, Ausweiten der Räume und Verbindungen, flächenmäßige Vervielfältigung einzelner Nutzungen. Kohabitation war ausgeschlossen, entweder Abriß und Neubau – oder Stillstand.

Die nicht mehr selber sichtbar werdende Überlagerung ist das Zeichen unserer Zeit. In der Logik der Verwaltungen ändert sich vorerst nichts. Aber was bisher ressortmäßig und räumlich getrennt war, kann nun auf immer höherer Ebene zusammengefaßt werden. Unmerklich entfernen sich dabei die Bildschirmarbeiter von ihrem Gegenstand, der seine Logik gegen sie abschottet, bevor auch hier die Freisetzung beginnt.

Deutlicher noch ist das in der Fabrik: Der elektronische Produktionsfortschritt greift weniger in die materielle Produktion ein, als daß er die vorhandenen Kapazitäten neu organisiert. Darin unterscheidet sich die Elektronisierung innerhalb der Fabrik grundlegend vom Transmissionssystem des Dampfantriebs oder vom Fließband: Die Roboterhalle ist die Ausnahme, die Regel ist eine Fabrik, die aussieht wie bisher, von der man aber nicht viel weiß, bevor man nicht das elektronische Steuersystem kennt – und nicht einfach nur als Programmierung, die Maschinenzeiten und Materialflüsse koordiniert, was eine Ideologie mit begrenztem Gebrauchswert ist, sondern mehr noch als Verhandlungsobjekt, in dem Macht- und Autonomiegrade der verschiedenen sozialen Ebenen der Fabrik, die nationale Technikkultur, vorhandene Wirtschaftspolitiken und Konzernstrategien, Währungsparitäten und Exportkonkurrenzen auf dem Weltmarkt einen zeitweiligen Kompromiß gefunden haben.

Soweit der Fortschritt heute einer der verallgemeinerten und verfeinerten Steuerung ist, geht er mit Miniaturisierungen überein. Es wird nicht mehr alles immer größer, um rentabler zu sein, es wird vieles sogar kleiner. Es muß nicht alles linear zusammengeschaltet werden zu Großapparaten, sondern die Dinge können, zeitgleich korreliert, an unterschiedlichen Orten abgewickelt werden. Dieser Fortschrittstyp geht also eher durch die vorhandene Stadt durch, als daß er sich noch, in sinnloser zerstörerischer Kraftentfaltung, mit dem Bagger durch sie hindurch seinen Weg bahnen müßte.

Das hat jene Konsequenzen für die Berufsarbeit, die weiter oben[34] bereits skizziert wurden: flexible Arbeitszeiten, Zeit- und Leiharbeit usw. – überhaupt das Ende geschlossener Arbeitsbiographien zugunsten der Ablösung segmentierter Arbeitszeiten von der herkömmlichen Einheit von Person und Arbeitstag. Niemand wird, tendenziell, acht Stunden am Tag gebraucht, es ist billiger, ihn in Spezialzeiten einzusetzen und im übrigen nach Hause oder zu anderen Arbeitsplätzen zu schicken: Diese Tendenz ist es, die von C. Werl sehr plastisch – mit einer Spitze, auf die gleich zurückzukommen ist – als »Hausfrauisierung der Arbeit« bezeichnet wird, worin eine doppelte Überblendung mitgegeben ist: die Angleichung an die marginalen Charaktere weiblicher Haus- und

34 Vgl. Kapitel Einwanderung.

Heimarbeit und die an die Verhältnisse der Dritten Welt.

Eine mitlaufende Schattierung ist die einer gewissen Kulturalisierung der Arbeit. Wie auf der Ebene der Marktkonkurrenz kulturelle Darstellungsweisen wichtig werden, so in der Betriebsorganisation. Die Weise, in der der Arbeitstag gedacht wird, öffnet sich auf Modelle der freien Zeit, des Alltagslebens. Das ist die kulturelle Schicht der Flexibilisierung. Die Arbeitsdisposition verliert an Ausschließlichkeit und Notwendigkeit, sie überzeugt vermutlich zunehmend nicht nur als Bedingung des Zugangs zum Konsumangebot, sondern, angesichts spiegelbildlicher Auflösungserscheinungen und Rollengefährdungen im privaten Leben, auch als Art und Weise, Lebenszeit zu verbringen.

Entsprechend ist zu fragen, was das Weitergehen der Modernisierung für die weitere Ausfaltung der Lebensverhältnisse bedeutet, über den schon erreichten Auflösungsstand hinaus. Mehr Auflösung ist kaum mehr möglich, ohne bloßes Chaos herzustellen. Zeichen der Zeit ist eher die Rücknahme: Die Auflösung ist kein Emanzipationsziel mehr, wie sie es vor 30 Jahren noch eindeutig war (für meine Generation ganz sicher). Nachdem man weiß, was jenseits der gesprengten Bindung ist, kann man den Vorgang nicht mehr mit Hoffnungen besetzen, sondern nimmt ihn hin und im Verhalten auf einer aufgeklärten Ebene soweit wie möglich zurück: Auflösung bei Beibehaltung der sozialen Form, als der noch am meisten erträglichen, weil (falls man Kinder will und hat) unumgänglichen und legitimierbaren Form des Zusammenlebens von Menschen. Die neue organisatorische Grundeinheit des mit räumlichen und funktionalen Rechten ausgestatteten einzelnen (Wohnung, Auto, Arbeitsplatz) ist dagegen ein alter Hut.

Zugleich geht die Auflösung dennoch weiter. Erst auf der Grundlage der Resignation, der Trennung von Modernisierungsprozeß (Auflösung aller verunmündigenden Bindungen) und Lebenshoffnungen, bricht die zeitliche und örtliche Kontinuität des individuellen Lebens endgültig auf. Aber das sieht man nicht so ohne weiteres, es drückt sich nicht oder kaum in den tatsächlichen Arrangements aus. Etwas dem Entstehen, vor einer Generation, der Single-Haushaltsmehrheit und der Apartmenthäuser in den sechziger Jahren Vergleichbares gibt es nicht. Um so klarer stellt sich die Sache im veränderten Geschlechterverhältnis dar, das erst auf dieser Ebene der Aufspaltung der Lebensläufe wirklich in Bewegung gekommen ist, während die Auflösung der Familie, die seit 100 Jahren im Gange ist, kaum mehr als Ideologie zuließ.

Der harte Kern dieser Veränderung ist das Auftauchen der unbezahlten Hausarbeit als gesellschaftlicher Größe und als ökonomischer Tatsache. Die aus dem Dunkel des archaischen Tauschverhältnisses der Ehe, anläßlich zusätzlicher bezahlter Frauenarbeit, als ökonomische Größe auftauchende unbezahlte Hausarbeit stellt, mehr als alle übrigen – stets männlichen – Verzahnungen von Hobby und Schattenökonomie, die modernen Wände zwischen Arbeit und Leben wieder in Frage. Daß das zu einer Ökonomisierung der Familienorganisation führen könnte, muß man bezweifeln. Das ist auch nicht der springende Punkt. Vielmehr handelt es sich um das Anzeichen eines Vermischungsvorganges, innerhalb dessen sich Schritt für Schritt neu bestimmt, was Arbeit ist und was nicht. Als erstes wird dabei das männliche – und heute z. T. auch weibliche – Sichentziehen durch Arbeit in Frage gestellt – eine Arbeit, die sich anhand der gültigen offiziellen Gesellschaftsökonomie als Arbeit definiert.

Dies liegt nicht zufällig in der Linie des archaischen Sichentziehens der Männer durch Krieg. In der Tat ist es das Verschwinden des Krieges aus dem Horizont der Industrieländer, das entscheidend das Verhältnis von Ökonomie und individuellem Leben neu bestimmt. Die Freistellung vom gesellschaftlichen Zugriff auf Zeit und Leben verdankt sich der Umwandlung der Ausübung von Gewaltsanktionen in normale bezahlte Arbeit (Polizei, Berufsheer), die in den normalen Zyklus nicht eingreift, sondern sich bloß des ohnehin vorhandenen Arbeitslosenpotentials bedient. In der Folge dessen erst sind Arbeitszeiten und Lebenszeiten so disponibel geworden, daß ihre Grenzen fragwürdig zu werden beginnen und, entlang dem sich umbauenden Geschlechterverhältnis, neue Bewertungen und damit neue Proportionen herstellen.

Die Konsequenz ist, daß Aufspaltung und Umgruppierung nicht mehr gesondert für den ökonomischen Apparat und das individuelle Leben verhandelt werden können. Es entgeht einem jeweils der Schlüssel, der die Veränderungen, die man so zu fassen bekommt, funktional macht für eine neue Sachlage. Was faßbar ist, ist das Beunruhigende der aufgelösten Konturen. Die gesellschaftliche Form der Arbeit steht, bei aller erdrückenden Übermacht der Ökonomie, nicht fester als die des individuellen Lebens.

Elemente des Umbaus

Die Industriestadt war der Punkt der größten wechselseitigen Entfernung von sozialer Frage und Ökologie. Inzwischen ist sie als Zwischenspiel durchsichtig. Bewegen sich die Dinge nun wieder aufeinander zu? Die Bedingungen jedenfalls der industriellen Lösung sind hinfällig: der beschränkte nationalstaatliche Rahmen und die Möglichkeit, die ökologischen Kosten auszulagern oder nicht zur Kenntnis zu nehmen. Weder kann das Wanderungsproblem noch einmal so erfolgreich integriert werden, noch läßt sich die ökologische Dringlichkeit umfunktionieren in interne Reinigungsstrategien der reichen Industriestaaten. Die gleichzeitige Anwesenheit beider Probleme und ihre gleichzeitige und gleichrangige Globalität sind es, die jede Teillösung in Frage stellen.

Innerhalb der Kriterien der industriellen Wachstumsgesellschaften sind Lösungen nicht absehbar. Der industriegesellschaftliche Standard kann weder weltweit verallgemeinert noch auf Dauer gegen eine hungernde Weltmehrheit verteidigt werden. Die Erde ist auch nicht groß genug, um ökologische Schäden so weit zu exportieren, daß sie nicht wieder auf einen selbst zurückschlagen. Wenn das so ist, sind Lösungen nur dadurch möglich, daß der Problemdruck auf die Kriterien zurückwirkt: Wir, die Reichen, müssen unser Leben ändern.

Man kann die Sache also auch gleich vom anderen, von dem uns näheren Ende her benennen. Die Selbstmodernisierung der Stadtbevölkerungen ist der Rahmen, um das, was sich von außen aufzuzwingen scheint, rechtzeitig vorher als inneres Problem zu erfassen. Nur die Selbstthematisierung der Veränderung setzt Spielräume frei, um bereits heute anzufangen und einen selbstverwalteten und von Wunschenergien getragenen Vorgang in Gang zu bringen. Mehr als einzelne Bruchstücke der anstehenden Veränderung sollte man einstweilen nicht erwarten.

Ein Modernisierungsziel

Selbstthematisierung, das setzt Erschütterungen voraus. Der Eigenlauf der Modernisierung produziert keine neuen Formen. Es bleibt den Individuen überlassen, sich ihre privaten Formen zu basteln. Die Legitimation von Staat und Gesellschaft reduziert sich auf das Unausweichliche, Wirtschaft und Politik zu managen, gleich wie, wenn nur keines der beiden Systeme zusammenbricht.

Beobachtend ist hier nicht weiterzukommen. Man muß im Kopf einen Sprung machen und sich in die Perspektive des Handelns, der nötigen Veränderung begeben. Wenn es naturwüchsig zu neuen gesellschaftlichen Zielen nicht kommt und alle gehabten Ziele verbraucht sind, muß, wer nicht aufgeben will, neue Ziele vorschlagen. Um den Voluntarismus der Sache ist nicht herumzukommen. Man kann sich nicht einmal mehr damit täuschen, daß man den Modernisierungstendenzen der Wirklichkeit die Rolle unterschiebt, Themen auf die Tagesordnung zu setzen. Ziele müssen erfunden werden, und der Mechanismus der gesellschaftlichen Hervorbringung von Zielen ist keine Maschine, die bereitstünde.

Wie es geht, hat die Aufklärung vorgemacht. Aber die Gemeinsamkeiten, auf die die Aufklärer sich stützen konnten und die ihre Zielproduktionen historisch wirksam werden ließen, gibt es in der heutigen Welt nicht mehr. Das hat unmittelbar Folgen für Reichweite und Material möglicher Ziele: Weil wir keine alten Formen mehr haben, fehlen uns die Kompetenz und das Recht, neue vorzuschlagen. Wenn neue Ziele vorgeschlagen werden müssen, dann kann doch das, was als gesellschaftliche Vermittlungsfigur dienen soll, nicht mehr die Idee einer neuen Gesellschaft sein, sondern nur der überlegte Versuch, historisch verbrauchte Elemente untergegangener Vermittlungen wiederzuverwenden (zu recyceln).

Man muß also in den laufenden Mahlvorgang eingreifen. Aus der Zerkleinerungsmaschine ist das wieder herauszureißen, was zur Verfertigung der gebrauchten Figur nützlich sein kann. Dieses ökologische Verfahren steht dem Modernisierungsprozeß nicht souverän beobachtend gegenüber, sondern arbeitet zwischen den Reißzähnen und Transportbändern. Man kommt bei genauerer Analyse des Brauchbaren nicht umhin, der Maschine genau die Materialien vorzuenthalten, die sie am liebsten frißt.

Unsere Gesellschaft ist, oft wurde es gesagt, kannibalisch. Sie modernisiert gerade die Überlieferungs- und Trägerstrukturen hinweg, die sie zu ihrer eigenen Stabilisierung brauchte. Keine Gesellschaft ist vollständig dynamisierbar, ohne sich als Gesellschaft aufzulösen. Wenn alles Hemmende beseitigt ist, gibt es nichts mehr, was trägt, und alles stürzt. Daß man sich auf niedrigerem

Niveau wiederfinden und noch einmal neu anfangen könnte, wie am Ende der Antike, ist möglich, aber bei der Kompliziertheit und Gefährlichkeit der von uns aufgebauten Verwicklungen keine attraktive Aussicht.

Man braucht sich nicht zu genieren – alle Formen sind tot. Sie sind, bei ernsthafter Verwendung, als historische auch verloren und zerbröseln einem zwischen den Fingern, die sie als gerade noch Vorhandenes festhalten wollen. Nicht nur ist nichts davon zu retten, jedes Rettenwollen beschleunigt vielmehr noch den Zerfall. Die Gefahr des Historismus besteht erst gar nicht für den, der Dekoration und leistungsfähige Strukturen zu unterscheiden weiß. Aber dann gilt es aus ihrem Zerfall zu lernen, das an ihnen Tragende herauszufinden und in neue künstliche Regulierungen zu übersetzen.

Das ist allerdings etwas für Mutige. Allein das Maßnehmen an der synthetischen Leistung historischer Strukturen, an den selbstverständlichen Vermittlungsleistungen untergegangener Gesellschaftszustände, gilt als Historismus und kann von jedem Beliebigen mit dem Makel der Unselbständigkeit behaftet werden. Aber das Projekt greift ja weiter. Die Wiederverwendung ausgeschiedener Formen wird überhaupt erst interessant, wenn man von der Erledigtheit der Verhältnisse ausgeht, die diese Formen mit ihren ganzen historischen Zwängen und Klebrigkeiten hervorbrachten. Alle Kritik an der Beschränktheit der alten Formen, am Dekorationscharakter ihrer Wiederverwendung ohne reale Basis, ist nützlich – in dem Augenblick, wo sie nicht mehr dazu dient, den Weg auf die Müllhalde zu beschleunigen, sondern die historischen Bedingtheiten abzunagen und das Strukturelle, das Wiederverwendbare, freizulegen. Diese Wendung muß man der Kritik (insbesondere jener linken Kritik, die ihre eigene Tatenlosigkeit rechtfertigt, indem sie leidenschaftlich nachweist, was alles nicht mehr geht oder, wenn man es versucht, historistisch ist) allerdings abverlangen. Das bloße Abnagen betreiben Käfer und Würmer auch.

Gerade weil die historischen Formen erledigt sind, können wir uns heute frei zu ihnen verhalten. Wir können sie aus eigener Entscheidung an eine Stelle im gesellschaftlichen System hinsetzen, wo sie gebraucht werden, nicht mehr als Zwang herrschender Verhältnisse, sondern als bewußt gesetzte Spielregeln. Wir können es, wenn und solange sie das leisten, was man ihnen zutraut. Dafür bürgt nicht die Originalität des Gedankens, sondern die Genauigkeit, mit der ein Projekt daraus wird, Politik, Übernahme von Verantwortung, praktische Durchsetzung und persönliches Durchhalten.

Die Stadt ist eine der wenigen wesentlichen Trägerstrukturen gesellschaftlichen Lebens. Der Modernisierungsprozeß verbraucht sie so, wie er die anderen Ressourcen historischer Gesellschaften aufbraucht, Familie, Arbeitsmoral, die Tugenden der kleinen Leute. Die Stadt ist damit die geeignete Trägerfigur, die es von Grund auf neu zu denken und aus wiederverwendeten Bestandteilen aufgebrauchter Verhältnisse wiederherzustellen gilt.

Die Ebene der Aufmerksamkeit

Es geht um das Aufsuchen von Veränderungssprüngen im Modernisierungsprozeß der Stadt. Es geht also um Gewöhnliches, die Durchschnittspraxis, und es geht um Details, die nicht einen Ort gegen den anderen ausspielen, sondern überall im Gewebe anwesend sind. Die Wahl der Verrechnungseinheit ist grundlegend. Man entscheidet, wie man über die Stadt redet, welchen Maßstab man benutzt.

Wenn es wahr ist, daß die Neuzeit die als Gestalt faßbare Stadt aufgelöst hat, dann wird man heute zur Stadtgestalt keinen Gegenbegriff erwarten dürfen. Die wachsende, dynamisierte Stadt entzieht sich dem zusammenfassenden Zugriff. Die einzige zulässige Verrechnungsebene ist die, die die Destruktion von Stadtgestalt übrigläßt, die Fläche.

Die Stadt als Flächenproblem zu greifen, diese Grundentscheidung muß und soll enttäuschen. Sie wendet sich polemisch gegen die Unfähigkeit des geisteswissenschaftlichen Lagers, an den Gegenstand Stadt heranzukommen. Die Beschäftigung mit der Stadt laviert begrifflich irgendwie zwischen Gesellschaft einerseits, Raum andererseits; wo der Gesellschaftsbegriff zu mager scheint, wird das räumliche Reden kompensierend ermächtigt. Die theoretische Arbeit, die es erlaubte, Stadt und Raum aufeinander zu beziehen, ist noch gar nicht geleistet. Ob zwischen physikalischem Raumbegriff und Raum als Wahrnehmungskategorie eine eigene Ebene des Redens von städtischem Raum zu haben ist, ob Raum als gesellschaftliche Kategorie überhaupt brauchbar ist, das ist nach wie vor klärungsbedürftig – was wir kennen, ist die billige (in der Vergangenheit durchaus tödliche) Metapher.[1]

Raum ist, auf die Stadt bezogen, noch immer ein Totalitätsbegriff.[2] Niemand ist da lehrreicher als Foucault. Der Raumbegriff wird nicht der Kritik der wirklichen Stadt und ihrer Verhältnisse unterworfen, sondern ist im voraus Container herrschender Normalität. Das erlaubt es, Gegenräume zu behaupten, die die am Normalort ausgeschlossene Wahrheit der Normalität zu zeigen haben. Das Verfahren ist zirkulär: Hier wie sonst statuiert Foucault eine Moderne, die er in ebenden Kategorien vorführt, die die Moderne destruiert. Wenn die Moderne mehr ist als ein Papiertiger, dann ist das mindeste, was sie auf der Ebene begrifflicher Rede vollbracht hat, daß sie die Möglichkeit von Grenzbegriffen zerschlug. Es gibt keine metaphysischen Distanzierungslinien mehr, die zwischen Wirklichkeit und Utopie, zwischen Ort und Unort zu unterscheiden erlaubten. Alle Utopien sind von der Wirklichkeit grausig überholt, und kein empirischer Ort, ob Gefängnis, Bordell, Psychiatrie oder was immer, vermag die Beweislast zu tragen, die der Begriff abverlangt.

Statt dessen entwickeln sich städtische Auseinandersetzungen entlang der gewöhnlichen Fraktionierung der Stadt. Die Ebenen sind banal, die Auseinandersetzungen und der dadurch entstehende Bedarf an Unterscheidung und Durcharbeitung keineswegs. City und Peripherie, Mittelschichtviertel und ethnische Ghettos, die unterschiedliche Segmentierung städtischer Flächen je nach ihrer Nutzung durch Männer oder durch Frauen, Wohnraum gegen Grünflächen, alles das sind Machtkonflikte, die ihre genaue, durch die Übernahme der Kosten entschiedene Grundlage in der privaten Verfügung über Fläche haben. Die Linien, die empirisch die Kämpfe in der Stadt organisieren, sind die Eigentumsgrenzen.

Zu unterscheiden ist also zwischen den Bühnen, auf denen diese Kämpfe ihre Zeichendemonstrationen entwickeln (Politik, öffentliche Debatte, Werbung, Demonstrationen, Graffiti), und der Ebene der zahlenden Aneignung, auf die sie sich stützen. Die politisch so schön greifbaren Streitigkeiten um öffentlichen Raum sind Verlängerungen der Entscheidungen, die in den nichtöffentlichen

1 Von daher, bei Lefèvre, Castells und vielen anderen, die markige Rede von der kapitalistischen Produktion des Raums.
2 Vgl. die neueren kulturellen Anpassungen des Kurzschlusses Stadt-Kapital bei D. Harvey, A. Lipietz oder US-amerikanischen Marxisten.

Flächen zementiert sind, im Verhältnis von öffentlicher und privater Nutzung, in der Hierarchisierung von Produktions-, Verkaufs- und Büroflächen einerseits, der Strittigkeit der Wohnfläche auf dem Wohnungsmarkt und im innerfamiliären Nutzungskonflikt andererseits.

Stadtkrise

Das Städtische an der Stadt sind nicht die Gebäude, sondern die Flächennutzungen. Gebäude sind auswechselbar, die Flächen bleiben. An ihnen hängt die Macht. Wenn in den fernen zivilisatorischen Gründungszeiten Städte entstanden, war der Grundriß das Entscheidende, im übrigen trug man das hinein, was man hatte (das Dorfhaus, die Burg). Gebäude verstädtern sich in dem Maße, in dem sie sich in den städtischen Flächenkatalog einfügen. Inzwischen ist zwischen öffentlichen und privaten Gebäuden typologisch nicht mehr zu unterscheiden. Was die Stadt als gesellschaftliche Form ausmacht, ist dagegen nach wie vor die Trennung öffentlicher von privaten Flächen.

Die Unterscheidung öffentlicher und privater Flächen macht den städtischen Grundvertrag aus. Gasse, Straße, Platz waren, in der ganzen Bandbreite ihrer historischen Entwicklung, Formen öffentlichen Raums, die als solche der anderen Seite gegenüberstehen, dem privaten Grundstück, ungeachtet der historisch wechselnden Eigentums- und Verfügungsformen. Die Erscheinungsform ist uninteressant und nicht zu verteidigen – es geht nicht um historische Straßen- und Platzbilder. Es geht um die an den Flächen hängenden Rechte und ihre unaufgebbare Unterschiedlichkeit.

Man kann das ruhig von der Frage der Öffentlichkeit der öffentlichen Räume abkoppeln. Ihre Entwertung durch Verlagerung des Öffentlichen in die Medien steht außer Zweifel, ist aber älter und dichter mit gerade den Rechten, um die es bei der Scheidung geht, verflochten, als die kurzatmige medientheoretische Argumentation weiß. Die Entwertung läuft, seit die Scheidung nicht mehr entlang der Linie heilig und profan erfolgt, sondern entlang individuellen Nutzungsansprüchen. Die Götter haben die öffentlichen Flächen verlassen. Daß die Politik und die öffentliche Meinung sie verließen, war nur folgerichtig. Worüber wir uns heute auseinandersetzen, ist der mythologiefreie Rest, die wirkliche Fläche.[3]

Solange die mediale Entwertung öffentlichen Raumes nicht zu räumlichen Organisationen führt, die es erlauben, die wechselseitige Kritik der Rechte zwischen öffentlicher und privater Flächennutzung an ein und demselben Punkte durchzuspielen, solange brauchen wir die materielle Darstellung der Unterscheidung in der Form rechtlich strikt unterschiedener Flächen und Nutzungsregeln.

Denn letztendlich geht es um Aufenthaltsrechte. Solange man von einem privaten Grundstück vertrieben werden kann, solange ist der Asylcharakter öffentlicher Räume – daß aus ihnen, als Ergebnis der Erkämpfung der bürgerlichen Freiheitsrechte, niemand (und sei er wohnungslos, mittellos und drogenabhängig) vertrieben werden kann – unaufgebbar. Solange nur private Zugriffe, und sei es auf hoch vergesellschafteter Ebene, einseitig den öffentlichen Raum kolonisieren, ohne daß Gegenleistungen erfolgen, muß man von Usurpation nicht zustehender Rechte reden und die grundbuchscharfe Trennungslinie, so archaisch sie ihrer Herkunft nach sein mag, verteidigen.

Daß die Unterscheidung öffentlicher und privater Räume ins Wanken gerät, ist die eine Seite der gegenwärtigen Stadtkrise. Die privatwirtschaftlichen Stadtbauer/Developer bieten den Kommunen an, das teure und schwierige Geschäft der Stadtentwicklung zu übernehmen. Das Prinzip, auf das die privaten Stadtentwickler zusteuern, ist das der Stadt in der Stadt. Diese ist der privat organisierte Bestand funktionierender Stadt, an dessen immer unabsehbareren Rändern die sozialen Formen zusammenbrechen.

Die gesunde Stadt der Wohlhabenden ist so gesund, weil sie die Lasten, an denen die übrige Stadt zugrunde geht, ausschließt. Die Stadt in der Stadt ist das sicherste Krisensymptom, das wir haben. Bedingung ihres Funktionierens ist das hoffnungslose Bemühen der normalen Verwaltung, das gewöhnliche Elend in der übrigen Stadt unterhalb des Katastrophenzustands zu halten. Die Mittel sind die altbekannten: standardisierte Fürsorge und Ausweisung von mehr Fläche, um Integration, also die Situation allgemeiner Zuständigkeit und Betroffenheit, zu vermeiden.

---

3 Nur scheinbar parallel: Scheidung von Arbeitszeit und Freizeit. Diese Scheidung ist modern, und ihre Überwindung war einfach. Überall ist Kultur; der Umschlag ist, als Änderung der Perspektive, unter der wir etwas diskutieren, jederzeit möglich.

Der Stadtmonopolismus der Developer ist also diejenige Antwort auf den internen sozialen Zerfall und das Einwandern der Armut der Dritten Welt, die das Sozialmodell Stadt für gescheitert erklärt.

In der Stadt in der Stadt (die auch ein Vorort oder eine Ökosiedlung sein kann) haben wir, falls wir diesen Weg weiter gehen, den funktionierenden Kapitalismus, in der peripheren Gegenstadt den dahinsiechenden, aber zu ewigem Leben verdammten Sozialstaat – ewig, weil die Armut verewigt ist.

Im funktionierenden Kapitalismus ist für die, die mithalten, alles zu haben, die zahlbare Fläche und die kulturellen Objekte und Leidenschaften, die sie füllen. Alles ist, wie es sein soll: Beruf, Wohnungseinrichtung, Sport, Kultur, Familie, Reisen, um den Preis, daß das übrige – Hand- und Schmutzarbeit, Armut, Straßengewalt usw. – draußen bleibt, um den Preis also einer Ablösung, die das gute Leben zu einer Zeichensequenz macht, der das Wirkliche, die gesellschaftliche Körperlichkeit und Schwere, abgenommen worden ist. Jenseits dessen gibt es nichts. Die Stadt in der Stadt ist die *shopping mall* des Lebens, als die sie sich inszeniert.

Das dem spiegelbildlich entsprechende sozialstaatliche Modell sorgt genau für die umgekehrte Zerstörung – dafür, daß auch das vom funktionierenden Kapitalismus Ausgeschlossene nur im Unrecht sein kann. Es besteht darin, daß Inhalte unter Mangelbedingungen in Fläche umgerechnet werden: Wo Menschlichkeit und gesellschaftliche Wärme verlangt sind, werden Anrechte auf Quadratmeter zugeteilt. Das ist, angesichts der ökologischen Krise, aussichtslos. Das ist, als Angebot an die Schwachen, Herausfallenden, Einwanderer und politischen Asylanten, von Lagern kaum noch zu unterscheiden. Es wird aber auch uns selbst gegenüber, als unser letztes innergesellschaftliches Mittel der Verständigung, zu einem Mißverständnis mit letztlich tödlichem Ausgang.

Stadtzerfall ist kein Spaß. Wenn erst einmal, durch Wegverlagerung der Arbeitsplätze, Abriß, Bevölkerungsaustausch, die Moral eines Stadtbereichs gebrochen ist, ist auf lange Sicht nichts mehr zu helfen. Der zerstörte soziale Konsens wiederholt sich bis ins kleinste, die Zerstörung der Menschen beginnt beim Alkoholismus der Eltern und kommt bei den Kindern als eine nicht mehr angreifbare Orientierungslosigkeit und Gleichgültigkeit an. Wo die Kategorie Arbeit fehlt, wird wiederum alles Zeichen: Geschlechtsgesten, Mutproben wie das S-Bahn-Surfen, Sprayen, die

Standards an Kleidung und Elektronik. Man nimmt sich, was man haben muß, Bandenbildung, Raub, Erpressung von Mitschülern, Waffengewalt fangen in der Grundschule an, Drogen auf der Mittelschule, das restliche Leben ist bereits fertig. Das ist die verdrängte Realität des Stadtzerfalls, in Kreuzberg wie in jeder anderen großen Stadt, von London, Paris, Madrid zu schweigen, in Neapel oder Palermo oder in den Metropolen Südamerikas ist es die Realität schlechthin.

Stadtkrise/Flächenkrise

Der ökologische Imperativ lautet: Die Städte dürfen flächenmäßig nicht weiter wachsen. Das gilt, obwohl man weiß, daß praktisch der Flächenverbrauch weiterhin wächst: daß jährlich Gebiete von der Größe der Bundesrepublik im brasilianischen Regenwald gerodet werden, daß gleichzeitig die jährliche Zunahme versiegelter Fläche in der Bundesrepublik dem Umfang einer mittleren Stadt entspricht. Trotzdem muß man konzeptionell, künftige unabweisbare Situationszwänge vorwegnehmend und absehend von der Frage, in welcher politischen Form sich die ökologische Notlage durchsetzen wird, davon ausgehen, daß in Europa die wesentliche Stadterweiterungsfläche die ist, die gegenwärtig bereits verstädtert ist, und daß diese Fläche in Zukunft aus Kostengründen sogar noch erheblich verringert werden muß.

Damit sind wir bei der Sache: Unter den geltenden Regulierungen gibt es die Vorstellung der Grenze gar nicht. Ohne sie gibt es aber keine Lösung der auf uns zukommenden Probleme und ist auf Dauer die Institution Stadt nicht haltbar. Die Stadt hat dasselbe Thema wie der Mythos: die soziale Verwandlung der Fläche. Stellt man sich auf den Standpunkt der vorhandenen Quadratmeter pro Nutzungseinheit, gibt es überhaupt keine Lösung. Stellt man sich auf den Standpunkt der Verwandlungsfähigkeit, ist das meiste möglich, vom heutigen Instrumentarium aber kaum noch etwas brauchbar.

Unter welcher Bedingung ist es aber erlaubt, Fläche qualitativ zu denken? Die Verwandlung von Fläche in soziale Form setzt voraus, daß es eindeutige Grenzen gibt. Das war in vormodernen Städten der Fall: Sie bezogen ihre Fähigkeit innerer Komplexität aus der eindeutigen Abgrenzung, die ein Ausweichen in bloße Flächendefinitionen unmöglich machte. Nichts ist vergangener als der Zustand begrenzter Stadtfläche. Das grenzenlose Wachstum der Stadt, ihre Dynamisierung, ist nicht umsonst die Grunderkenntnis der modernen Urbanistik.

Zu den alten Verhältnissen führt auch kein Weg zurück. Das einzige, was wir inzwischen tun können, ist, auf der Ebene der ihrerseits historisch werdenden Industrialisierung die Elemente zu sondern. Die Entwicklungsdynamik ist eines: Nicht nur haben wir keinerlei Gelegenheit, uns von ihr zu beurlauben, sie ist auch die einzige Garantie, daß es bei den heutigen faulen Verhältnissen nicht bleibt. Auflösbar aber ist die Koppelung von Dynamik und Fläche. Die Modernisierungskrise, die wir erleben, ist die der extensiven Verwertung der Welt. Die neuen Technologien verknüpfen Beschleunigung mit Entmaterialisierung und extremer Verkleinerung. Es ist Entwicklung möglich, die bei beibehaltener Beschleunigung auf begrenzte Fläche festzulegen ist.

Die ökologische Festlegung auf die vorhandene Fläche kommt dann also nicht mehr aus der Tiefe des deutschen Waldes, sondern vermag als Modernisierungsform aufzutreten. So gekräftigt, wird sie zu einem Hebel, um das Gesamtgefüge in Bewegung zu bringen. Denn die ökologische Kritik einer an Flächenverbrauch gefesselten Entwicklungsdynamik findet in der inneren Krise der Modernisierung sofort ihr unmißverständliches Spiegelbild: in der Koppelung von sozialem Fortschritt und Flächenbedarf.

Innere und äußere Bedrohung der Stadt treffen im Flächenproblem aufeinander. Für sich genommen, wären die Probleme in der üblichen Art im städtischen Zusammenhang verlustreich, aber gerade noch tragbar zu lösen. Die Migration würde mit flächenaufwendigen Ghettobildungen beantwortet, die ökologische Krise mit teuren Veredelungen des Flächenverschleißes, die individuellen Aneignungsbedürfnisse durch immer weiteres Stadtwachstum. Bricht die jeweilige Politik ein, gibt es partielle Hilfsmittel – Polizei, erhöhte Standards, Umverteilungsprogramme. Erst die wechselseitige Spiegelung macht klar, wie aussichtslos jede dieser Politiken ist.

Der ökologische Imperativ, der die verfügbaren Flächen begrenzt, sagt nur, was die Politik gegenüber den Einwanderern angesichts der sozialen Zerstörungen, die sie erzeugt, schon von sich aus wissen könnte und die innere Modernisierungskrise uns im vorhinein zu wissen zwingt: daß das Zerbrechen der gesellschftlichen Spielregeln nicht von außen, sondern von innen kommt – daß wir mithin nicht pro Problem Flächen addieren, sondern die Probleme durch bessere Verteilung der vorhandenen städtischen Fläche lösen müssen.

Die Bodenfrage

Das Ausdehnungsverbot steht – unnütz, daran vorbeizusehen – frontal dem Block sozialer Wohnungspolitik gegenüber. Das Credo, das diesen Block ernährt, ist die vage Hoffnung, wenn überhaupt, dann über langfristige Bodenvorhaltungspolitik, also über weitgehende Ausschaltung der Bodenspekulation und niedrige Bodenpreise, den Wohnungsbau für die vom Markt nicht bedienten unteren Einkommensschichten aufrechtzuerhalten.

Das Ausweitungsverbot schneidet genau diese Ressource ab. Wenn die ökologische Forderung uns zwingen sollte, uns mit dem Wohnungselend abzufinden, ja es noch zu verschlimmern, kann man den Versuch, eine entsprechende stadtökologische Politik zu formulieren, aufgeben. Es ist nur die Frage, ob der Gegensatz wirklich gilt.

In der Tat spricht alles dafür, daß die Gegenüberstellung fiktiv ist. Wenn es nach 150 Jahren Wohnbausozialismus einen feststehenden Erfahrungsbestand gibt, dann ist es der, daß auch die ständige Zunahme von Flächen das Problem nicht gelöst hat. Wir sind heute von einer funktionierenden Wohnungswirtschaft weiter weg als je. In allen großen Städten haben wir die Versteinerung des Marktes: hohe Bodenpreise, hohe Baukosten, hohe Mieten, Bautätigkeit nur noch in den profitabelsten Bereichen, unter Ausschluß immer größerer Mengen von Nutzungen. Nichts bewegt sich, es sei denn um den Preis immer größerer Entfernung der weniger zahlungskräftigen Nutzungen von den Zentren. Es sind nur dämpfende Maßnahmen möglich, aber im Grunde weiß keiner weiter.

Anders gesagt: Genau die Katastrophe, die man sozialstaatlich für den Fall voraussagen müßte, daß es gelänge, durch politischen Entscheid das quantitative Stadtwachstum zu beenden, ist bereits eingetreten, und zwar durch das ungeklärte Ineinander von Marktliberalismus und sozialer Wohnungswirtschaft selbst. Es kann sicher noch schlimmer werden, aber eine Apokalypse steht nicht zur Verfügung, und wenn, dann liegt sie in der Vergangenheit. Die ökologische Forderung, mit dem Flächenwachstum aufzuhören, deckt nur den Schwindel auf, den man seit hundert Jahren betrieben hat.

Man kann also das Argument auch umkehren: Haben wir heute die Gleichzeitigkeit von Flächenexplosion nach außen und Sklerotisierung innen, dann steht das Expansionsverbot im Verdacht, die erste ernsthafte Möglichkeit zu sein, aus der vorhandenen Spirale von gleichzeitiger Stadtvernichtung und Landschaftsvernichtung bei wachsendem Wohnungselend herauszukommen. Daß die Begrenzung des Flächenwachstums zu astronomischen Bodenpreisen führen wird, könnte gerade die Chance sein, das gesamte Problem neu zu formulieren: Die Festschreibung der verfügbaren Fläche hätte die Wirkung, den Bodenpreis aus der Liste der Variablen zu streichen, auf die eine Reformpolitik zählen kann.

Man muß also grundsätzlich von der alten Bodenpolitik Abschied nehmen: der Vorstellung, wenn man die Spekulation mit Immobilien beseitigen könnte, wäre alles gut. Wenn sich anderthalb Jahrhunderte Stadtreformer und rechts- und linkspopulistische Politiken an diesem Gedanken festhielten, dann, weil das Erklärungsmuster Bodenspekulation, wie das raffende (jüdische) Kapital, indem es nicht erklärend, sondern denunziatorisch funktioniert, jenseits seiner Empirie ein sozialpsychologisches Eigenleben führt. Die Überevidenz des Unrechts verdeckt systematisch, worum es geht.

Die Überevidenz erklärt sich aus dem Ineinander von aktuell erfahrener empörender Schutzlosigkeit des Mieters (oder des verschuldeten Kleinbesitzers) und uralten Überzeugungen von der Unveräußerlichkeit und Allgemeinheit des Bodens, die in der europäischen Tradition gleich doppelt verwurzelt sind, im Alten Testament (alles Land ist Gotteseigentum[4]) und in der altgermanischen Vorstellung von Gemeineigentum.[5] Im 19. Jahrhundert sind

4 Darauf greift die Polemik der Propheten gegen die großen Grundbesitzer zurück, vgl. Jeremia 2,7.
5 Die Vorstellung ist beidemal die der Verleihung. Die hebräische Wurzel nhl, besitzen, bezeichnet im Arabischen schenken, als Eigentum zuteilen, im Südaramäischen belehnen, siehe W. Gesenius, *Hebräisches und aramäisches Handwörterbuch über das Alte Testament*, Leipzig [17]1921, S. 496. In England hat sich bekanntlich das königliche Obereigentum fortgesetzt in die Einrichtung, daß auch bei Bebauung das Bodeneigentum beim *landlord* verbleibt und nach Ablauf der Pachtzeit mit Gebäude an diesen zurückfällt.

beide Linien noch gesondert gegenwärtig: auf der einen Seite die Forderung, das Grundeigentum im Zuge kapitalistischer Verflüssigung als Hemmschuh zu überwinden, auf der anderen Seite das sozialutopische Festhalten an der Unveräußerlichkeit. Für die eine Position steht Ricardo, für die andere Proudhon.

Der Interessengegensatz von unproduktivem Großgrundbesitz einerseits und Fabrikanten und Arbeitern andererseits ist bei Ricardo der Ansatzpunkt überhaupt seiner Theoriebildung[6], nicht nur der seiner Theorie der Grundrente. Auch in den verschiedenen Entwicklungsstadien des Marxschen Werks gibt es keine Theorie der städtischen Rente, sondern nur die Kritik der Agrarrente.[7] Hierher gehört die Forderung nach der Vergesellschaftung von Grund und Boden[8], die also in ihren theoretischen Grundlagen an die Empirie des englischen Agrarkapitalismus gebunden war.

Proudhon dagegen entnimmt seine Vorstellungen der Welt der Kleinproduzenten mit ihrem persönlich bearbeiteten Stück Land: Das Grundeigentum ist der Sündenfall.[9] Aber die Revolution (Ei-

6 Vgl. Marx, *Theorien über den Mehrwert*, in: *MEW*, Bd. 26/2, S. 235 f. – Ricardos Rententheorie läßt sich in drei Grundsätzen resümieren: 1. Rente ist derjenige Gewinnanteil, der, weil nicht durch Kapitaleinsatz erzeugt, sondern den natürlichen Bodeneigenschaften geschuldet, an den Besitzer gezahlt wird; 2. die Höhe der Grundrente bestimmt sich dabei als Differenz, Rente als Differenzrente bei gleichem Kapitaleinsatz aufgrund unterschiedlicher Bodenqualitäten; 3. die Rente steigt mit dem allgemeinen gesellschaftlichen Reichtum, indem es mehr Menschen, folglich größeren Nahrungsbedarf gibt, folglich Land knapper wird. Den Kern von Ricardos Rententheorie bildet also die Bestimmung der Rente als Index für Mangel: daß Land knapp ist und der schlechteste Boden, indem er den Preis bestimmt, bei jedem besseren Boden Rente freisetzt. Da setzt dann Ricardos Widerlegung des ewigen Vorurteils an, die Rente bestimme die Höhe des Preises: In Polemik mit Adam Smith zeigt Ricardo, daß hohe Kornpreise hohe Renten schaffen, nicht umgekehrt, siehe D. Ricardo, *The Principles of Political Economy and Taxation*, London/New York 1969, S. 219 ff. Folglich drücken höhere Renten kein Mehr an gesellschaftlichem Reichtum aus, sondern nur eine Umverteilung zugunsten der Grundbesitzer, zuungunsten der Verbraucher, a.a.O., S. 272 f.
7 *Theorien über den Mehrwert*, in: *MEW*, Bd. 26/2, und *Kapital*, Bd. 3, 6. Abschnitt.
8 Vgl. *Über die Nationalisierung des Grund und Bodens* (1872), in: *MEW*, Bd. 18, S. 59 ff.
9 »Das Eigentumsrecht ist der Beginn des Übels auf Erden gewesen, das erste Glied in jener langen Kette von Verbrechen und Elend, das die Menschengattung seit ihrer Geburt mit sich schleppt«, *Qu'est-ce que la propriété?* (1840), in: *Œuvres complètes*, Bd. 4, Paris 1926, S. 197. Die Begriffe Eigentum und Grundeigentum werden von Proudhon nicht unterschieden, vgl. a.a.O., S. 196.

gentum ist Diebstahl) wäre nur ein weiterer.[10] So verknüpft er ebenso wirkungsvoll wie unlogisch die Angst vor staatssozialistischer Enteignung mit dem Haß auf den von der Grundrente lebenden Eigentümer. Daß es unmoralisch sei, aus Verpachtung oder Verkauf von Grund und Boden ohne eigenes Zutun Überprofite zu ziehen, diese Anklage ist archetypisch kleinbürgerlicher Affekt.

Offenbar in Deutschland erst ist aber dieser Affekt in den ungleich konkreteren und noch weit kurzsichtigeren der Kritik des Mietshauses umgeschlagen. Bereits Riehl denunzierte das Verhältnis über den Gebäudetyp[11], und V. A. Huber baute *cottages*, um die Arbeiter für ständische Sitte und Ordnung zu retten.[12] Das konditionierte die Proudhon-Rezeption. Engels' fulminantes Pamphlet *Zur Wohnungsfrage* trifft genau den Umschlag des französischen Kleinbürgerradikalismus in deutsche Mietskasernenstürmerei. Bei Damaschke, um 1900, war das Bild des asozialen Spekulanten – er trachte nur danach, »wie gerade das Terrain, das man in der Hand hat, mit möglichst vielen Mietskasernen besetzt werden kann« – endgültig. Das Ressentiment steckt, wie bei Riehl, in der Anschaulichkeit, die nicht ökonomische Daten übermittelt, sondern »das deutsche Bürgerhaus« gegen »die Mietskaserne, dieses Massengrab der Volkswohlfahrt in Deutschland«, ausspielt.[13]

Die Sozialdemokratie hat sich, trotz Engels, ihrerseits für einen Radikalismus entschieden, nur für die Ricardosche Linie: Statt der Revolution will man die Verstaatlichung des Wohnungswesens.

10 Vgl. *Système des contradictions ou Philosophie de la misère* (1846), in: J. P. Peter (Hg.), *Proudhon, Philosophie de la misère*; K. Marx, *Misère de la philosophie*, Paris 1964, S. 225.

11 W. H. Riehl, *Land und Leute* (1852), Stuttgart ⁸1883, S. 107: »In der Architektur hat das Kasernensystem des modernen großstädtischen Häuserbaues den entschiedensten Schaden gestiftet. Und doch wird man es um so weniger aufgeben können, je mehr von Tag zu Tag die ›vereinzelten Leute‹ den großen Städten zuströmen, während kaum noch auf dem Lande die Familie das Haus bewohnt. Schon kann für die Überzahl der einzelnen Arbeiter und Tagelöhner in den Großstädten nicht mehr Raum geschafft werden, weil sie als Mieter den Häuserspekulanten nicht genügend Profit bieten. In Berlin droht diese Mietfrage bereits zur ›sozialen Frage‹ zu werden, und in kurzem wird man in solchen Städten von Gemeinde wegen Proletarierkasernen bauen müssen, man mag wollen oder nicht.«

12 Vgl. J. F. Geist, K. Kürvers, *Das Berliner Mietshaus. 1740-1862*, Bd. 1, München 1980, S. 425 ff., und S. Hindelang, *Konservatismus und soziale Frage. Viktor Aimé Hubers Beitrag zum sozialkonservativen Denken im 19. Jahrhundert*, Frankfurt/Bern/New York 1983.

13 A. Damaschke, *Die Bodenreform. Grundsätzliches und Geschichtliches zur Erkenntnis und Überwindung der sozialen Not* (1902), ¹³1916, S. 90 u. 92.

Nicht nur Engels, auch Kautsky mochte deshalb mit den Bodenreformern niemals gemeinsame Sache machen. Man hatte dabei immerhin das Glück, daß diese Linie im 20. Jahrhundert durch J. M. Keynes sogar hegemonial werden sollte.

Über das Genossenschaftswesen, dessen staatliche Förderung und die Bedingungen der Kriegswirtschaft[14] – also im Milieu des preußischen Staatssozialismus – begann die langwierige Verschmelzung beider Linien. In jenem Milieu bewegten sich nicht zuletzt R. Eberstadt und W. Hegemann[15], und über sie fand die Fusion von Sozialpolitik, Typologie und Grundrente Eingang in die Grundlagen der modernen Urbanistik. Seitdem gelten durch Planungsliberalismus erzeugte spekulative Bodenpreise als Hauptursache teurer Mieten und des Mangels an ausreichenden billigen Wohnungen.[16] Daß die Schulökonomie bewies, daß das Gegenteil der Fall ist: daß die städtischen Mieten den Bodenpreis hochtreiben und nicht umgekehrt[17], nützte nichts. Spekulation und Mietwucher blieben Grundfiguren einer politischen Polemik, die durchaus rechtspopulistisch-nationalistischer Untertöne fähig war.[18] Mietwucher und Miethaie bilden noch heute, auch wenn inzwischen durch Ermordung der jüdischen Besitzer in Deutschland der antisemitische Unterton überflüssig ist[19], unverzichtbare Bestandteile je-

---

14 Vgl. H. Faust, *Geschichte der Genossenschaftsbewegung. Ursprung und Aufbruch der Genossenschaftsbewegung in England, Frankreich und Deutschland sowie ihre weitere Entwicklung im deutschen Sprachraum*, Frankfurt am Main ³1977, S. 522 ff.; F. Oppenheimer, *Erlebtes, Erstrebtes, Erreichtes. Lebenserinnerungen* (1930), hg. v. L. Y. Oppenheimer, Düsseldorf 1964; dazu: D. Hoffmann-Axthelm, *Zum politischen Problem der Genossenschaften*, in: *Arch +* 74 (1984), S. 33.

15 Vgl. W. Hegemann, *Der Städtebau nach den Ergebnissen der Allgemeinen Städtebauausstellung in Berlin* usw., 1. Teil, Berlin 1911.

16 Vgl. R. Eberstadt, *Handbuch des Wohnungswesens und der Wohnungsfrage*, Jena 1909, S. 71 ff.

17 Siehe A. u. P. Voigt, *1901, Die Bodenbesitzverhältnisse und das Bau- und Wohnungswesen*, in: H. Frank, D. Schubert, *Lesebuch zur Wohnungsfrage*, Köln 1983, S. 175 ff.; einen Überblick über die Kontroverse s. a.a.O., S. 48 ff.

18 Vgl. die begriffliche Näherung von Handel, Wucher, Kredit und Pacht bei Tönnies, a.a.O., S. 52 f.

19 Es geht hier um Bedeutungsnetze im kollektiven Bewußtsein, nicht um identisch setzende Aussagen. Der private Hausbesitzer war selber Kleinbürger und versuchte, sich durch Mietsteigerungen der Hypothekenzinsen zu erwehren, aber für die Mieter war er die persönlich faßbare Gestalt des Kapitalisten. Das Muster komplettierte sich, wenn der Vermieter Jude war, im alten Berlin keine Ausnahme: Im Berliner Zentrum und im Westen machte der Grundbesitz jüdischer Bürger um 1933 rd. 70% aus, in den umgebenden Arbeitervierteln schätzungsweise 20%.

der Debatte. Dazu paßte und paßt der liquidatorische Wortschwall der Moderne, der private Altbauten von vornherein als Mietskasernen, Bruchbuden usw. denunziert.

Erst nach 1968, auf der Grundlage der Sanierungsfeldzüge der sechziger Jahre dieses Jahrhunderts und der gleichzeitigen städtischen und universitären Protestbewegungen, hat eine neue Generation von Stadtökonomen sich daran versucht, aus der Marxschen Theorie der Agrarrente eine Theorie der städtischen Grundrenten zu entwickeln.[20] Ihr Unglück war, daß auch sie von vornherein von der Bösartigkeit des privaten Grundbesitzes und insbesondere der Bodenspekulation überzeugt war, also gleichsam Marx benutzte, um Proudhon zu untermauern. Man war gegen die Sanierung qua Kapital, dachte aber – der fatale Widerspruch der Stadterneuerung – genauso verstaatlicht wie die, die die Sanierung exekutierten.

Der lagebedingte städtische Bodenpreis ist aber, wie das Eigentum an Grund und Boden selber, ein vorkapitalistisches Übel. Die heutigen Boden- und Wohnungsmarktprobleme unterscheiden sich denn auch in nichts von denen antiker Großstädte.[21] Der Erfolg einer Stadt verknüpft sich mit steigenden Bodenpreisen, Verdrängungskonkurrenz, Wohnungsnot, baulicher Verdichtung. Die Bodenknappheit gehört zur Stadt. Ihre Abwesenheit bekommt der Stadt nicht, wie der atypische Fall West-Berlin über 40 Jahre demonstrierte.

Der Bodenpreis ist der Preis, der jeweils für den Nutzen Stadt gezahlt wird. Er hängt unmittelbar von der städtischen Intensität ab: Er bildet sich nicht auf einem abstrakten Markt, sondern folgt der Form der Stadt. Die verschiedenen Nutzungstypen städtischen Bodens beschreiben mit ihren Preisspitzen die Interessenzentren der Stadt. Jeder Versuch, die Bodenpreise durch Vermehrung des Angebots zu senken, ist zum Scheitern verurteilt, solange die Städte noch funktionieren. In Ballungsräumen bringt das Recy-

<hr />

20 Vgl. D. Harvey, *The Limits to Capital*, Oxford 1982, S. 331 ff.; C. Topalov, *Études foncières, La rente urbaine. Approches théoriques et empiriques*, Paris 1984; ders., *Le profit, la rente et la ville. Eléments de théorie*, Paris 1984. Vgl. vor allem, als Überblick und Ausweg aus dem neomarxistischen Labyrinth: R. Becker, *Bodenpreise für Wohnungsgrundstücke und ihre Auswirkungen auf den eigengenutzten Wohnungsbau*, Kassel 1986, S. 123 ff.
21 Für das alte Rom, für das die Quellen reichlich vorhanden sind, vgl. Kolb, *Die Stadt im Altertum*, a.a.O., S. 160 f.

cling zentraler Flächen (Bahnhöfe, Schlachthöfe usw.) nur ein Hochschnellen der Nachfrage, ohne Wirkung auf die Preise, entlastet wird bestenfalls die Peripherie.[22] Andererseits zeigt sich, daß die öffentliche Subventionierung des Bodenerwerbs von den Käufern genauso benutzt wird wie niedrigere Bodenpreise im Umland, nämlich durch erhöhten Flächenverbrauch, also unverantwortlich.

Niedrige Bodenpreise verhelfen, entgegen den Ideologien von einem Jahrhundert Wohnungsbausozialismus, nicht den Schwächeren zu mehr Wohnraum, sondern den Stärkeren zu noch mehr Fläche. Die Verstaatlichung des Bodens, bewies die DDR, verhindert nicht zufällig, sondern vom Ansatz her die Erreichung der Ziele, die man sich von ihrer Durchsetzung seit einem Jahrhundert versprach. Man kann den Kampf gegen die (hohen) Bodenpreise nur aufgeben. Das Problem, das zu lösen ist, heißt nicht billiges Bauland, sondern Verfügbarkeit von Fläche.

Die Wohnungsfrage

Der Ernst der Wohnungsfrage steht außer Frage. Kein anderes Strukturproblem der Stadt greift so zerstörerisch in das Leben der Betroffenen ein, und die Betroffenen sind nicht nur immer mehr, sondern auch immer die Nachwachsenden und die sozial Schwachen. Das einfachste soziale Erfordernis vor allen Arbeitsplatzsorgen: überhaupt Wohnfläche zu beschaffen, ein Dach über dem Kopf für jedermann, ist in unserer Gesellschaft bislang nicht erfüllbar, und wir kennen auch keine andere industrialisierte, mobilisierte Gesellschaft, die das Problem gelöst hätte.

Der heutige Normalzustand der Metropolen heißt Immobilität bei hohen Mieten. Weder funktioniert die sozialstaatliche Variante des forcierten staatlichen Wohnungsbaus, noch bloß deshalb, weil diese scheitert, die marktliberale hoher Mieten und der Unterstützung – um Filterprozesse in Gang zu bringen – derer, die sich die eigene Wohnung, das eigene Haus ohnehin leisten können. Das eine hat idealtypisch die DDR bewiesen, das andere die konservative Reform in England. Auf die Wohnungsfrage gesehen, ist das Desaster am Ende von vergleichbarer Größe.

Interessanter ist hier das Beispiel DDR – der Kapitalismus hat

22 Freie Wiedergabe einer Erfahrung des Stuttgarter Stadtvermessungsamtes aus dem Jahre 1970, zit. bei Becker, a.a.O., S. 158.

nie versprochen, die Wohnungsfrage zu lösen. Die DDR umgekehrt hat die ganze Frage der Stadt auf die Wohnungsfrage zugespitzt. Ihr Scheitern ist das einer derart reduzierten Stadtkonzep-
tion. Man muß den DDR-Großtafelbau im Detail auf sich wirken
lassen, um zu begreifen, wie weitgehend diese Zuspitzung war. Die
Stadt wurde buchstäblich von innen nach außen gebaut, ausgehend
von der einzelnen Wohnung als Grundeinheit. Stadt, das war nur
noch die Summe der zusätzlich nötigen Einrichtungen. Die Wohnanlage hat nicht die Würde eines eigenen städtischen Gebäudes –
die Erschließung liegt nach hinten, wo die Parkplätze sind. Weiter
gibt es Kindergarten und Schule, Kaufhalle und Gebietswäscherei.
Fern, anderswo, gibt es Arbeitsplätze. Schon das Problem der
Kontaktnahme auf der Ebene privater Reparaturbedürfnisse war
nicht zu lösen.

Diese Subsumtion des Lebens unter die Wohnungsfrage kann
weder befriedigen, noch ist sie gesellschaftlich bezahlbar – selbst
wenn der Konsumptionsstandpunkt nicht derart reduziert ausgedrückt würde. Bisher hat es noch keine moderne Gesellschaft aus-
gehalten, daß die Konsumption, wie einst in der Antike, das
Strukturprinzip abgab, abgekoppelt von den Kosten der Produktion.

Umgekehrt sorgt unter Marktbedingungen die Subsumtion der
Gesellschaftsaufgabe Unterkunft unter die Frage der zureichenden
Rendite dafür, daß sich die herrschenden gesellschaftlichen Motive
erbarmungslos dahin durchsetzen, daß der Lösungsversuch zwischen den widerstreitenden Ansprüchen steckenbleibt. Einerseits
gibt es bilderbuchartig den Wohnungsbaukapitalismus: die einseitig die Renditebedingungen abbildende Bauwirtschaft. Privatwirtschaftlich wird die Nachfrage bedient, die profitabel ist. Der Staat
beschafft nur soviel subventionierten Wohnraum, wie nötig ist,
um Unruhen zu vermeiden.

Dem steht eine ebenso vereinseitigte Nachfrage gegenüber. Das
Nutzerkalkül ist privatistisch. Entweder man ist in der Lage, für
sich selber zu bauen: Dann verhält man sich als Miniaturausgabe
der herrschenden Bauwirtschaft, fordert Rechte und frißt steuerli-
che Subventionen. Oder man verzichtet, was ja im Prinzip der
Stadt liegt, notgedrungen auf die Selbstversorgung: Dann gehört
aber Unterkunft zu den sozialen Lasten, wie Steuern, Kranken-
und Rentenversicherung: Am besten sollte der Staat sie übernehmen, die Nutzer selber investieren lieber ins Auto.

Die Stelle, an die die Versorgungspflicht delegiert wird, ist aber im wesentlichen leer. Zwischen der Wohnung als gesellschaftlicher Grundausstattung einerseits und als teurem Luxusgut andererseits entsteht also nicht zufällig, sondern zwingend eine riesige Lücke. So wünschenswert ein Wohnrecht für jedermann ist, so nötig ist es, daß die Wohnflächen, die, solange wir am Thema bloßen Wohnens kleben, gebraucht werden, auch tatsächlich von jemandem gebaut werden. Die Realität orientiert sich nicht an der Sozialisierung der Wohnungsfrage im Bewußtsein der Leute, sondern am herrschenden Investitionsverhalten. Man muß das, bevor man an Lösungen denkt, erst einmal als Anzeige einer grundsätzlichen Unordnung in der Namhaftmachung der Bedürfnisse ernst nehmen.

Was den Mangel produziert, ist gewiß die gesellschaftliche Unentschiedenheit zwischen zwei einander widersprechenden Politiken, aber das heißt, zu Ende gedacht, daß der Streit seit hundert Jahren in einer Grundeinheit chiffriert ist, die in sich falsch ist, weil Produkt der gesellschaftlichen Weigerung, dem Konflikt an die Wurzel zu gehen. Die Wohnungsnot, die man regelmäßig neu produziert, ist eine Tatsache, aber als Problem, das zu lösen wäre, ist sie eine Fälschung. Die Erfahrung von hundert Jahren Wohnungsbausozialismus heißt: Die Not, um die es geht, als Problem der Wohnungsnot zu stellen heißt, sie unlösbar zu machen.

Es ist die Aussonderung selber des Wohnens zu einer Sache für sich, die die ausreichende Befriedigung des derart geschaffenen Bedürfnisses unmöglich macht. Die resultierende Wohnungsnot ist das zweckdienliche politische Begleitprodukt. Was unter diesem Titel diskutiert und bearbeitet wurde, war mehrheitlich stets etwas anderes, als der Titel verspricht: nicht das Dach überm Kopf, sondern Normen, wie die Leute zu wohnen und was sie unter Wohnen zu verstehen haben. Die Geschichte der Wohnreformen ist eine Geschichte der Durchsetzung von Standards: abgeschlossene Wohnung, hygienische Standards, Minimalflächen eines entmischten, taylorisierten Lebens, Aussonderung der Subsistenzarbeit aus der Wohnung, Isolierung der Individuen, Abhängigmachung von externen gesellschaftlichen Leistungen, die bis dahin im Hause stattfanden. Im Namen dieser Wohnungsnotbekämpfung wurden ganze Städte abgerissen und mehr Wohnungsnot geschaffen, als in hundert Jahren wegzuarbeiten war.

Man wird zurückkommen auf das Wesentliche, die Unterkunft, und muß dieses Wesentliche so knapp und überlebensnotwendig formulieren, daß es nicht mehr seiner Befriedigung im Wege steht. Die Wohnungsfrage ist die falsche Frage: Sie belädt die Not, die weltweit bewältigt werden muß, mit so viel industriegesellschaftlicher Sozialhygiene, daß bei Standardwahrung nur übrigbleibt, zwischen denen zu unterscheiden, die es haben, und denen, die es nie haben werden. Aber das Entscheidende ist, daß diese Beladung intern überflüssig geworden ist, von der gesellschaftlichen Entwicklung als Modernisierungshindernis zu überholen.

Der Knoten ökologisch knapper Fläche ist der Anstoß dazu. Man kann diesen Knoten erst öffnen, wenn man die gesellschaftliche Verteilungslogik insgesamt in Bewegung bringt. Der einzige mögliche Hebel ist die Aufhebung von Fläche in soziale Kooperation. Das hat zwei einander bedingende Seiten: Einerseits muß alles das, was in der heutigen Stadt getrennt ist, wieder verzahnt werden – Leben und Arbeiten, Produktion und Kultur. Andererseits müssen die Flächenanweisungen der funktionalen Trennung rückgängig gemacht werden, also das In- und Ausländer, Reiche und Arme sortierende Gefälle von Zentrum und Peripherie: Nur die gleichmäßige Verteilung von Chancen und Belastungen über die gesamte Stadtfläche verspricht, den Verdrängungseffekt einerseits, die soziale Abschließung der Flächennutzung andererseits in den Griff zu bekommen. Beides geht nur auf der Basis einer modernen Segmentierung des Lebens, die von sich aus alle gesellschaftlichen Verträge in Bewegung bringt, zwischen Männern und Frauen, Erwerb und Alter, notwendiger und nicht notwendiger Arbeit.

Wer baut, wer bezahlt die Stadt?

Reformpolitische Ansätze können sich so viel Abstand von Tagesaufgaben und heute Machbarem nicht leisten. Jede Reformanstrengung braucht zumindest eine Richtungsanzeige, wo es hingehen könnte. Das ist, wohlgemerkt, nicht der Anspruch, eine Lösung zu wissen: das wäre unter den geltenden Umständen Unsinn. Die Frage ist vielmehr, wie man die Dinge dahin in Bewegung bringt, daß Lösungen absehbar werden.

Dabei könnten zwei bereits vorgebrachte Voraussetzungen hilfreich sein. Die eine: Es geht darum, die nicht bewältigbaren Größen – die Frage, wer die Häuser baut, einerseits, das Mietenproblem andererseits – aufzulösen und seitwärts beweglich zu machen, in Richtung größerer Selbstverantwortung. Die andere: Die Bewegungschancen liegen in den Außenzumutungen, also in den Potentialen Migration und ökologische Krise. Zunächst geht es darum, die Anforderungen der Migration aufzunehmen.

Man muß, heißt das, das Problem von unten her anfassen. Was ist, im Scheinwerfer des Migrationsproblems, notwendig? Das Wohnungsproblem, abgesehen davon, daß es gar nicht lösbar ist, näherungsweise und vorläufig lösen zu wollen ist dann immer noch zu wenig. Es muß immerhin ein erster Schritt zur Wiedervereinigung der Funktionen getan, es muß an den Voraussetzungen gearbeitet werden – im wesentlichen an der einen: gemischte Stadt. Damit ist man aus der Zone programmierbarer Handlungen schon heraus und formuliert Handlungshypothesen.

Von unten anzufangen heißt, vom Mietverhältnis her anzufangen, im Gegensatz zum Oben der Investitionsanreize. Läßt man die Sache auf die Entscheidung: Eigentum oder Miete, hintreiben, spaltet man die Stadt in die der Besitzenden und die der anderen. Es bleibt nur die Verallgemeinerung der Miete als nichtdiskriminierender Normalzugang zu städtischer Fläche. Dafür muß das Instrument Miete neu gedacht, es muß als Preis für die Inanspruchnahme gesellschaftlicher Fläche durchsichtig gemacht werden. Die wechselnden Beziehungen mit Nachbarinstituten wie Steuer und Sozialfürsorge müssen geklärt und, soweit sinnvoll, ausdrücklich gemacht werden. Das ist nur möglich, wenn das Mietverhältnis alle die Zufälligkeiten abstreift, die die Sache heute belasten.

Dabei ließe sich, denke ich, in folgende Richtungen vorangehen: Das Mietverhältnis muß, erstens, von der Abhängigkeit zwischen Personen befreit werden, die als feudaler Rest der Sache wie ein Atavismus nachhängt. Die Verstaatlichung ist keine brauchbare Alternative. Zweitens muß die unterschiedliche rechtliche Stellung von Wohn- und Gewerbemieten aufgehoben werden. Funktionale Mischung und städtische Durchschnittsmiete bedingen sich. Die Miete muß, drittens, zu einem Verhältnis von Leistungen und Gegenleistungen umgebaut werden. Gesellschaftliche Leistungen und private Verantwortungen gehören unmittelbar in die Miete hinein, überdurchschnittliche Anteile (Abstandsgrün, geringere Dichte, zentrale Lage usw.) müssen bezahlt werden. Gebraucht wird, viertens, ein garantierter minimaler Wohn- wie Arbeitsflächenanteil für jeden Einwohner ab 14 Jahren, vergleichbar der Forderung eines garantierten Grundeinkommens.

Aus der Neuformulierung des Mietverhältnisses sollte eine entsprechende Aufgliederung des Investorenproblems folgen. Die Stelle des Versorgers zu füllen heißt, eine neue Figur zu erfinden zwischen Staat und privater Bauwirtschaft. Die Figuren des Investors und Eigentümers sind schon heute rein organisatorische Zuweisungen – wer baut schon mit eigenem Geld oder ist wirklich Eigentümer seines Hauses? Die Frage, wie man Investoren dazu bringt, die nötige Anzahl und die richtige Typologie von Wohn- bzw. Gewerberaum zu bauen, ist aufgrund vorliegender Erfahrungen nicht befriedigend beantwortbar. Man kann genausogut umgekehrt fragen: Welche Handlungsinstanz muß erfunden werden, damit die Aufgabe lösbarer wird?

Wie an die Miete, kann man für diese neue Stelle die Anforderungen formulieren, denen sie zu genügen hat: Der Unternehmer muß, erstens, aus der Haifisch-Rolle heraus, zugunsten eines Trägers, der gesellschaftlich notwendige Aufgaben erfüllt. Die Trägerfunktion ist für unterschiedlichste Zusammensetzungen offen. Im Gegenzug verzichtet der Staat auf eine Vielzahl baurechtlicher Fesseln. Es müssen, zweitens, so viele zukünftige Nutzer wie möglich als Investoren/Unternehmer einbezogen sein. Zwischen Nutzer und Träger kann dazu, wie im Versicherungsverhältnis, ein System von Vorleistungen und Anrechten entstehen. Der Durchschnittsmiete muß, drittens, auf der Angebotsseite eine Durchschnittsrendite entsprechen. Funktionale Mischung und Ausgleich der bisher getrennten Renditen/Märkte für Wohn-, Büro- und Produktivgewerberaum bedingen einander. Der Staat muß, viertens, seine Umverteilungsrolle ebenso aufgeben wie die Privilegien öffentlicher Trägerschaft. Unverzichtbare staatliche Garantieleistungen werden fallbezogen und innerhalb der vorhandenen Spielregeln abgedeckt.

Nichts davon ist unter heutigen Umständen einfach unmöglich, es wäre aber auszuprobieren, was davon wirklich funktioniert. Das Experiment besteht darin, zwei radikalisierende Denklinien miteinander in Austausch zu bringen: die Linie eines verbindlichen gesellschaftlichen Schutzes der Schwächeren und die Linie einer vorurteilslosen Freistellung von Initiative. Beides muß zu Ende gedacht werden, und man tut der Sache keinen Dienst, wenn man vorzeitig das eine zugunsten des anderen zurückdrängt. Das soziale Interesse, das beides übereinbringt, kann sicherlich nur eine

Kraft zwischen den heutigen Lagern, dem neoliberalen und dem sozialdemokratischen, sein. Diese Kraft heißt es ausfindig zu machen und freizusetzen.

Die ökologischen Kosten

Der für stadtökologische Tagesproblematik gerade noch erreichbare Horizont ist der einer Einwirkung auf den Flächenverbrauch über die Kosten. Die steuernde Funktion der Kosten für Fläche, Energie, Nutzung gesellschaftlicher Leistungen in ein Reformkalkül aufzunehmen ist bereits ein entscheidender Schritt aus der bisherigen Naturgeschichte des Wachstums hinaus. Vom Standpunkt einer Nichterweiterbarkeit der städtischen Flächen aus, und mit entsprechendem Mißtrauen, betrachtet, fängt der Streit über die Richtung, in die zu gehen wäre, gerade da erst an. Im wesentlichen stehen sich beim Kostenkalkül zwei grundverschiedene Strategien gegenüber: ein neoliberales Konzept der Steuerung von Auswüchsen über den Markt und das ökosoziale Konzept der realen Kosten.

Das neoliberale Steuerungskonzept verspricht sich eine Wirkung davon, daß man bestimmte Bereiche domestiziert, indem man sie einer Marktregulierung unterwirft. Man ist sehr weit, wenn es um den Straßenverkehr geht[23], schweigt sich aber aus, wenn es um Bodenpreise und Mieten geht. Hier ist natürlich, da beide bei beliebig verschiedenen Politiken nach oben gehen, auch kaum etwas zu gewinnen. Zu gewinnen ist nur dort etwas, wo man dem Markt neue Güter zuführt.

Hat man als Ursache des Dauerstaus auf den städtischen Straßen erst einmal das Recht von Krethi und Plethi ausgemacht, sich automobilisiert auf den öffentlichen Flächen zu tummeln, dann reicht es aus, dieses öffentliche Recht in ein zu kaufendes Gut zu verwandeln, um Ordnung in die Sache zu bringen – die Ordnung, daß die wichtigen Leute, die auch erhebliche Benutzungsgebühren schmerzlos bezahlen können, die Straßen benutzen, während die unwichtigen durch ebendiese Preise davon abgehalten werden. Würde man dieses Konzept praktisch machen, wäre es vermutlich, trotz der bereitstehenden technischen Eleganz der vorgeschlage-

---

23 Zum Beispiel: U. Pfeiffer, *Das Wachstum steuern. Wie bewältigen wir die Explosion der Flächenansprüche?*, in: *Stadtbauwelt* 107, September 1990, S. 1784 ff.

nen Durchführungsmethoden[24], ein politischer Rückfall. Was die – an sich sympathische – Methode, über den Preis statt über Verordnungen zu regulieren, Neues, ohne veränderte Spielregeln, auf Gebieten leisten soll, die seit je marktreguliert sind, ist nicht zu sehen.

Der ökosoziale Ansatz dagegen will nicht sozial auffächern, sondern insgesamt das Verhältnis von Naturausbeutung und Gesellschaft in Bewegung bringen. Das Konzept der realen Kosten[25] beruht auf der Perspektive einer nach vorne geöffneten ökologischen Gesamtrechnung, die die im Marktpreis unserer Konsumgüter nicht enthaltenen heutigen und zukünftigen sozialen und ökologischen Kosten in die Preise hineinbringen will. Die Kosten werden im Konzept des BUND in Analogie zu den üblichen Staatskosten erhoben, als Öko-Steuer.

Daß der Ansatz aufs Ganze geht, ist richtig. Aber das Verfahren ist genauso staatsabhängig und dirigistisch wie der vorhandene nationale und internationale Verordnungsapparat. Allein schon dies ruft nach einer Zwischenebene zwischen Staat und Konsumentenanarchie, einer Ebene, die nur die Stadt abgeben kann. Die Frage, welche Kosten man einbegreifen will und wie hoch man sie abtragen will, ist Gegenstand von Politik und muß auf einer Ebene verhandelt werden, die es den Individuen erlaubt, über sich selbst zu entscheiden, also letztlich darüber, wie sie die Lasten organisieren – ob sie sie mit Geld oder mit Veränderung ihres Lebens bestreiten wollen.

Ein stadtförmiger Ansatz muß bei den städtischen Formen der Flächennutzung ansetzen, also Straße und Parzelle. Die Straße ist dabei kein Problem. Es reicht, daß man es beim vorhandenen Straßennetz beläßt bzw., wo nötig, rückbaut, im übrigen die realen Kosten über Autosteuer, Benzinsteuer usw. abrechnet – die Form ist eine Frage der Überzeugungskraft, damit klar ist, daß man für die Kosten zahlt, die man als Autofahrer der Gesellschaft verur-

24 Vgl. K. W. Axhausen, P. M. Jones, *Straßengebühren. Ein Instrument des Verkehrsmanagements*, in: *Stadtbauwelt* 109, März 1991, S. 606 ff.
25 Die Grundlagen des Begriffs finden sich bekanntlich bei K. W. Kapp, *Soziale Kosten der Marktwirtschaft*, Frankfurt am Main 1988; zum Konzept realer ökologischer Kosten siehe E. U. v. Weizsäcker, *Erdpolitik. Ökologische Realpolitik an der Schwelle zum Jahrhundert der Umwelt*, Darmstadt ²1990, S. 143 ff. Zum Konzept Ökosteuer siehe: H. G. Nutzinger, A. Zahrnt (Hg.), *Für eine ökologische Steuerreform. Energiesteuern als Instrumente der Umweltpolitik*, Frankfurt am Main 1990.

sacht, und nicht, um das nächste Mal die Straße den wichtigeren Leuten zu überlassen.

Die ungleich spannendere Seite ist die der privaten Flächen. Hier gilt es, nicht global zu besteuern, sondern städtische Bewegung zu entfachen. Das Mittel dazu ist die Unterscheidung von Fläche und Belastung.[26] Nicht Flächengebrauch an sich soll belastet werden, sondern es soll ein Prozeß der Kritik und Optimierung unter den Nutzern selber angestoßen werden. Ein enstprechendes Modell sieht vor, die Belastungsrechte von den übrigen Eigentumsrechten abzusondern und je nach beabsichtigtem Ausmaß bzw. beabsichtigter Veränderung der Belastung getrennt zu verkaufen oder von vornherein als unveräußerbares öffentliches Gut parzellenweise zu verpachten.[27]

Die Form des Eigentums ist dabei gleichgültig. Es geht einmal um die verbindliche Flächenbeschreibung, zum andern um eine allgemeine Fassung der Belastung, angesichts deren der Umweltschutz nicht mehr nur auf den einzelnen Gewerbemieter abgewälzt werden kann, der als störende Belastung herausgeschossen wird. Damit tritt der Gebrauch von Fläche für jedermann als Belastungsmaß ins Bewußtsein. Belastungen sind nicht überall gleich und vor allem nicht gleichbleibend. Sie können nicht ein für allemal beglichen werden, die Anrechnung ist anpassungsbedürftig. Das ist ganz entscheidend, um die Nutzer an der Verminderung von Belastungen durch ökologische Investitionen zu interessieren und sie unmittelbar belohnen zu können.

Dabei müssen die Belastungen natürlich gleichmäßig über das Stadtgebiet verteilt und dürfen auch im Kleinbereich nicht exportiert werden. Der geeignete Rahmen ist der städtische Block, dem ein Belastungsquantum zugewiesen wird, das die Nutzer der Einzelparzellen so oder so verbrauchen (z. B. auch untereinander tauschen) können. Ist Belastung allgemein genug definiert, so daß sie auch die durch Dienstleistungskonzentration verursachten Verkehre, Luftbelastungen, Versiegelungen, kleinklimatischen Nachteile usw. einbegreift, dann führt das zu einer Verteilung bislang lokal konzentrierter Nutzungen auf immer weitere Stadtbereiche.

26 Vgl. P. Strittmatter, M. Gugger, *Nutzungsdurchmischung statt Nutzungstrennung. Bericht 16, Nationales Forschungsprogramm »Boden«*, Liebefeld-Bern 1988.
27 Vgl. R. Graff, M. Walters, *Mischung ist mehr*, in: *Stadtbauwelt* 108, Dezember 1990, S. 2429 ff.

Je breiter die Verteilung ausfällt, desto stärker ist der Anreiz zu lokalen Vernetzungen quer zu den heutigen Funktionszentren, eröffnen sich für Wirtschaft, Verwaltung und individuelles Leben die synergetischen Einsparungen und Gewinne von Nähe, Mischung, unmittelbarer Konfrontation.

Zum andern muß diese Kostenzuweisung als Interessenausgleich organisiert werden. Die Vertikalität einer Öko-Steuer würde den Prozeß trotz seiner Lokalisierung von zentralen Kontrollinstanzen abhängen lassen. Das Geld, das für alle die Anschaulichkeit ökologischer Leistungen darstellte, verschwände einfach nach oben, im großen Topf allgemeiner gesellschaftlicher Leistungen. Die Wege des Geldes müssen aber anschaulich bleiben, so daß sie unter Umständen innerhalb eines Gebietes ökologischer Verantwortlichkeit reinvestiert werden können.

Das setzt voraus, daß demokratische Einrichtungen auf lokalem Niveau entstehen, die den ökonomischen Austausch von Belastungsrechten und Belastungsverzichten, von Nehmen und Geben, politisch wenden und damit als allgemeinen gesellschaftlichen Interessenausgleich lesbar machen. Arbeitsplätze, Wohnumfeld und Ökologie würden damit für die Betroffenen erheblich greifbarer, sie könnten, und müßten, sich zur ganzen Komplexität der Sache verhalten, ohne zwischen persönlicher Zukunft und Zukunft der Stadt, zwischen Privat- und Berufsleben, zwischen kulturellen Neigungen und egoistischen Interessen unterscheiden zu dürfen.

Ein Weniger an Fläche, ein Mehr an Autonomie

Modernisierungszwang und ökomigratorischer Druck treiben nicht ohne weiteres zu vernünftigen Lösungen. Richtungsentscheidungen sind notwendig, und die historische Erfahrung lehrt, daß sie meist nach rechts, autoritär, erfolgen, nicht nach links, im Sinne von mehr Demokratie. Die Grundfigur einer Wahl zwischen diktatorischer oder radikaldemokratischer Lösung der Krise muß nicht in der unmittelbaren Gegenwart realistisch sein, um das Nachdenken zu orientieren. Sie ist, bis hin zum Neokonservatismus der achtziger Jahre, eine Konstante der politischen Erfahrung. Wie und nach welcher Seite kann das entbunden werden, was als Modernisierungspotenz und als Krisendruck bereits an der Arbeit ist?

Dabei ist klar, daß das System politischer Entscheidungsbildung nicht neutral danebensteht: Es ist selber dem Modernisierungsdruck unterworfen und in der Krise. Es geht inzwischen vorrangig um die Entscheidungsfähigkeit selber. Das stellt, anders als der Dezisionismus der achtziger Jahre meinte, nicht den gesellschaftlichen Entscheidungswillen zur Diskussion – der ist so groß wie abstrakt –, sondern die gesellschaftliche Fähigkeit, zu Entscheidungsorten und Entscheidungsweisen zu kommen, die der Unübersichtlichkeit und Komplexität der anstehenden Veränderungen gewachsen sind.

Der stadtpolitische Flächenstreit wird jedenfalls so heftig werden, daß er, so oder so, gelöst werden muß. Die demokratische Wendung kann nur darin bestehen, daß ihm neue und wesentlich mehr Kanäle gegraben werden. Mindestens zwei dabei mögliche Entwicklungslinien liegen nahe: Die Bevölkerung organisiert sich von unten und erzwingt lokale Regelungen, oder die Verwaltung bietet, im Tausch gegen einschneidende Reglementierungen, die lokale Entscheidungsebene an.

Der Zugzwang besteht unabhängig von den denkbaren Entwicklungen. Es gibt die gesellschaftliche Notwendigkeit, die individuelle Beanspruchung von Fläche einzuschränken. Wenn das nicht diktatorisch erzwungen werden kann, sondern demokratisch herbeigeführt werden soll, dann ist eine Durchsetzung nur dann zu erwarten, wenn sie nicht als Rücknahme erworbener individueller Freiheiten erfahren wird. Nichts hat in den letzten hundert Jahren so sehr das Bewußtsein der politischen Emanzipation bestimmt wie ein am feudalen Muster des Flächenreichtums und der Distanzüberwindung orientierter Zuwachs an Flächenverfügung, sei es als Verkehr, Wohnung, Freizeit. Eine Rücknahme bzw. eine Verteuerung von Flächenverbrauch dürfte also nur durchsetzbar sein, wenn sie an anderer Stelle durch ein Mehr an Freiheit kompensiert wird.

Flächenverknappung bedeutet in jedem Falle eine Rückkehr zu historischer Enge, unabhängig davon, daß sie ungleich verteilt werden wird. Dieses Mehr an Enge muß mit einem Weniger an Enge an einer anderen, nächstentscheidenden Stelle abgegolten werden. Aber mit welcher? Nichts liegt näher als die Verfügung über Zeit. Aber das wäre den Handel nicht wert, nämlich in einer Logik gedacht, die eben jetzt historisch wird: daß Zeitverfügung im Interesse wirtschaftlichen Wachstums nicht gewährt werden kann, so daß gerade umgekehrt der Mangel an Zeit durch ein Mehr an Geld kompensiert werden muß, das wiederum in ein Mehr an Fläche investiert wird.[28]

Diese Logik ist nicht umkehrbar, da von ihren Bedingungen her überholt. Es wird in Industrie und Dienstleistung in allernächster Zeit zu so stark anwachsenden Freisetzungen kommen, daß die freie Zeit gerade jenen Kompensationswert verlieren wird, den sie bis vor kurzem besaß. Es wird ein Überangebot an leerer Zeit geben, das die Menschen mit den heutigen Gewohnheiten und Kompensationen vergeblich zu bewältigen versuchen werden. Wenn ein Mehr an Zeit Flächenverzichte aufwiegen können soll, muß es zugleich die Möglichkeit enthalten, die Zeit zu nutzen, statt nur zu erleiden. Das Mehr an Zeitautonomie, die Lockerung des gesellschaftlichen Zeittaktes, wirkt sonst nur destruktiv. Man kann nach zwei Jahrhunderten kapitalistischer Arbeitsdressur die Individuen nicht wieder in die vorindustrielle Ganzheit des Lebens zurückschicken. Die Lohnarbeiter werden, in ein nicht mehr vorrangig durch den Arbeitstakt organisiertes Leben entlassen, Probleme haben wie der Kriegsheimkehrer, der sich ans zivile Leben gewöhnen soll. Die Aggressivität der Arbeitsdressur wird sich auf sie selber und auf die Gegenstände richten, mit denen sie die freien Zeiten zu füllen versuchen werden.

Daraus folgt ein massiver Bedarf an Tätigkeitsfeldern und Gegenständen, an denen sich der entlassene Arbeitscharakter abarbeiten kann. Der Stadtumbau ist gerade nicht der der Gesellschaft. Er trägt das Thema eines Mehr an Autonomie auf der Ebene konkreter örtlicher Veränderungen vor, die ihrerseits das Einlaßtor für ein erfahrenes Mehr an Autonomie sein können. Auf der beschränkten lokalen Ebene ist jenes Dritte greifbar, das der Konsumzeit entscheidend fehlt, befriedigende soziale Gegenständlichkeit. Lokale Entscheidungskompetenz ist ein Prototyp selbstverantworteter und zugleich überzeugend gegenständlich gefüllter Zeit.

Modernisierung und Raumökonomie

Gesellschaftliche Flächenersparnis kann aber nicht auf Dauer als Verteilungsproblem bearbeitet werden. Angesichts der zu erwar-

28 Vgl. C. Offe, R. G. Heinze, *Organisierte Eigenarbeit*, Frankfurt/New York 1990.

tenden Konflikte werden weitere Knoten geöffnet werden müssen, im wesentlichen die systematischen Flächenverschleiße, diejenigen Flächenbesetzungen also, die nicht in den Absichten der einzelnen, sondern in der arbeitsteiligen Systematik der Industriegesellschaft begründet sind.

Auf der einen Seite werden beispielsweise große Teile der Stadt nur für einen knappen Arbeitstag genutzt, auf der anderen Seite suchen Zigtausende von Menschen verzweifelt eine Wohnung, werden in Notunterkünften untergebracht oder sind vollständig obdachlos, ohne daß sich die Gesellschaft in der Lage sieht, ihnen wirksam zu Hilfe zu kommen. Es ist klar, daß es um einen Konstruktionsfehler geht, nicht um unschöne Zufälle. Jede weitergreifende Überlegung muß sich auf das Konstruktionsproblem richten, nicht nur auf unmittelbare Hilfspolitiken.

Wirtschaft und neue Technologien

Die Auswirkungen der Elektronik sind nicht nur schwer abzusehen, sondern auch höchst vieldeutig. Ich beschränke mich, zwangsläufig, auf das Allgemeinste. Revolutionäre Wendungen wie die Verlegung von Büro oder Fabrik in die Wohnung oder umgekehrt stehen zur Zeit nicht an. Was ansteht, sind Veränderungen in der Form der Verselbständigung, als Wiederzugehen auf die funktional gemischte Stadt. Angesichts der Zeitverschiebung in der Entwicklung von Industrie und tertiärem Sektor wird man davon ausgehen können, daß der Schrumpfungsprozeß des industriellen Sektors sich verlangsamt und von den Erfolgen der Verstädterung überlagert werden wird, mit weitergehenden Flächeneinsparungen; daß andererseits der tertiäre Sektor nach einem Jahrzehnt beispielloser Landnahme dabei ist, seinen Gipfelpunkt zu überschreiten und in eine Phase härterer Standort- und Anteilskonkurrenz und eines entsprechenden Kostendrucks einzutreten, die die heutige unumschränkte Herrschaft ihrerseits in Frage stellen und den Weg für kritische Abwägungen zugunsten darüber hinausgehender Stadtinteressen bahnen könnte.

Die entscheidende Frage ist die der Auswirkungen der neuen Medien auf die Komplexgröße. Bisher ist die Elektronisierung in herausragenden Fällen mit einem erheblichen Anwachsen der Komplexgröße einhergegangen. Um das nachzuprüfen, wären

Einzelfälle aufzusuchen.[29] Allgemein kann man sagen, daß die Elektronik einen Bruch zwischen lokalem Ablauf und Produktionsablauf erzeugt, der aus dem Zwang entläßt, im Arrangement der Bearbeitungssituationen den Fortgang der Fertigung darzustellen. Mithin ist grundsätzlich die Rückkehr zu einer segmentierten Produktion freigestellt, die eher dem Werkstattsystem des 19. Jahrhunderts ähnelt als der Montagestraße. Daraus lassen sich, je nach Betriebsgröße, unterschiedliche Folgerungen ziehen. Die Verschränkung der Produktionsplanung mit Zuliefer-, Transport- und Lagerungsproblemen macht auch für große Betriebe die Untergliederung in viele räumlich voneinander getrennte Bereiche sinnvoll. Der Container ist jedenfalls nicht mehr der zwingende Gebäudetyp.

Die Produktionslogik ist aber nur eine Seite der Sache. Zunehmend werden andere Faktoren für das Überleben gerade von kleinen und mittleren Betrieben wichtiger. Die Probleme diversifizierten Marktzugangs, der Markenbildung, der Zukunftsplanung, der Abhängigkeit von technischen und finanziellen Serviceleistungen und nicht zuletzt der Gewinnung von qualifiziertem Leitungspersonal entfalten ihre eigenen Bedingungen. Sie erzwingen für Mittelbetriebe, die bislang in der Provinz ihr ruhiges Auskommen hatten[30], zunehmend mehr Stadtnähe, teilweise in Nähe großstädtischer Innenstadtbereiche, einschließlich kultureller Annehmlichkeiten, und allgemein die Verflechtung von Produktion, Zulieferung oder Dienstleistungen in räumlicher Nähe und in Bereichen spezifischer lokaler Identität, die nicht in der Unsichtbarkeit städtischer Peripherien untergehen. Damit wird die bislang autonome industrielle Produktionslogik, zusätzlich zur unaufhaltsamen Verkleinerung des industriellen Sektors selbst, in der Lokalisierungs-

---

29 In der Automobilindustrie hat der Einsatz von Elektronik bislang auf die Flächenbeanspruchung keinen besonderen Einfluß gehabt, weil das größte flächenfressende Element, die Produktionsstraße, nicht ihrerseits in Frage gestellt, sondern so, wie sie entwickelt war, elektronisiert wurde. Das täuscht über den tatsächlichen Elementierungsprozeß hinweg, den die Elektronisierung eingeleitet hat. Die Automobilindustrie ist aber nur ein besonders sichtbarer Fall, kein typischer, auch keiner, der große Zukunftschancen hätte.

30 Diese Erfahrung macht z. B. im Augenblick, 1990, die oft gerühmte italienische mittlere (d. h. über die Belieferung des lokalen Marktes hinausgehende, von den internationalen Markttrends abhängige) Industrie. Nach der toskanischen Region Prato ist jetzt auch die Region Biella (Piemont), der wichtigste Textilstützpunkt Italiens, von der EG in die Liste der hilfsbedürftigen Industriegebiete eingetragen worden.

frage erstmals wieder städtischen Bedingungen unterworfen.

Im Finanzsektor hat die Elektronisierung in den achtziger Jahren eindeutig zu einem Anwachsen der Komplexgröße geführt. Daß die Behauptung, die kleinteilige und vorelektronische Bürostruktur der Londoner City (14 Millionen m² Bürofläche) sei für die neuen Anforderungen unbrauchbar und nicht umzurüsten, nur eine Zweckbehauptung jener Investoren ist, die die rd. 100000 m² von Canary Wharf vermieten müssen, scheint sich bereits zu zeigen, zugleich auch, daß Kolosse vom Typ Canary Wharf (Manhattan zählt 68 solcher Quadratmetermonstren) den raschen Ortswechseln der internationalen Finanzschwerpunkte nur hinterherhinken können.[31] Der Vergleich Manhattan–City of London legt nahe, daß ein internationales Finanzzentrum sich in jeder städtebaulichen Struktur bewegen kann, vorausgesetzt die Gunst der Bedingungen, Geschäfte eher hier als andernorts abzuwickeln.

Wie sich Elektronisierung und Betriebsorganisation zueinander verhalten, wäre zuallererst innerhalb des Aufbaus einzelner Institute zu klären. Daß Banken, Versicherungsgesellschaften, Zentralverwaltungen, Dienstleistungsunternehmen usw. sich bevorzugt in kompakten Baumassen präsentieren, ist Erscheinungsideologie, nicht praktische Notwendigkeit. Mit der Größe der Unternehmen wachsen zwangsläufig Unabhängigkeit und Konkurrenz der Abteilungen, was dazu führt, daß diese sich, zumal wenn sie auf unterschiedlichen Feldern operieren, wo sie einander ohnehin nicht brauchen, soweit wie möglich interdisziplinär vervollständigen, also sich auch Ressourcen zulegen, die sie bei einer Nachbarabteilung abrufen könnten, die darauf spezialisiert ist.

Diese Auflösung der Aufmarscheinheit geschieht gleichzeitig auch nach oben, indem die meisten Firmen nur als Markenname selbständig, im übrigen aber in irgendwelche, teils wechselnden, internationalen Holdings eingebaut sind, oder es handelt sich von vornherein um nationale oder lokale Repräsentationen von Multis. In die Richtung einer Segmentierung der Großkomplexe zugunsten unterschiedlicher Standorte könnte auch die zunehmende Angewiesenheit der Konzernverwaltungen auf Stadtatmosphäre beitragen. Manhattan ist in Europa nicht praktizierbar, die Bedürfnisse kultureller Abstützung sind komplizierter, uneinheitlicher, altmo-

---

31 Zahlen aus der Selbstdarstellung des Investors von Canary Wharf, Olympia & York, im Materialband des Kongresses *Waterfront*, hg. v. R. Bruttomesso, Venedig 1991, S. 173.

discher. Die Einsicht, daß Großkomplexe genau die Stadtluft zerstören, die sie suchen, ist unabweisbar, wie das Frankfurter Zusammenkleben von Expansion und Stadtausstattung zeigt.

Gleichzeitig sind Schrumpfungserscheinungen absehbar. Bislang hat, anders als in der Produktion, eine adäquate Anwendung der Elektronik auf die Personalsituation noch nicht stattgefunden, es sind nur die Arbeitsplätze elektronisch ausgerüstet worden. Es ist aber nicht einzusehen, warum die Lohnkosten von Büroarbeitern weniger drückend sein sollten als die von Arbeitern. Die Software-Entwicklung wird mit Sicherheit auch hier mehr als die Hälfte der heutigen Arbeitsplätze überflüssig machen. Damit stellt sich die Frage der Komplexgröße noch einmal neu. Die meisten Großstädte werden recht bald mit großen Mengen unvermieteter Büroflächen dastehen und sich überlegen, was man daraus machen kann.

Für Produktion wie Verwaltung entsteht gleichzeitig eine neue Problemebene aus der Flexibilisierung der Arbeitszeit und der Arbeitsplätze. Das funktionale Stadtsystem mit seinen klaren Trennungen und entsprechend langen Wegen war auf Vollarbeitsplätze (und auf Vollbeschäftigung) abgestellt. Teilzeitarbeitsplätze würden unter diesen Bedingungen unzumutbare Wegezeiten mit sich bringen. Weiter sind die heutigen Verkehrsbedingungen nicht mehr die der fünfziger und sechziger Jahre, die Arbeitnehmer kommen bereits gestreßt an den Arbeitsplatz. Das Ausweichen aufs Land ist kein Allheilmittel. Näher liegt es, daß die Wirtschaft ein gezieltes Interesse an einem Stadtumbau entwickelt, der fußläufige Verbindung von Wohnung und Arbeitsplatz zuläßt. Das ist natürlich nur dann realistisch, wenn die Betriebe mit ihrer Komplexgröße nicht selber das Ziel vereiteln.

Die Krise öffentlicher Leistungen

Das unaufhaltsame Wachstum staatlicher und städtischer Verwaltungen und Sozialeinrichtungen ist nicht minder stadtzerstörerisch als wachsende Komplexgrößen der Wirtschaft. Am meisten flächenfressend sind die Verwaltungen. Sie kumulieren ohnehin ein Maximum an gesellschaftlichen Nachteilen: Sie verschleißen Fläche, sie leisten, soweit angesichts von Alkoholismus und Vermeidungsroutine überhaupt gearbeitet wird, weitgehend nutzlose, nur sie selbst bestätigende Arbeit, und sie verschleißen, soweit mit

Publikumsverkehr, die Arbeits- und Lebenszeit ihrer Klienten.

Ich beginne wieder beim Flächenproblem. Für das Auto gibt es einen fortgeschrittenen Reflexionsstand: Es ist allgemein einsichtig, daß es unvernünftig wäre, innerstädtische Fläche mit einem Möbel vollzustellen, das nur zwei Stunden am Tag gebraucht wird, im übrigen nutzlos herumsteht. Eine analoge Reflexion sollte auch für die Verstopfung der Stadt mit öffentlichen Verwaltungen möglich sein, die, anders als Bibliotheken, Theater, Kunsthallen, Schwimmbäder usw., zum öffentlichen Leben nichts beitragen. Sie untergraben es vielmehr aktiv, indem sie, wie die Dienstleistungszentren, Massen gleichförmig gewordener Menschen enthalten, die nach Dienstschluß nicht das Umfeld brauchen, sondern nur den kürzesten Weg zum Auto oder zur Untergrundbahn, im übrigen in Kantinen sich gegen die öffentliche Stadt abschotten.

Aber welche Perspektiven gibt es? An innere Reform ist ebensowenig wie an Ersetzung und Abschaffung von außen zu denken. Technische Modernisierung – Elektronisierung – ist erfahrungsgemäß dem Beharrungsvermögen von Bürokratien gegenüber machtlos, da Effizienz nicht auf dem Markt verantwortet werden muß. Was Bewegung in die Sache zu bringen verspricht, ist zweierlei: zum einen das in allen Industriestaaten wachsende öffentliche Defizit, zum andern die bereits auf der Ebene des ungekürzten Sozialstaats vorhandene Leistungslücke.

In der Flächennutzung springt dieser Widerspruch unmittelbar ins Auge, wenn man in den Wintermonaten die Masse überheizter, nur ein Drittel des Tages halbwegs genutzter öffentlicher Bürofläche gegen die Masse der (er)frierenden Obdachlosen in den Großstädten der nördlichen Hemisphäre setzt. Es ist aber keinerlei produktive Verschränkung absehbar, die entsprechenden Populationen gehören auf gegenteilige Ufer. Nur der Kostendruck verspricht überhaupt Querverbindungen, so wie das heute sich in Kurzschlüssen wie den Flüchtlingsströmen in Turnhallen andeutet. Kostendruck wird grundsätzlich durch Leistungskürzungen aufgefangen, die den Verwaltungskörper selber unberührt lassen. Erst bei erheblichem Druck wird der Zugriff auf den Apparat unvermeidbar werden, zumal ihm die durch Leistungskürzungen geschaffene soziale Unruhe entgegenkommt. Einerseits müssen radikal Personal- und Flächenkosten eingespart, andererseits das unumgängliche Leistungsangebot aufrechterhalten werden.

Diese Alternative setzt allerdings grundsätzliche Lockerungen im gesamten Gesellschaftsgefüge voraus (also auch in der Wirtschaft).[32] Erstens müßten fragmentierte Arbeitsplätze bzw. Arbeitstage so weit subjektiv wählbar und erreichbar sein, daß sie zu Recht als Vorbedingungen der freien Zeit derjenigen Personen angesprochen werden können, die bereit und fähig sind, subsidiär Aufgaben der öffentlichen Verwaltung zu übernehmen, aber auch die Bereitschaft der Verwaltungen, diese Aktivitäten freihändig zu finanzieren und zugleich entsprechende Anteile an Macht an die neu zu schaffenden lokalen Strukturen zu delegieren, da ohne eine derartige politische Kompensation die geeigneten Personen nicht zu gewinnen sind.

Zweitens wäre es nötig, das Leistungsverhältnis neu zu bestimmen.[33] Obrigkeitliche Gewährung und Recht auf Unterstützung stehen sich heute, anders als im 19. Jahrhundert, als Positionen nicht mehr unmittelbar gegenüber, wohl aber als die wortlosen Praktiken von Verwaltung und Klienten. Die Gesamtheit öffentlicher Leistungen kann anerkanntermaßen nicht dadurch modernisiert werden, daß man die öffentliche Verwaltung wieder privatisiert. Das Desaster einer vorstaatlichen, in den Händen lokaler Machtgruppen (ob Parteien oder mafiose Verbände oder Industrielle) befindlichen Verwaltung kann man in Italien hautnah studieren. Vielmehr kann es nur um die Einführung marktförmiger Bewertungskriterien gehen, die zudem in eine entsprechende Benutzungsstruktur eingebettet sind, in der Verwaltungspersonal und Klienten erstmals mit gleich hohen Durchsetzungschancen ausgestattet wären.

Bisher ist der erste Punkt überwiegend als Frage des Sozialstaats diskutiert worden. Daß Millionenstädte mit flächendeckenden Sozialleistungen und ausreichender Verwaltungskompetenz auf diese Weise verwaltet werden können, haben, in der kurzen Blütezeit des Liberalismus, immerhin die korporativen Verwaltungsstrukturen im 19. Jahrhundert gezeigt: Das System ehrenamtlich verwalteter Stadtbezirke ist in Berlin erst 1920 aufgehoben worden, die Armenkommissionen 1924.[34] Der Grundansatz der Lo-

---

32 Vgl. dazu allgemein: A. Gorz, *Wege ins Paradies*, a.a.O.
33 Vgl. P. Rosanvallon, *La crise de l'Etat-providence*, Paris 1981; D. Olivennes, N. Bavarez, *L'impuissance publique*, Paris ²1990.
34 Zum Gesamtthema der Berliner Selbstverwaltung vgl. P. Clauswitz, *Die Städteordnung von 1808 und die Stadt Berlin. Festschrift zur hundertjährigen Gedenkfeier der Einführung der Städteordnung*, Berlin 1908; die erste Untersuchung der tatsächlichen lokalen und flächendeckenden Leistungsfähigkeit ist L. Scarpa, *Ge-*

kalverwaltung ist seit dem 18. Jahrhundert der, daß, aus Gründen der Kostensenkung, die Dienste, soweit tunlich, zu den Betroffenen gehen, statt zentral zu funktionieren: Verwaltet wurde weniger im Rathaus als auf Bauplätzen, in Betrieben, Wohnungen, Schulen, an den häuslichen Schreibtischen der oberen Beamten, die durch Botendienste miteinander verbunden waren, während der Sprechzeiten der ehrenamtlichen Personen usw. Das ist nicht wiederholbar, gibt aber zu denken.

Allgemein wie auf der banalen Ebene des Flächenproblems gilt, daß die öffentliche Seite nicht entlastet werden kann, indem man die private wieder belastet.[35] Gesucht ist vielmehr ein dritter Ort, der seine Sparsamkeit durch begrenzte Nutzung öffentlicher und privater vorhandener Flächen und Potenzen entfaltet: Flächenverbrauch und Aufwand an Institutionalisierung sollen, weil zu teuer und Zementierungen städtischer Bewegungsressourcen, durch soziale Intelligenz ersetzt werden. Fähigkeiten und Methoden[36] hierfür sind da. Man muß positiv ein Modell dafür anbieten. Die Fiktion der sozialen Gleichheit, die durch ständig mehr Sozialstaat geflickt werden muß, ist nicht aufrechtzuerhalten. Wir müssen von einer sozial gemischten lokalen Verfassung als Normalfall ausgehen, um zu tragfähigen Formen zu kommen. Daß die Ärmsten in unseren Verhältnissen (eben nur in unseren) die geringste Neigung und Fähigkeit zeigen, sich selbst zu organisieren und Verwantwortung zu übernehmen, kann nicht nur als Grenze beklagt werden – wenn dem so ist, dann muß man den Umkehrschluß ziehen und ohne Angst vor der Anerkennung vorhandener Ungleichheit fragen, was mit dem Potential, das es nicht nötig hat, aber organisationslustig ist, alles angepackt werden kann.

Daß in einem solchen lokalen »Honoratiorensystem« Politisches und Soziales zwangsläufig koalieren, weiß man aus dem 19. Jahrhundert. Daß sich derartige Modelle auch heute spontan konstituieren, zeigt jedes Sanierungsgebiet. Was aussteht, ist derjenige externe Druck, der die Verwaltungen zwingt, planmäßig und

meinwohl und lokale Macht. Honoratioren und Armenwesen in der Berliner Luisenstadt im 19. Jahrhundert, in Vorbereitung.
35 Offe/Heinze, a.a.O., S. 77.
36 Die von Offe/Heinze einsichtig auf ihre Grenzen hin untersuchten vorhandenen sozialen Netzwerke dürfen nicht als Modelle verstanden werden, sondern als Indikatoren der in ihnen sich äußernden Organisationsmöglichkeiten, die ihre Logik erst dann voll entfalten können, wenn sie auch auf andere Probleme als die der ergänzenden Sozialversorgung bezogen würden.

flächendeckend zu delegieren und selber ein Eigeninteresse an demokratischen Ergänzungsformen zu entwickeln. Das wäre ausreichend, um das Petrefakt öffentlicher Dienst wieder in Bewegung zu bringen.

Einsichtiger, deshalb keineswegs einfacher, ist der Fall der kommunalen Versorgungsleistungen: Stadttechnik, öffentlicher Verkehr, Gesundheitswesen, Schulen, Altersheime usw. Auch sie sind nicht privatisierbar – die Ära Thatcher/Reagan hat gezeigt, daß dabei nicht nur massive Ungerechtigkeiten entstehen – das war beabsichtigt –, sondern auch Qualitätsverluste und Verantwortungsdefizite der Leistungen selbst. Ebensowenig ist die Rückverweisung an die private Seite möglich – die Familie noch des 19. Jahrhunderts gibt es nicht mehr, die heutige bröckelt, ist ohnehin überlastet.

Daran scheitern alle Programme der Entinstitutionalisierung. Von der Stadttechnik braucht man gar nicht erst zu reden (das deutlichste technische Instrument partieller Selbstversorgung, das Auto, unterliegt ständiger Entwertung) – auch die programmatischen Experimente im Schul- und Gesundheitswesen mußten scheitern. Der italienische (weitgehende) Verzicht auf psychiatrische Anstalten (Franco Basaglia[37]) ist inzwischen rückgängig gemacht worden, soweit er überhaupt durchführbar war.[38] Ebenso würde eine konsequente Entschulung[39], gesetzt, sie würde politisch zugestanden, bei Verallgemeinerung sofort an der Überlastung der Familien, Betriebe, öffentlichen Verwaltungen, Polizei usw. durch Lehr-, Erziehungs- und Disziplinierungsfunktionen scheitern. Vorher müßte zwischen Familie und Arbeitsmarkt, die beide die jugendlichen Massen eher abstoßen als zu behalten suchen, ein neues soziales Gefäß erfunden werden. Dabei ist noch

---

37 Vgl. neben F. Basaglia (Hg.), *Die negierte Institution. Die Gemeinschaft der Ausgeschlossenen. Ein Experiment der psychiatrischen Klinik in Görz*, Frankfurt am Main 1973, den Praxisbericht aus dem Triestiner Zentrum der Bewegung bei: K. Hartung, *Die neuen Kleider der Psychiatrie. Vom antiinstitutionellen Kampf zum Kleinkrieg gegen die Misere. Berichte aus Triest*, Berlin 1980.

38 Der italienische Vorstoß ist zudem atypisch, da er eine Koalition von Linksradikalismus und christdemokratisch geführtem Staatsapparat darstellte, wobei es letzterem auf die Einsparung der Anstaltskosten ankam. Im Süden, wo nicht viel einzusparen war, wurde die Reform auch gar nicht erst durchgeführt – sonst hätte der movimentistische Senator Corleone nicht 1989 in Sizilien den Skandal der nackt in ihren kahlen Sälen hockenden Irren entfachen können.

39 Vgl. H. Dauber, E. Verne (Hg.), *Freiheit zum Lernen. Alternativen zur lebenslänglichen Verschulung. Die Einheit von Leben, Lernen, Arbeiten*, Reinbek 1976.

von der Frage abgesehen, in welchen Räumen man dann die Einwanderer eigentlich integrieren will.

Entschulung, Entbürokratisierung, Entmedikalisierung (in der Bundesrepublik Wunsch Nr. 1: Ent-ötv-isierung) der Gesellschaft, dieses ganze Illichsche Befreiungsprogramm ist in den reichen Gesellschaften gegenwärtig ohne Grundlage und kann nur als Fingerzeig und Aufmerksamkeitsrichtung dienen. Ihm arbeitet noch keine ausreichende gesellschaftliche Enttäuschung entgegen. Ein Mehr an Autonomie, ein Weniger an Staat und zentralisierter Stadtverwaltung sind auf absehbare Zeit nur über den mühsamen Weg des Kostendrucks zu haben, indem die heutigen Mechanismen sich noch viel mehr in der Dialektik falscher Ziele und Standards einerseits, steigender Kosten andererseits verfangen.

Ebendeshalb wäre die Flächennutzung ein konkreter Punkt, um anzufangen. Die nutzlose Fläche unterliegt, anders als im Süden, in den reichen Gesellschaften zur Zeit noch keinem ausreichenden Maß an sozialem Argwohn, sozialer Phantasie und Aufmerksamkeit. Aber das könnte sich im Zuge wachsenden Einwanderungsdrucks sehr schnell ändern, da gerade die Einwanderer die schärfsten Augen dafür mitbringen. Eine rigorose Verschränkung öffentlicher Nutzungen ist nötig, unter Aufhebung der institutionellen Eitelkeiten und Scheingründe, die das unverantwortliche Maß funktioneller Spezialisierung der öffentlichen Flächen vorantreiben. Die Entspezifizierung der Gebäude durch das abgelaufene Größenwachstum der Einrichtungen ist ein Ergebnis (man kann zwar zu kleineren Schulgrößen zurück, wenn man die Gesamtschule als Irrweg erkennt, aber nicht mehr zur historischen Identifizierung von Schule und Gebäude – dazu sind die Lehrpläne zu komplex, die Jahrgangsgrößen zu flüssig). Keine öffentliche Funktion soll sich in ihrem Gebäudebesitz verschanzen dürfen.

Umgekehrt ist die Aufhebung spezialisierter Gehäuse vorläufig eine Überforderung: z. B. die Ersetzung des Schulhauses durch die U-Bahn, die die Schüler von einem gesellschaftlichen Lernort zum nächsten bringt.[40] So ergeben sich mittlere Forderungen an öffentliche Einrichtungen: Verkleinerung, Einpassung in städtische

40 Damit ist auf ein älteres Projekt der Universität Montreal hingewiesen, den avanciertesten Vorschlag einer organisatorischen Verzahnung von Schule und Erwachsenenwelt, ohne die Schüler sozialutopisch mit Erwachsenenrollen zu überfordern. Vgl. L. Michel, H. Parnasse, *Metro/Education*, in: *Bauwelt* 37 (1961), S. 4138 ff.

Strukturen, rigorose Mischung der Einrichtungen und Dienste (Sachverwaltungen, Altersheime, Schulen, Kindergärten, Beratungsstellen für Suchtkranke, Volkshochschulen usw. usw.). Die Zumutungen, die aus alledem für den Apparat entstehen, kommen gerade recht. Einmal soweit gekommen, wird überhaupt erst erkennbar werden, was alles an Möglichkeiten vorhanden ist.

Individualisierung, Leben und Arbeiten

Der laufende Individuierungsprozeß wird weitergehen. Die gesellschaftlichen Behausungen der Person – Arbeitsplatz, Familie, soziale Gruppe, Kirche – sind in Auflösung begriffen, geben für die Zeit eines Lebens jedenfalls nicht mehr genug Halt, um sich daran definieren zu können. Von der sozialen Rolle braucht man erst gar nicht zu reden. Die Grunderfahrung der einzelnen zählt, die Erfahrung, bei allen Spaltungen der gesellschaftlichen Formen als Besitzer eines Lebenswunsches und Lebensprojektes übrigzubleiben, ohne es mit irgendeinem gesellschaftlichen Projekt oder einer gesellschaftlichen Form dauerhaft identifizieren zu können oder zu dürfen.

Die Fragmentierung der gesellschaftlichen Haftpunkte ist wiederum nicht identisch mit der statistisch faßbaren Anzahl einzeln lebender Personen, sondern durchwächst längst auch die scheinbar kompakten vorhandenen Formen (Arbeitsplätze, politische Rollen, Familien). Auch der statistisch handfeste Anteil an Familienhaushalten mit einem oder zwei Vollarbeitsplätzen zerfällt in jedem einzelnen Fall in zeitliche Portionen, impliziert die eingestreuten Zeiten für Nebentätigkeit, Schwarzarbeit, Kinder aus früherer Ehe, eine steigende Zahl von Ferienreisen und Kurzurlauben usw. Neben der Individualisierung wächst gleichlaufend die Fragmentierung der Individuen selber. Genau in dem Maße, wie aus Lebensrollen Zeitarrangements werden, vervielfachen sich mithin die Ausstattungsebenen, zugleich auch die, wenn auch immer sporadischer, bespielten angeeigneten und ausgestatteten Flächen.

Beide Entwicklungen zusammengenommen machen die chaotische Freizeit-, Güter- und Flächenexpansion aus, der wir unterliegen. Dabei geht es in diesem Punkt nur um die erste Entwicklungslinie. Wenn jedes Individuum, gleich in welcher sozialen Formation es auftritt, als Instanz einer vollen Ausstattung an Flächen und Gütern angesehen werden muß, dann führt das bei verknapptem Flächenangebot zu verschärfter Ungleichheit. Jede Seite trägt dabei auf ihre Weise zum Thema bei. Die Situation der freien Verfügung über Fläche gerät an einen kritischen Rand, gerade weil sie durch keine Sparsamkeitszwänge orientiert wird. Ihr leitendes Ziel ist die Mobilität. Die Vervielfachung der Flächen stellt eine Form der Mobilität dar, die noch auf halber Strecke stehenbleibt: Noch gibt es ausreichend Ruhezeit, um überhaupt Energie in Aufenthaltsstationen zu stecken und diese normal auszustatten. Nimmt die Mobilität der einzelnen weiter zu, dann müssen sie wählen: entweder die Beschleunigung mitmachen oder ein bestimmtes Maß an Seßhaftigkeit bewußt verteidigen, also Mobilität verweigern. Folgen sie der Beschleunigung, dann werden sie die Aneignungsorte als Hindernisse abstoßen und in Hotels, Büros, bei Freunden usw. wohnen.

Damit kommt Einheit von Leben und Arbeiten in Sicht. Das vollends bewegliche Leben läßt mit den stabilen Orten die Spezialisierungen benutzter Flächen hinter sich. Der Typus ist in der Werbung bereits realisiert: Laptop und Telefon im Bett, durchaus aber auch den Partner. Von der New Yorker *bag lady* unterscheidet den mobilen Menschen nicht die Einheit des Lebens, sondern die Kreditkarte. Sie signalisiert Herstellung der Einheit am oberen Rand, über Arbeit. Mobilität ist (man ahnte es) ein asketisches Ideal.[41]

Die Mangelsituation, andererseits, hat ihre vergleichbare Produktivität darin, daß man sich, um dem gesellschaftlichen Standard entsprechen zu können, etwas einfallen lassen muß. Allein der Ausländeranteil der Großstädte sorgt für Häufung prekärer Arbeitsverhältnisse. Dazu kommen immer neue Schichten von Herausfallenden und altersbedingt Arbeitslosen. Da Regelarbeitsplätze beschleunigt abnehmen werden, werden, wie heute schon sichtbar, zunehmend normale Arbeitswillige genötigt sein, sich selbst einen Arbeitsplatz zu erfinden. Für das gesamte Lager derer, die die Mittel zur Standarderfüllung nicht oder noch nicht haben, stellt sich die Strategiefrage: reduzieren oder einen Ausweg suchen.

Diese Scheidung stimmt mit der sozialen Zweiteilung des Lagers – junge Selbständige, hochqualifizierte Neuanfänger, Spezialisten mit autonomem Arbeitsanspruch einerseits, Volksschulabgänger, nichtspezialisierte Arbeitslose, Frührentner, Ausländer dritter

41 Vgl. D. Hoffmann-Axthelm, *Sinnesarbeit*, a.a.O., S. 395.

Generation, Einwanderer andererseits – nur teilweise überein. Die Reduktion kann bis zum Flächenverzicht gehen (Leben auf der Parkbank). Die umgekehrte Strategie dagegen muß, um Standardfläche halten oder erwerben zu können, versuchen, die Nutzung zu potenzieren: Wohn- und Gewerbefläche fallen zusammen.

Auch hier kommt also die Einheit von Leben und Arbeit wieder in Sicht. Die Doppelnutzung von Fläche hat seit alters her zwei verschiedene Gesichter, ein privilegiertes und ein unterprivilegiertes. Im einen Fall wird die Wohnung (das Arbeitszimmer) zum Ausgangspunkt der Arbeit, im anderen der Arbeitsplatz (Stall, Werkstatt, Atelier) zum Ausgangspunkt des Wohnens. Daraus kann man für die Zukunft zwei unterschiedliche Anwendungsfälle folgern, die als Typen vorstellbar sind und die Endpunkte einer ganzen Reihe dazwischen möglicher Lösungen bilden.

Die eine Lösung, die Wohnung als Büro, Atelier usw., reduziert die Flächenbeanspruchung um der Arbeitsautonomie willen, oder wenn unfreiwillig, dann mit der Gratifikation der Arbeitsautonomie. Die Wohnung als Grundlage kann den Arbeitsbedürfnissen angepaßt werden und fängt zugleich als Rückzugsort Schwankungen der Auftragslage auf. Das Hin und Her der Auftragslage ist dabei eingepaßt in ein lebensgeschichtliches oder situatives Pendeln zwischen Leben und Arbeit, zwischen Mehrbetonung des einen oder des anderen, experimentellen Stadien des Übergangs, der Verschränkung, der freien Zeitverfügung.

Die andere Lösung setzt an der Kopplung von Arbeit und Wohnung an. Flächenökonomie stellt sich als Zwang her, irgend über Fläche verfügen zu müssen, vor jeder Wahl. Daraus würde aber erst dann ein Gegentyp zur ersten Lösung, wenn die Primärausstattung mit Fläche durch politischen Entscheid tatsächlich gegeben wäre. Den Hintergrund bildet hier nicht die emanzipative Öffnung auf mehr Autonomie, sondern der traditionelle Hintergrund der handwerklichen Einheit von Leben und Arbeiten, den zumindest die Einwanderer und ansässigen Ausländer noch besitzen.

Weltzeit, Freizeit, Verkehrszeit

Was wird mit dem unausweichlichen Mehr an Zeit gemacht? Die Krise der Stadt ist nichts anderes als die Zusammenfassung der vielen individuellen Entscheidungen in Sachen Zeit. Die zwei Linien: maximale Mobilität einerseits, lokale Subökonomie andererseits, sind Linien des sozialen Zerreißens. Die Zerreißspannung ist das, was wir als Stadtkrise erfahren. An einem Ende der Spannung steht der Umbau der Stadt zur urbanen Szene. Urbanität ist eben jene Verflüchtigung des Lokalen, die es den bildlichen Fragmenten der Stadt erlaubt, sich der Beweglichkeit der Erfolgreichen anzuschmiegen. Am anderen Ende steht das langsam verfallende Lokale. Wer damit behaftet ist, kann sich Mobilität nicht leisten, sondern verteidigt den Flächenanteil, der ihm das Leben diesseits des Abfalls zum Sozialfall erlaubt. Er kann sich vielleicht den Urlaubsflug leisten, nicht aber die Gleichgültigkeit, anwesend oder nicht anwesend zu sein.

Diese Extreme sind Positionslichter, die uns über die Breite des Grabens aufklären. Dazwischen liegt die Normalität. Die entscheidet sich nicht, wird aber irgendwann nach der einen oder anderen Seite kippen. Normalität ist der flächengreifende Lebensstil der gewöhnlichen Leute, die das ihnen zufallende Mehr an Zeit weder in artistische Ortlosigkeit noch in archaische Behauptung der Grundfläche investieren, sondern in die gewöhnliche Flächenevasion.

Die weltweite Verflechtung ist sicherlich die Grundlage der verschiedenen Formen lokaler Abwesenheit, aber kein zureichender Grund. Das tatsächliche Ausmaß des Herumreisens ist nur unter dem Gesichtspunkt verständlich, daß alle normalen Nutznießer, ganz egal auf welcher gesellschaftlichen Ebene und mit welchem finanziellen Rückhalt, jede sich bietende Gelegenheit nutzen, um der lokalen Anwesenheit zu entgehen und draußen in der weiten Welt zu sein. Ob Geschäfts-, Kongreß-, Ferienreise, alles ist Tourismus. Das Ausmaß an leeren Wohnungen, Betten, Küchen einerseits, leeren Schreibtischen, Diensträumen, Kathedern usw. andererseits ist jenseits aller ökonomischen Vernunft, aber weder privatwirtschaftlich noch im öffentlichen Dienst, noch subjektiv auf Verbraucherebene kanalisierbar.

Zur Ferne tritt die zunehmende Nahevasion in öffentliche Räume, für deren garantierte gesellschaftliche Dichte und Vergnügungsniveau entsprechend bezahlt wird: Erlebnisbäder, Restaurants, Cafés, Kaufhäuser, Konzerte usw. Die Flucht geht aus der Wohnung in Richtung Stadt – allerdings eine entmischte Freizeitstadt, die als Erscheinung, als Ausdehnung wie als Zeitverbrauch der Benutzer einerseits die Innenstädte massiv überformt, andererseits genausogut von Einkaufszentren im Grünen und Disney Worlds aufgefangen wird.

Das alles besagt, daß eben der subjektive Standard, der bisher das höchste Arbeitsziel war, dem zuliebe man Überstunden häufte bis zum Verzicht auf arbeitsunabhängiges Leben, nun, da man ihn hat, als Waldeseinsamkeit des einzelnen im geheizten, stereodurchrauschten Wohnbereich, als Leben in den eigenen vier Wänden unerträglich ist. Wer kann, entzieht sich.

Nicht zufällig – schon die installierte Technik besorgt die Entwertung der lokalen Anwesenheit nach innen. Die Anwesenheit eines Terminals oder Monitors saugt aus der lokalen Gegenwart die Würde des Hier und Jetzt heraus. Die erreichten Standards werden im selben Zuge bestätigt und entwertet. Daran ändern auch diejenigen Techniken nichts, die auf Managementebene inzwischen die Evasionskosten einzusparen suchen: Videoschulungen, -ansprachen, -konferenzen, weltweite firmeninterne Fernsehnetze via Satellit; oder, auf der anderen Seite, die Aufwertung des Fernsehens durch Geschichte live im Wohnzimmer.

Der Widerspruch von unerbittlicher Standarderfüllung und unwiderstehlicher Entwertung muß irgendwann Wirkungen haben, er kann nicht normal werden. Betrachtet man den Vorgang weniger kulturkritisch als mit einem neugierigen Zukunftsblick, dann deutet sich hier vermutlich ein Zusammenbruch des Standardzwanges an. Denn die Inanspruchnahme externer, gesellschaftlich dichterer Flächen wird weiter zunehmen, was für eine Mehrheit der Nutzer schon allein von den Kosten her auf ein Entweder-Oder zusteuert. Für relevante Bevölkerungsanteile könnte das eine altrömische Lösung bedeuten: sehr kleine, teure Wohnungen und Verlagerung des Alltags in die öffentlichen Bäder bzw. was dem heute, im weitesten Sinne, entspricht. Die heute noch zufällige Auslagerung kann längerfristig als Einsparung zu privatisierender Fläche angerechnet werden.

Mögliche Wirkungen räumlicher Nähe

Wem gelänge es, in das Mosaik von Modernisierungsenklaven mit einem winzigen Ruck etwas Ordnung hineinzubringen – keine gesellschaftliche Gesamtstrategie, keine Kaderarmee, kein Staatsprogramm, eher etwas, was an jene leise Wirkung erinnert, die einige Wissenschaftler dem Flügelschlag eines Schmetterlings zuschreiben, der an der entscheidenden Stelle zum entscheidenden Zeitpunkt eine unvorhersehbare Kettenreaktion auslöst?

Die psychischen Kosten der Modernisierung werden, seit wir weniger gebannt auf den Fortschritt schauen, immer deutlicher sichtbar, die Modernisierungsergebnisse sind subjektiv wie für die Erde gleich unerträglich. Eine Gesellschaft atomisierter Standardbesitzer ist, als Summe und nicht auf die Millionen prosperierender Individuen gesehen, weder sozial noch ökologisch lebensfähig. Wenn der Modernisierungsprozeß nicht wieder Bereiche hervorbringt, in denen die Individuen, außer daß sie mehr haben, sehen und erreichen als ihre Eltern und Ureltern, auch Lebenslust entwickeln können, die Zeit gibt, gesellschaftlich zu leben, dann wird er in sich zusammenbrechen. Daß die Menschenmengen der Dritten Welt nachkommen, die noch Hunger haben und das gesellschaftliche Elend der Besitzenden nicht kennen, ist kein Trost. Treten sie an unsere Stelle, werden sie früher oder später am gleichen Punkt enden.

Isolierung der Besitzer und Entleerung ihrer lokalen und lebenszeitlichen Gegenwarten sind kein meßbarer Krankheitszustand, nichts, was als Verelendungskraft einer revolutionären Sozialtheorie brauchbar ist – die Gesunden, die die Rücksichtslosen und unempfindsam Gewordenen oder Geborenen sind, haben immer die Übermacht, sonst wären sie nicht da, wo sie sind: oben. Aber die Stadt hat nicht die statistische Ruhe der Gesellschaft insgesamt. Hier konzentrieren sich die Konflikte. Tempo, Auslagerungsmöglichkeiten, Atomisierung, Einsamkeit kommen hier sehr schnell auf kritische Ebenen, die unübersehbar werden. Die Vielfalt der städtischen Situationen erlaubt es zwar, sich fast flächendeckend extern abzustützen, aber das nach wie vor steigende städtische Lebenstempo sagt auch, daß man schnell vom einen Abstützungspunkt zum andern weitergehen muß, sonst bricht das Eis. Die wenigen unvermeidlichen sozialen Beziehungen von Lebensperspektive und relativer Dauer: Liebesbeziehungen, Ehe, Kinder, werden ohnehin reziprok überfordert, da sie nicht mehr in einer gesellschaftlichen Form ruhen und Gesellschaft repräsentieren, im Vertrauen auf unendliche Ergänzungsfähigkeit, sondern verlorene Gesellschaft ersetzen müssen. Ihr Verbrauchstempo unterliegt dem Zwang, daß jeder einzelne sich ihrer bedient, so er ihrer habhaft werden kann, im Projekt seiner Selbstunternehmerschaft in Sachen Glück, Erfolg, Erträglichkeit des Lebens, der einsamen Zeit, leerer Tage, Nächte, Wohnungen, Straßen, so daß gerade die noch vorhandene soziale Nähe am leersten und am unerträglichsten zu werden droht.

Die Rückkehr gesellschaftlicher Nähe ist also eine Existenzfrage. Auf der Stadtebene ist das die Rückkehr räumlicher Nähe. Der Abbau sozialer Distanz ist weit vorangeschritten und wäre ein gesellschaftlicher Schatz, wenn noch irgend gesellschaftliche Substanz vorhanden wäre. Der Abbau zeitlicher Rigidität ist im Gange und würde ausreichend Lebenszeit freisetzen, wenn ausreichend gesellschaftliche Gegenständlichkeit zur Verfügung stünde. Das einzige, was noch als Planke bleibt, ist die Rückgewinnung räumlicher Nähe, als Voraussetzung und Baustein gesellschaftlicher Lebensfähigkeit.

Was bisher unter dem Thema Urbanität diskutiert oder versucht wurde, war ästhetisches Angebot. Architekten zeichneten italienische Piazzas, in der Erwartung, daß sie sich entsprechend beleben würden, Sozialpsychologen entwickelten Animationsprogramme für kritische Stadtviertel, in der Erwartung, Ereignisse könnten in Dauer, in Fähigkeiten der enteigneten Individuen umschlagen. Politiker versprachen sich von Kulturförderung die Wiedergewinnung gesellschaftlicher Zentralität der Städte, in dem naiven Vertrauen, befriedigte *yuppies* stellten städtische Gesellschaft her. Alles das war und ist ohne Boden, ohne Hand und Fuß. Es geht aber überhaupt nicht um Bilder und Erlebnisse. Es geht um die Grundlage gesellschaftlicher Gemeinsamkeit, die nur in Bedürfnissen und wechselseitigen unausweichlichen Angewiesenheiten und Gemeinsamkeiten bestehen kann.

Die räumliche Nähe ist nicht nur deren treffendster Ausdruck, sondern auch die materielle Grundlage der Realisierbarkeit. Die herrschende Maximierung von Distanz realisiert die Angewiesenheit nur als Projektion über die beherrschten Flächen, Entfernungen und Gütermengen hinweg. Wenn Flächenverknappung zu mehr räumlicher Nähe führen sollte, dann wäre die bislang abstrakte Angewiesenheit mit der ökologisch-ökonomischen Notwendigkeit der Nähe konfrontiert, die es an sich hat, ganz normale Abstützungen vorzuschlagen: Nachbarschaft, Nähe von Kontakten, Hilfestellungen, ohne daß jeweils eine Willensentscheidung und der moralische Aufwand einer Zuwendung aus Verantwortung, Liebe, Freundschaft oder ähnlichen Gründen zugemutet werden müßten. Die Nähe verwickelt von sich aus in die Verhältnisse der anderen, und ohne diese materielle Grundlage wird auch gefühlte Nähe abstrakt.

Das besagt nichts über die Formen, in denen sich Nähe herstellt. Weder wird die archaische Fixierung aufs Haus wiederkehren noch die archaische Familie. Wo die Orte der Nähe sein werden, ist unabsehbar, in welchem sozialen Austauschnetz sie zustande kommen, ebenfalls. Worauf es ankommt, das ist das Festhalten und Vorantreiben der im Modernisierungsprozeß enthaltenen Möglichkeit zur Freistellung von räumlicher Nähe, von lokaler Zeit, von gesellschaftlicher Verdichtung überhaupt.

Stadtstruktur

Für die Behausung von großen Menschenmengen haben wir zwei Modelle, die sich der Sache gewachsen zeigten: die historischen Städte und die modernen Selbsthilfesiedlungen der Südhalbkugel. Wir haben, ebenso wichtig, ein Beispiel dafür, wie es nicht geht: die Großsiedlungen der Moderne, unabhängig davon, welcher der »drei Welten« sie angehören, den reichen westlichen Industrieländern, dem zusammengebrochenen Ostblock oder den Entwicklungsländern.

Die positiven Beispiele sind aber auf die westliche industrielle Großstadt nicht übertragbar. Die Bedingungen der historischen Stadt sind verbraucht, der erhaltene Bestand kann zur Not bewahrt, aber nicht reproduziert werden. Die Selbsthilfesiedlungen setzen nicht nur, als Elendsökonomien, den Verzicht auf Stadtökologie voraus, sie sind auch funktional nicht zusätzlich belastbar. Nötig ist ein Modell für die selbstgesteuerte Veränderung eben der Großstädte, die wir haben.

Ein Bündnisvertrag

Was da gebraucht wird, kann keine aufzeichenbare Form sein. Es geht eher darum, einen Lernprozeß zu vereinbaren, der dazu dient, sich die benötigten Fähigkeiten anzueignen. Von Bündnis und Vertrag zu reden hat gewiß metaphorische Züge. Es geht aber durchaus um eine entscheidende Kehrtwendung, die politisch gefaßt sein will: die nachgeholte Versöhnung mit den Opfern der Modernisierung. Die europäische Stadt kann weder in ihre zerstörte Geschichte zurück, noch kann sie ihre Zentralität verleugnen und *favela* werden. Sie kann nur das Verlorene, was sie in ihren Opfern wiedererkennt, strukturell in sich selber zu wiederholen versuchen. Das Stadtmodell muß Bündnisse mit untereinander unvereinbaren Stadtmodellen eingehen können: mit den Potenzen der historischen Städte und mit denen der *favelas*.

Das setzt Abstraktion voraus und ein eigenes Projekt – man muß sich noch einmal von vorne auf die kleinsten zukünftigen Gemeinsamkeiten und größtmöglichen Spielräume einigen –, in das die zerstörten oder abgedrängten Alternativen zur Moderne wieder eingelassen werden können. Einen Heilshorizont, wie ihn die städtebauliche Moderne vor sich sah, gibt es nicht mehr. Ausschließende Konflikte, wie sie die Durchsetzung der Moderne prägten, kann man sich nicht leisten. Der Übersicht halber sei das als eine Art Dreieck der Imperative vorgestellt.

Der erste ist der der baulichen Modernisierung. Er muß aufs Praktische begrenzt werden, um fruchtbar zu sein. Es war ein Grundirrtum der Moderne, die technischen Entwicklungen als Metaphern gesellschaftlicher Veränderungen zu benutzen und damit auf beiden Ebenen den Sachstand zu vernebeln.[1] Die technischen Entwicklungen sind nicht dazu da, einmal mehr zu Kathedralen sich selbst genügender Technoästhetik zu erstarren, sondern die wirkliche Herausforderung beginnt da, wo neueste Technik das Älteste wieder möglich macht, menschliche und funktionale Dichte. Es war die Perversion der Moderne, daß sie sich nur über das Wegräumen des Vorhandenen glaubte artikulieren zu können. Interessant sind heute die Techniken, die es erlauben, das Vorhandene zu öffnen und neu zu interpretieren.

Der zweite Imperativ gibt auf, aus der europäischen Stadtgeschichte zu lernen. Das Interregnum der Moderne war nicht nutzlos. Es hat dazu gedient, die Bausteine der europäischen Stadt von der Grundlage der Mangelökonomie zu befreien, die sie in ihrer Reichweite beschränkte. Das Fegefeuer der Moderne entläßt sie gereinigt, ohne Ursprungszwänge und ohne den Grund, es sei alles nur so, weil zu anderem die Mittel fehlen. Heute, wo es diese historische Stadt nur noch an den Rändern gibt, wird sie zu einer kritischen Funktion, die auf das Vorhandene bezogen werden kann. Ihr kritischer Text ist der der hochgradigen arbeitsteiligen Differenzierung und Mischung, unter einem spezifischen Formdruck, den man heute, um nicht mißverstanden zu werden, nicht mehr ästhetisch, sondern nur noch strukturell beschreiben darf, als Druck einer Ökonomie der Zentrierung und Dichte. Zentrierend wirken nicht mehr Götterorte oder Handlungsorte politischer Herrschaft, sondern der kapitalisierte Boden. Worauf es ankommt, ist aber die besondere Weise dieser Wirkung, ihre unweigerliche Koppelung mit Kultur.

---

1 Zum Inszenierungscharakter der angeblich industriellen Bautechnologie in den zwanziger Jahren vgl. L. Scarpa, *Martin Wagner und Berlin*, Braunschweig/Wiesbaden 1986, S. 36 ff.

Der dritte Imperativ ist der der sozialen Autonomie, wie sie die unterschiedlichsten Selbsthilfesiedlungen der Dritten Welt unter Beweis stellen. Die einfachen Grundformen der Stadt, Straße, Block, Parzelle, stellen für die Stadtentwicklung jene Entlastungsfunktion repetitiver zellularer Ordnungen dar, die es dem Stadtgeflecht erlaubt, sich aufgrund vorliegender Muster auch ungeplant zu erweitern und sich, wo Zerstörungen auftreten, spontan wieder zu schließen. Ohne diese Selbsttätigkeit geht es nicht, und alle Planungstätigkeit hat nur den einen Zweck, diese Selbststeuerung wieder zu ermöglichen, mit allen basisdemokratischen Voraussetzungen und Folgen, die das hat.

Bild und Struktur

Was hier bewußt fehlt, ist die ästhetische Seite der Sache.[2] Das ist als Sicherung unabdingbar, sowohl, um nicht in Historismus zu verfallen, wie auch, um nicht, statt der Stadtplanungsinstanz der Moderne, zu anderen Ermächtigungen zu kommen, z. B. der heute üblichen Kurzschließung von Developern und Architekten. Die Moderne hat endgültig Bild und Funktion getrennt.[3]

Das Auseinandertreiben war der Motor der Moderne selbst, und nur auf diese Weise konnte sie die alte Stadt so widerspruchslos zerstört hinter sich zurücklassen. Sobald man die Begrifflichkeit der Selbsterklärung der Moderne beiseite rückt, wird ihre Doppelnatur unübersehbar, innerhalb deren nichts das war, was es zu sein vorgab. Von Anfang an gab es eine sich durch Legung falscher Fährten gegen politische, soziale, ökonomische Widerstände immunisierende Doppelbewegung: Camillo Sitte und die Gartenstadt von Unwin einerseits, die rationalistische Antwort der Stadtmaschine andererseits.

Sieht man beides zusammen, machen sie sich wechselseitig

2 Darin liegt der entscheidende Unterschied zu dem Ansatz von Aldo Rossi (*Die Architektur der Stadt. Skizze zu einer grundlegenden Theorie des Urbanen*, Düsseldorf 1973), der seine Kritik der Moderne entschärfte, indem er sie im Rahmen einer Legitimation seines architektonischen Entwurfsinteresses betrieb. Die ästhetische Kritik greift allemal zu kurz. Man muß die Moderne auf ihrem eigenen Legitimationsgebiet, der Funktionsfähigkeit der Stadt, überwinden.

3 Vgl. D. Hoffmann-Axthelm, *Über das Verhältnis von Ästhetik und Objektplanung*, in: *Wie kommt die Geschichte ins Entwerfen*, Braunschweig/Wiesbaden 1987, S. 14 ff.

durchschaubar. Die vergebliche Rückkehr zur Stadtgestalt von Sitte bis zum Heimatstil der DAF maskierte eine gigantische strukturelle Modernisierung der Stadt: die Enteignung des Kleinbürgertums als Träger der Parzellenstruktur, die Auflösung funktionaler Verschränkungen, des liberalen Baurechts und der von ihm eingeräumten Anteile an sozialer und ästhetischer Autonomie.[4] Die von Le Corbusiers Rationalismus bis zu Reichows völkischer Metaphorik reichende Auflösung der Stadt in ein technisches Schema getrennter Funktionen war eine ebenso gigantische ästhetische Modernisierung: die Ablösung der Stadterfahrung vom konkreten Stadtkörper, von der Maßstäblichkeit fußläufiger Räume, von der Materialität des Gebauten – die Errichtung eines autonomen, Technik, Fortschritt und Moderne plakativ, als Zeichentafel, reproduzierenden Bildes der Stadt, unbekümmert um die sozialen und ökonomischen Notwendigkeiten, deren zwingende Konsequenz zu sein es behauptet. Der Funktionalismus war, trotz seiner sozialpolitischen Parolen, zuerst eine Ästhetik, die konservative Stadtbaukunst wurde, obwohl sie Ästhetik sein wollte, ein politisch-ökonomisches Gleichschaltungsmodell. Das Zusammenkleben beider Gesichter macht das Elend der Moderne aus, das man nicht begreift, solange man der Legende der funktionalistischen Moderne vertraut.

Beiden Gesichtern der Moderne war der ästhetische Überhang gemeinsam, der sie in diktatorischen Verordnungen auftreten ließ. Gemeinsam war ihnen zwangsläufig auch der Haß auf das 19. Jahrhundert. Etwas Totalitäres steckt notwendigerweise darin: Es wurde ein herzustellendes Gesamtbild der Stadt gegen die widersprüchliche wirkliche Stadt mobilisiert – gegen die anarchische Stadt aus Einzelgrundstücken, widerspenstigen Einzelinteressen, sozialer Gegenmacht –, im Bündnis mit den jeweiligen Profiteuren der Vereinheitlichung, Bauwirtschaft, Großindustrie, Politik, Gewerkschaften. Das Totalitäre prägte gerade auch den Sprachgebrauch der Funktionsästhetik: Man sprach vom neuen Bauwillen,

---

4 Was Unwin angeht, ist die Ambivalenz von Stadtdesign und Technokratie als Grundstruktur seiner »Grundlagen des Städtebaus« greifbar: Seine Stadtästhetik ruht, wie insbesondere das 9. Kapitel über die Bauplätze zeigt, auf einem bauökonomischen Pragmatismus auf. Zur entsprechenden Deutung der deutschen Entwicklung vgl. D. Hoffmann-Axthelm, *Die verpaßte Stadt. Innenstadt Kassel, Zustandsanalyse und Methodik der Wiedergewinnung*, Kassel 1989, S. 14 ff.; ders., *Typologie und Populismus*, in: *Wie kommt die Geschichte ins Entwerfen*, a.a.O., S. 86 ff.

von der neuen Stadt, und zeigte die militärischen Reihen weißer knapper kubiger Zeilenbauten vor. Der Aufstieg des Architekten zum Kommissar war nur die logische Folgerung: May in der UdSSR, Speer in Berlin. Das waren auch aufeinander bezogene Architektenabenteuer, Ästhetiken, Filme. Beide Abenteuer brauchten den Krieg, um ihre Stadt bauen zu können. Einmal an der Arbeit, war es zu spät, sie in Sozialisten und Nazis zu scheiden. Sie waren einander näher als Dr. Jekyll und Mr. Hyde.

Das Bild, die neue Stadt der einen oder der anderen, kam natürlich in der Realisation von dem Augenblick, wo sie massenhaft wurde, ob 1930 oder 1950, nicht mehr vor. Seitdem haben wir das Bild der Stadt hinter uns. Dieser Bruch ist definitiv. Von da an sind alle Bildprojekte keine Projekte gegenständlicher Stadt, sondern interessierte Durchsetzungsstrategien. Seitdem gilt: Wenn Architekten anfangen, vom Bild der Stadt zu reden, ist es Zeit, die nächste Bürgerinitiative zu gründen.

Was zurückbleibt, ist die vorhandene Stadt. Für sie gibt es keine Kategorien mehr, abgesehen von den historischen, von denen ja jeder einsieht, daß sie heute nicht mehr brauchbar sind. Die wirkliche vorhandene Stadt bleibt im dunkeln. Mit der Ästhetik hat sich auch die Planungspraxis von der wirklichen Stadt gelöst. In der Ablösung steckt die politische und ökonomische Macht: Sämtlichen politischen und bauwirtschaftlichen Unternehmungen ist die wirkliche Stadt im Wege. Öffentliche Sozial- und Baupolitik wie private Investoren und Developer brauchen Leerfläche. Ob das tatsächlich durch Abriß gewonnene Fläche, ein entmietetes Viertel oder ein aus dem sozialen Zusammenhang gerissenes Baudenkmal ist, ist zweitrangig.

Funktion und Fläche

Die Trennung von Bild und Struktur dient der Freilegung einer Ebene, auf der von der Stadt geredet werden kann, ohne sie schon im Gebrauch der Instrumente zu verfehlen. Die Bildprojektion ist die am schwersten zu durchschauende Ebene. Sie hat jedoch ein gleichartiges Pendant auf der Gegenseite der bildlosen Funktionen: die Planung. Planung ist das, was am Gesamtentwurf der Moderne ohne Architektur und Bautechnik ausdrückbar war, überhaupt ohne Dinglichkeit, als Gerüst der Funktionen.

Funktionen sind arbeitsteilig isolierte und innerhalb linearer Zeitabfolgen reintegrierte Elemente städtischen Lebens. Der funktionale Zugriff enthält von vornherein den doppelten Zwang, einerseits zu zerlegen und zu sondern, um zu kontrollierbaren Einheiten zu kommen, andererseits dann diese herausgelösten Einheiten wiederum zum Maßstab für die Paßgenauigkeit aller zugehörigen Verhältnisse zu machen und diese im Interesse ihrer störungsfreien zeitlichen Verschränkung zu optimieren. Die funktionale Stadt, durchgesetzt, wäre die taylorisierte Stadt. Aber was in der Fabrik lange Zeit natürlich schien – bereits Arkwright legte die Spindeln seines Waterframe so niedrig, daß sie in Höhe der Hände der vierjährigen Mädchen waren, die sie bedienten –, wird, auf die Stadt, auf Straße, Haus, Wohnung bezogen, zu einer nie abschließbaren Spirale der Spezialisierung.

Die Stadt ist keine Fabrik. Ihr fehlt das ökonomische Subjekt, das sie insgesamt zu optimieren zwänge, es fehlt der eindeutige Gegenstand des Zugriffs. Nirgendwo gibt es der Arbeitsleistung entsprechende Vereindeutigungen städtischen Lebens, die einem REFA-Ingenieur erlaubten, Funktionseinheiten wirklich abzugrenzen und ihre Effektivität zu überprüfen. Schon die funktionale Abgrenzung der Stadt insgesamt mißlingt zwingend[5]: Es fehlt je länger, desto mehr das Außen, auf dessen Ausbeutung eine innere Optimierung aufbauen könnte.

Das stadtplanerische Reden von Funktionen hat also stark metaphorische Züge, und eine anerkannte Systematik der Funktionen, vergleichbar der betrieblichen Arbeitsanalyse, gibt es nicht. Grobeinteilungen wie Arbeit, Wohnen, technische Infrastruktur, soziale Infrastruktur sind von der wirklichen Stadt weit weg, und man muß sich hier, wie bei jeder anderen Liste, zuallererst fragen, aus welcher Perspektive sie vorgenommen wird und was sie trifft. Die genannte klassische Vierteilung ist sicherlich für Zählungen geeignet. Eine räumlich viergeteilte Stadt, die jeder Funktion ihr getrenntes Stadtviertel zuwiese, würde aber sofort zusammenbrechen, aufgrund der räumlichen, funktionellen, sozialen Extreme, die in den Funktionseinheiten Arbeit und Wohnen einbegriffen sind.

Andererseits ist die Ausweisung gesonderter Flächen der praktische und methodische Ausgangspunkt funktionaler Trennung. Die

5 Vgl. P. Hall, in: P. Hall, R. Thomas, H. Gracey, R. Drewett, *The Containment of Urban England*, London/Beverly Hills 1973, S. 45.

Urbanistik entstand im vorigen Jahrhundert als Instrumentarium funktionaler Trennung, aber mit dem gesellschaftlichen Auftrag sozialer Trennung, sozial segmentierter Stadt. Bereits im Ansatz also steckt die prinzipielle Unstimmigkeit: die Vermengung von sozialer/räumlicher und funktionaler/zeitlicher Trennung. Unstimmig sind daran die entgegengesetzten Vorgeschichten, das archaische Zuteilen von Territorien einerseits, die moderne tayloristische Zerlegung von Prozessen andererseits. Entmischte Funktionen brauchen Platz wie die traditionelle gemischte Häuslichkeit. Daß diese entmischten Flächen territorial gebündelt, Arbeits-, Wohn-, Verkehrs-, Erholungsflächen usw. für sich genommen werden und eigene abgegrenzte Stadtbereiche bilden würden, diese fixe Idee der modernen Planung folgt daraus keineswegs.

Hier trat denn auch, als das Instrumentarium in den siebziger Jahren des 19. Jahrhunderts geschmiedet wurde, eine ganz andere Argumentation ein, die sozialhygienische. Sie behauptete, Vermischung fördere Seuchen und soziale Unordnung (inzwischen ist die Behauptung zweckdienlich abgeschliffen, es ist nur noch von störenden Nutzungen die Rede, die man herausverlagert oder durch Abstandsregelungen auf Distanz bringt).

Die Ausbildung getrennter Stadtbereiche scheint eine Bedingung der Stadtwerdung überhaupt zu sein, in dem Augenblick, wo einer agrarischen Siedlung Priester-, Handels- und Militärbevölkerungen überschichtet werden. Die Ghettoisierung einzelner Berufe ist offenbar archaische Bedingung der Entstehung von Arbeitsteilung, verknüpft mit der Integration unterjochter Bevölkerungen in das Weltbild von herrschenden Kriegernomaden. Ethnische Stadtviertel waren jedenfalls eine Eigenschaft der hellenistischen Stadt. Die islamische Stadt schloß, gerade weil sie keine eigene Gemeindestruktur ausbildete, diese ethnischen Viertel wie eigene Städte gegeneinander ab; in Jerusalem besteht der Zustand bis heute.[6]

In der europäischen Stadt wurde aber die Abschließung unterschiedlicher Städte mit unterschiedlichem Recht am selben Orte

6 Vgl. H. Gaube, *Die islamisch-orientalische Stadt und ihre Bewohner*, in: *Land des Baal. Syrien – Forum der Völker und Kulturen*, Katalog, Berlin 1982; Dorothée Sack, *Damaskus – Die antike und islamische Stadt*, a.a.O., S. 360 ff.; zur mangelnden Ausbildung korporativer Formen vgl. S. M. Stern, *The Constitution of the Islamic City*, in: A. Hourani, S. M. Stern, *The Islamic City*, Oxford 1970, S. 25 ff., und C. Cahen, *Y a-t-il eu des corporations professionelles dans le monde musulman classique? Quelques notes et réflexions*, in: ebd., S. 51 ff.

um 1200 grundsätzlich überwunden, zugunsten der Großordnung Stadt. Dem glich sich Schritt für Schritt die Rechtsstellung der Bewohner an: Am Ende dieser Entwicklung machte Stadtluft frei. Daß gleiche Berufe in eigenen Straßen zusammengefaßt waren, hatte keine rechtlich scheidende und keine städtebaulich organisierende Funktion. Doch sind die Judenhöfe weiter Städte in der Stadt geblieben, teils ummauert, der städtischen Gerichtsbarkeit entzogen. Als sie endlich verschwanden, kamen mitten in den großen Städten bereits die Elendshöfe der Arbeiterfamilien, der einwandernden Landarbeiter auf, gerade rechtzeitig, um die Erinnerung des Ausschließens festzuhalten, während sich, in London seit dem Beginn des 18. Jahrhunderts, die jeweils führenden Gesellschaftsschichten in exklusiven Stadterweiterungen installierten.

Es ist klar, daß es zwischen beiden Segregationsformen keine unmittelbare Verbindung gibt. Die moderne Trennung beruht, Ergebnis der bürgerlichen Revolutionen, auf dem Recht der Freizügigkeit, das für jeden, der es sich leisten kann, die Möglichkeit einschließt, das Zusammenwohnen mit Krethi und Plethi zu verweigern. Es gibt keine festen Grenzen, keine Mauern, keine politischen Scheidungen, wohl aber stellt sich die Scheidung mit zwingender Gewalt über den Boden-, Haus- und Wohnungsmarkt her. Wohlstandsviertel und Armutsviertel stabilisieren sich wechselseitig, die besseren Viertel differenzieren sich entlang ihrer jeweils geringeren oder größeren Distanz zur untersten Ebene, den Einwanderungsvierteln. Auch hier noch greifen historische Muster und mitgebrachte Erfahrungen ein, die eine allzu bündige Ableitung der Segmentierung aus der Grundrente[7] verbieten: Herbert Gans hat seinerzeit zu bedenken gegeben, daß auch die Einwandererbevölkerungen nicht einfach nur in besondere Zonen gedrängt werden, sondern ihren geschlossenen, verteidigbaren Bereich brauchen, um die eigene Lage, sowohl die Verstädterung als auch die dauerhafte Marginalisierung aufgrund von Arbeitslosigkeit oder Hautfarbe oder beidem, zu ertragen.[8]

Der Absicht nach ging es um Klassentrennung. In England gab es sie von langer Hand, und der Blick nach England war letztendlich immer hierauf gerichtet, schon bei V. A. Huber. Mit ihm be-

---

7 Vgl. M.Castells, *Die kapitalistische Stadt*, a.a.O., S. 112 ff.
8 H. J. Gans, *Der Fehlschlag der Stadterneuerung. Kritik und einige Vorschläge* (1965), in: Büro für Stadtsanierung und soziale Arbeit (Hg.), *Sanierung für wen? Eine Textsammlung*, Berlin ²1971, S. 119 f.

ginnt also die Polemik gegen die Mietskasernenstadt, gegen »die
massenhafte Gleichförmigkeit in allen Teilen der Stadt«[9], den
Reichtum im Vorderhaus, die Armut in den Hintergebäuden –
kurz, gegen die soziale Nähe. E. Bruch, in seiner von manischer
Revolutionsfurcht geplagten Polemik gegen James Hobrechts Berliner Stadterweiterung, forderte die Klassentrennung unumwun-
den.[10]

Damit war klar, daß das urbanistische Trennungsverfahren den
Charakter eines sozialpolitischen Kreuzzugs trug. Das Industrie-
proletariat war ein Feind der bürgerlichen Ordnung, den es vielleicht durch bessere Wohnverhältnisse zu mäßigen, vor allem aber
auf Distanz zu halten galt – Städtebau als Damm gegen den Kommunismus. Das war auf dem Kontinent als offene politische Forderung nur nicht opportun. R. Baumeister erklärte denn auch in
seinem Handbuch, die Klassentrennung sei bedenklich, dagegen
gelte es, zu einer Funktionstrennung zu kommen.[11]

Damit war eine entscheidende Parole aufgestellt. Gegen die hygienisch empfohlene Funktionstrennung war nichts einzuwenden.
Es reichte, etwas von den Vorstellungen ständischer Gliederung
der konservativen Stadtkritiker zu überblenden[12], um zu einer un-
verfänglichen Mechanik sozialer Selektion zu kommen. Ebendas
leistete für die erste Generation wissenschaftlicher Planer das Instrument der Zonenausweisung. Das Frankfurter Zonierungsge-
setz von 1891 ist dafür das klassische Modell: Es sortierte nicht
Funktionen auseinander, sondern bestimmte zonenspezifisch erlaubte Bautypen, die über den Bau- und Wohnungsmarkt unmittelbar die soziale Selektion organisierten.[13] Frankfurt wurde das
national und international nachgeahmte Beispiel einer zonierten

9 Hubers Bericht über seine Englandreise 1845, zit. nach J. Geist, K. Kürvers, *Das
   Berliner Mietshaus*, Bd. 1, 1740-1860, a.a.O., S. 427.
10 *Berlins bauliche Zukunft und der Bebauungsplan*, a.a.O., S. 86.
11 *Stadt-Erweiterungen in technischer, baupolizeilicher und wirtschaftlicher Beziehung*, a.a.O., S. 79 ff.
12 Die sieben Zonen der Zukunftsstadt von Th. Fritsch stellen diese Überblendung
   von Funktionstrennung und ständischer Gliederung am offensten dar, vgl. dazu
   die bei J. Posener, *Berlin auf dem Wege zu einer neuen Architektur. Das Zeitalter
   Wilhelms II.*, München 1979, S. 281 f., abgedruckten Schemata und Textauszüge
   aus Fritschs Buch *Die Stadt der Zukunft* (1896).
13 So hieß die Zulassung von Fabriken, daß hier errichteter Wohnungsbau für Arbeiter bestimmt sein würde, und umgekehrt. Vgl. A. Weiland, *Die Frankfurter Zonenbauordnung von 1891 – eine »fortschrittliche« Bauordnung? Versuch einer
   Entmystifizierung*, in: J. Rodriguez-Lores/G. Fehl (Hg.), *Städtebaureform*

Stadt. Auf dem Kongreß der deutschen Stadtplaner 1893 in Würzburg setzte Baumeister an der Seite des Frankfurter Oberbürgermeisters Adickes, Autor der Frankfurter Zonierungsordnung, die Zonierung als neue urbanistische Zielangabe durch.[14]

Die Erklärung von La Sarraz vom 28. 7. 1928[15], bekannt geworden in der späteren Form als Charta von Athen, geht gerade umgekehrt vor. Entsprechend unrealistisch ist das Dokument. Die berühmten vier Schlüsselfunktionen: Arbeiten, Wohnen, Erholung, Verkehr, beschreiben nur jenen kleinen Ausschnitt städtischen Lebens, den vermutlich ein utopischer Sklavenstaat auch auswählen würde. Die proklamierte Stadt ist eine fordistisch-tayloristisch organisierte Region, in deren Flächenmuster z. B. die Besitzer der Fabriken, Banken usw., das Kleinbürgertum (Selbständige, Handwerker, Kleinproduzenten usw.), die Armen und Arbeitslosen nicht vorkommen. Alle sind offenbar gleich, arbeiten in Fabriken und Büros, brauchen eine Wohnung und Verkehrsmittel, um diese zu erreichen, und sonntags und in den Ferien Erholungsmöglichkeiten. Unter marktwirtschaftlichen Verhältnissen ist die Grundannahme absurd, und selbst in der entmischten Arbeitnehmergesellschaft des realen Sozialismus, auf den das Programm zugeschnitten ist, erwies sich der funktionale Rahmen als zu eng.

Die CIAM, weitgehend eine Architektenveranstaltung, waren freilich nur eine, die weniger wirksame, Fraktion der Funktionalisten. Die andere war der englisch-skandinavische Grüngürtelsozialismus[16], der mit realisierten Beispielen in der Linie der Howardschen Ideale beeindruckte, prototypisch verwirklicht in den britischen New Towns und im berühmten Greater London-Plan von Patrick Abercrombie, 1944. Das Stadtideal einer durchgrünten Stadt niederer Dichte schlug im Zusammentreffen mit den tatsächlichen, von den sich tertiärisierenden Kernen aus unaufhalt-

1865-1900. *Von Licht, Luft und Ordnung in der Stadt der Gründerzeit*, Hamburg 1985, 2. Halbbd., S. 343 ff.

14 Vgl. F. Mancuso, *Le vicende dello zoning*, a.a.O., S. 13, auch S. 110 ff.

15 Von Le Corbusier eingearbeitet in die 1933 verabschiedete, 1943 erstmals veröffentlichte und erst 1962 in deutscher Übersetzung erschienene Charta von Athen, siehe T. Hilpert, *Le Corbusiers »Charta von Athen«. Texte und Dokumente*. Kritische Neuausgabe, Braunschweig/Wiesbaden ²1988.

16 Vgl. P. Hall, a.a.O., S. 106 ff.; L. S. Bourne, *Urban Systems. Strategies for Regulation. A Comparison of Politics in Britain, Sweden, Australia and Canada*, Oxford 1975.

sam expandierenden Städten zwangsläufig um in jenes idealistische Flächenpuzzle, das bereits den *Green Belt* von Abercrombie auszeichnet. Das verbindende Instrument aller aus der Moderne hervorgegangenen Stadtplanung ist denn auch ein Flächenplan, der den Beweis des durchgesetzten Funktionalismus schuldig bleibt.

Der Konflikt zwischen Funktionstrennung und Flächenwidmungen wird seitdem ungelöst mitgeschleppt. Die monofunktionale Flächenwidmung ist dabei nur eine Schicht unter anderen, ebenso sichert der Plan Standorte sozialer Infrastruktur, enthält zonierende Bestimmungen für Gebäudetyp, Bauweise, Geschoßzahl, Dichte. Je buntscheckiger ein Flächennutzungsplan ist, desto realistischer; je realistischer, desto weniger vermag er zu regulieren, desto mehr ist er statt eines Gebots ein kognitives Modell, das wesentlich die Aufgabe hat, die Diskussion über Stadtentwicklung politisch operabel zu machen.

Gerade auch ein relativ unideologischer Flächennutzungsplan transportiert aber die entscheidende Weichenstellung, städtische Konflikte als Flächenkonflikte zu formulieren und in dieser Form zur Entscheidung vorzuschlagen. Die Gesellschaft besteht aus Konflikten, der Plan dagegen spricht von Flächenanteilen als Teilen einer technisch konzipierten Maschine. Es ist offensichtlich, daß die Darstellung sozialer und politischer Konflikte als Flächenkonflikte weder kostenlos noch neutral ist.

Die ständige Zuspitzung des Plans auf die in Bewegung befindlichen Konflikte und Bedingungsänderungen entwickelt also eine doppelte Beschwerung des Verfahrens: Auf der einen Seite müssen alle Veränderungen wiederum im vorhandenen Flächentext ausgedrückt und zu Entscheidungen umgearbeitet werden, so daß es, von unterschiedlichen Verwaltungsebenen, Verwaltungen oder Verwaltungsabteilungen vorgetragen, zu immer neuen Planungsebenen und sogar zu konkurrierenden Plänen kommt[17]; auf der anderen Seite ist die Beantwortung struktureller Probleme durch Flächenaussagen längst zum Selbstläufer geworden und konditioniert als Bleigewicht der bereits geschaffenen Besitzstände den Bewegungsspielraum der Kontrahenten, gleich ob Bürger, Investoren oder Verwaltung.

Dabei geht ständig Wirksamkeit verloren. Der Umweg über die Fläche macht den Plan zu einem kasuistischen Flickwerk, das nie-

17 In Berlin z. B.: Räumliches Entwicklungsmodell, Landschaftsprogramm, Bereichsentwicklungsplanung, städtebauliche, Block- und Freiraumkonzepte.

mand ernst nimmt, zwingt andererseits die realen Verhältnisse, sich in einer schwerfälligen Panzerung großflächiger Ausweisungen zu bewegen, die je länger, desto deutlicher kontraproduktiv ist, weil die Anforderungen an der Wurzel gar nicht auf mehr Fläche zielen, sondern auf bessere Vernetzung. Es erfordert einen völlig unsinnigen Aufwand an Verhandlungszeit, innerhalb des flächenrechtlichen Korsetts noch Elemente von Vernunft einzubringen und Wandel möglich zu machen. Die Entflechtung zu getrennten Funktionen und deren Ausstattung mit Flächen schaffen unverhältnismäßig mehr neue Probleme, als sie lösen. Es muß genau umgekehrt gedacht werden.

Stadtstruktur

Für die umgekehrte Denkrichtung, die einer maximalen Verschränkung am einzelnen Ort, steht hier der Ausdruck Stadtstruktur. In der Urbanistik ist Struktur teils ein Deckname für das, was aus der alten Morphologie, dem Blick auf die Stadtgestalt, geworden ist[18], teils steht es für Typen der Siedlungsbildung (insofern sind Siena oder Amsterdam-Bejmermeer unterschiedliche Stadtstrukturen). Aber die Muster statistischer Dichten sagen über die Stadt sowenig aus wie die ahistorische Beschreibung jedweden Stadtaufbaus als Struktur. Angesichts der geringen Ergiebigkeit des Strukturbegriffs als durchlaufender methodischer Ebene scheint es produktiver, sich an den anderen Rand des Bedeutungsfeldes zu halten, die besondere, konkrete, lokale Seite[19], also gewissermaßen an Struktur als Gegenstand (ohne daß das als Aufruf zur methodischen Naivität gedacht ist), genauer: als gegenständlichen Zerlegungsvorgang.

Dann ist vor allem die Frage, welche historische Entwicklung die strukturelle Redeweise freistellt. Struktur wäre dann das Modell einer seriellen Aufgliederung, in dem alle erwünschten Verflechtungen von Nutzung und gebauter Stadt ausdrückbar sind um den Preis der Enttäuschung, also unter Aufhebung aller religiösen, politischen, ästhetischen Überhöhungen und säkularen Versprechen. Jenseits der explodierten Stadtgestalt ist, behaupte ich, illusionslose strukturelle Komplexität die einzige verbleibende Art

18 P. Hall, *Containment*, a.a.O.
19 Vgl. C. Lévi-Strauss, *La pensée sauvage*, Paris 1962, S. 287.

und Weise, vom Stadtganzen zu reden. Struktur bezeichnet die jeweilige Textur, das Verknüpfungsmodell, aus dem sich größere oder auch sehr große Einheiten aufbauen. Der Schwerpunkt liegt nicht beim Gesamtüberblick, sondern bei den Eigenschaften des kleinsten Bausteins. Ein vormodernes Wort für Struktur ist Gefüge: ein Zusammenhang noch vor der Trennung zwischen Gebautem und Sozialem (erst die Moderne hat geglaubt, daß man so trennen kann und muß, mit den bewußten Folgen).

Von Struktur zu reden statt von Gestalt oder Geflecht (Struktur gleich Rhizom[20]) heißt allerdings, die zwischengekommene Moderne nicht zu leugnen. Das Geflecht ist zerstört und weder als Wirklichkeit noch als Denkweise wiederherstellbar. Was als Denkweise und Ergebnis möglich ist, ist die Wiederaneignung nach dem Durchgang durch Zerlegung und Abstraktion. Das ist die Ebene des Stoffwechsels, des Ineinanders von Zerfall und Restrukturierung, statt der großen Modelle, die von einer glücklichen Kontinuität – neue Stadt – reden. Strukturell vorzugehen heißt, die volle Komplexität des Stadtzusammenhangs aufzunehmen und auf die kleinste operative Einheit der Stadt abzubilden.

Unter dem Titel Struktur geht es um die Leistung städtischer Zusammenhänge. Leistung ist dabei nicht einseitig als Abarbeiten bestimmter, stets einseitig definierter Funktionen zu verstehen, sondern als Frage der Belastbarkeit. Es kann nicht als Aufgabe der Stadt vorausgesetzt werden, sie habe als Vehikel fortgesetzten wirtschaftlichen Wachstums zu dienen. Wenn sich das wirtschaftliche Wachstum verabschiedet, was in der Stadtgeschichte ein Normalfall ist, ändert das nichts an den Aufgaben, sondern erschwert nur ihre Erfüllung. Aufgabe der Stadt ist es, den auf Beisammensein großer Menschenmengen angelegten Anteil gesellschaftlicher Verrichtungen, so wie sie sind, so gut wie möglich unterzubringen.

Erfolgreiche Stadtstrukturen sind mit sozialer Erfahrung angefüllt. Sie haben Zusammenbrüche erlebt – und überstanden. Erst die Moderne entwickelte Standards, die nur in Prosperitätszeiten zu errichten und aufrechtzuerhalten sind. Die Moderne ist ein Wahnsystem. Im Bauplanungsvorgang waren Veralten und Abriß bereits mitgedacht[21], und dieselbe Ambivalenz der Moderne erscheint, wenn der neue Plan zwischenzeitlich auch als geeignet für

20 G. Deleuze, F. Guattari, *Rhizom*, Berlin 1977, S. 8 ff.
21 Vgl. die Nachweise für Martin Wagner in: L. Scarpa, a.a.O., S. 146 f.

den Bombenkrieg dargestellt werden konnte.[22] Beides beruht auf
einer falschen Auffassung von Normalität. Hochkonjunkturen
sind sowenig als Normalzustände festzuhalten wie die staatswirt-
schaftliche Forcierung des Wohnungsbaus, beides bricht an einem
bestimmten Punkt zusammen, und erst dann beginnt Normalität.
Ebenso ist der Katastrophenfall mit dem Augenblick der Zerstörung völlig falsch identifiziert – er tritt, hält man sich an diesen einen Fall, erst dann ein, wenn die Zerstörung vorbei ist und die
Menschen auf der Straße sitzen. Dann fragt sich, wie haltbar die
Stadt ist – nicht als Baumaterial, sondern als Zusammenhalt.

   Daß das Zusammenschalten kleiner Einheiten sinnvoller ist als
die Konstruktion von Großmaschinen, ist zeitgenössische Denkfigur schlechthin.[23] Als Modell liegt die Sache in der Biologie vor aller Augen: Bienen- oder Ameisenvölker sind schwerverletzliche
Produktionseinheiten, weil sie den Aufwand eines besonderen
Steuerungsapparats sparen und die Steuerung auf der Ebene der arbeitsteilig vorgehenden einzelnen Tiere installieren. In den Naturwissenschaften sind die Begriffe Komplexität und Selbststeuerung
zu Schlüsselbegriffen geworden[24], und wenn die Ausflüge Progo-
gines und Maturanas in die Soziologie zwar unverändert peinlich
sind, so gibt es doch nicht nur Überführungsversuche[25], sondern
auch die Möglichkeit, darin ebenjene sozialen Bindungsmächte
wiederzuerkennen, die uns Behaviorismus, Funktionalismus und
Analytik seit bald einem Jahrhundert auszureden versuchten.
   Bindungsmacht ist ein Phänomen auf der Kippe zwischen Na-

22 Vgl. W. Durth, N. Gutschow, *Träume in Trümmern. Planungen zum Wiederaufbau deutscher Städte im Westen Deutschlands*, Braunschweig 1988, Bd. 1, S. 24 f.
23 Vgl. einerseits die Science-fiction-Texte von Lem, etwa *Solaris* (1972 u. ö.), oder,
   dasselbe in Traktatform, *Waffensysteme im 21. Jahrhundert* oder *The Upside
   Down Evolution*, Frankfurt am Main 1983; aber auch bereits E. Jünger, *Gläserne
   Bienen*. Andererseits ein besonders eindrucksvolles Beispiel aus der Pflanzenphy-
   siologie: die Phototaxis gesellschaftlich auftretender Einzeller, vor allem der Vol-
   voxarten, siehe W. Haupt, *Bewegungsphysiologie der Pflanzen*, Stuttgart 1977,
   S. 239.
24 Vgl. I. Prigogine, *Vom Sein zum Werden. Zeit und Komplexität in den Naturwissenschaften*, München/Zürich ⁵1988; E. Jantsch, *Die Selbstorganisation des Universums*, a.a.O., insbesondere S. 99 ff.; H. R. Maturana, F. Varela, *Der Baum der
   Erkenntnis. Die biologischen Wurzeln des menschlichen Erkennens*, Berlin/Mün-
   chen/Wien 1987.
25 Vgl. einerseits, direkt auf Prigogine fußend, E. Morin, *Le paradigme perdu: la nature humaine*, Paris 1973, andererseits, als entfernteres Echo innerhalb der Künstlichen Intelligenz, M. Minsky, *The Society of Mind*, New York, London usw.
   1988.

turgeschichte und den großen Einrichtungen (Menschenopfer, Magie, Religion, Recht, Klassen usw.). Es ist das Strukturellwerden aller großen Formen, einschließlich des Zuchtmeisters Kapitalismus, das uns wieder auf diese Grundschicht aufmerksam macht. Jetzt, wo sie fast zerstört ist – die Stadtkrise redet eben davon –, stellen wir fest, daß soziale Kohäsion und kulturelle Reproduktion begrenzte Güter sind, an denen zu lange Raubbau getrieben wurde. Abstrakte Wachstumsziele vor Augen, wundert man sich, daß den eigenen Kindern nichts anderes mehr mitgegeben wurde, als gelangweilt, aber mit Lust an Gewalt durch die Warenwelt zu treiben.

Die Stadtstruktur ist die materielle Seite, das gebaute Gehäuse sozialer Bindungen. Der zellulare Aufbau spontaner oder historischer Städte ist weder als Geschichte noch als biologische Analogie interessant, sondern als Leistungsform. Es kommt auch nicht auf die Kleinheit an, sondern auf diejenige Größeneinheit, innerhalb deren ein Großteil gesellschaftlicher Komplexität noch von den Beteiligten selber abgearbeitet werden kann. Sie sind die Experten ihrer Situation und verhalten sich rational im Rahmen des Entscheidungsspielraums und des Horizontes, den sie überblicken können. Nur sie sind heute überhaupt flexibel.[26]

Alle Flexibilisierungsmaßnahmen auf der Basis funktionaler Trennung stützen sich auf sie: gleitende Arbeitszeit, Park and Ride, verlängerte Ladenschlußzeiten. Daß diese Lösungen nicht genug leisten, beweist nur, daß die Vorbedingungen so enge Grenzen setzen, daß die Fähigkeiten der Menschen umsonst da sind. Funktional entflochtene Städte sind mehr oder minder hilflos jeder kleinsten Krise, vom Stromausfall an, ausgeliefert, desto hilfloser, je dünner die anarchischen Ränder sind, die das durchgeführte Funktionsmodell noch zuläßt. Je größer die Zahl der aktiven Einheiten, desto gesicherter ist das Modell; je mehr Autonomie den kleinsten operierenden Einheiten zugestanden ist, desto geringer

26 Das genaue Gegenteil hat man bei den modernen Versuchen flexibler Großsysteme. Schon die Absicht ist widersprüchlich. In der Gebäudeproduktion zeigte sich, daß Planungsaufwand, Herstellungs-, Lager- und Einbaukosten steigen, wenn man Großsysteme flexibel halten will. Die Versuche, große Apparate flexibler zu machen, gehen in der sonstigen industriellen Produktion eher in Richtung kleiner Serien. Auf der Ebene der Stadtentwicklung sind vorhandene Großformen – Wohn-, Industrie-, Citygebiete und ihre kleinsten Einheiten wie Fabrik, Wohnkomplex, Kaufhaus – viel zu träge, als daß an Flexibelwerden gedacht werden könnte.

ist die Verletzlichkeit des Gesamtzusammenhangs. Je differenzierter der Aufbau dieser kleinsten Einheiten ist, desto mehr Kapazität stellen sie dem Ganzen zur Verfügung.

Das gilt selbstverständlich nur im Maßstab dieser kleinsten Einheiten – sie dürfen nicht überfordert werden, sonst fällt man in anarchische, vor- oder besser nachstädtische Zustände zurück. Je nachdem, um welche kleinste Einheit es sich handelt, wie groß oder wie klein, wie differenziert oder einfach, wie autonom oder abhängig sie ist, stellt sich die Frage der Abstützung durch zentrale Einrichtungen, der Art und Weise der Beziehung, der Anzahl vermittelnder Ebenen.

Stadtstruktur, in der Gegenüberstellung zur Leistung des Flächennutzungsplans, heißt vielerlei: 1. Abstellen auf die autonomen Organisationskräfte; 2. Abbildung und Typisierung der Konflikte nicht als Gesamtmodell, sondern als individuelle lokale Situation; 3. maximale Mischung der Funktionen auf der kleinsten operativen Ebene; 4. strukturelle Komplexität der Bausubstanz, um die widersprüchlichen Interessen sortieren und tolerierbar machen zu können.

Hobrecht als Strukturplaner

Die Grundidee der Stadtstruktur findet man bereits bei Hobrecht fertig ausformuliert: die Vorstellung eines Stadtgebildes, wo nichts mehr in historischen Verwicklungen ausgedrückt ist, sondern alles als reproduktionsfähiges funktionales System. Die Quintessenz von Hobrechts Planungscredo lautet: Jede Stadtparzelle enthält die ganze Komplexität der Stadt selbst. Jeder Ort wird stadttechnisch gleich gut versorgt, mit der gleichen baulichen Komplexität ausgestattet, ist also zu der gleichen sozialen und funktionalen Mischungsleistung fähig. Aufgabe des Planes ist es, öffentliche Flächen und private Baulose so anzuweisen, daß ein Gleichgewicht öffentlicher Kontrolle und privater Interessen entsteht, das ebendiese Leistung garantiert.

Dieses Konzept steht in merkwürdiger Spannung zu den beiden großen Zeitgenossen, dem Baron Haussmann und Ildefons Cerdà. Hobrecht verweigert, gegenüber Haussmann, jede Rhetorik, die architektonische Gestaltung wird ausdrücklich, da keine Sache der öffentlichen Hand, aus dem Plan ausgeschlossen. Der Hobrecht-

Plan hat auch faktisch keinerlei Überformungen durchgeführt, vielmehr jene Zweiteilungen, die Haussmann Paris aufprägte (zwischen Boulevard und dahinterliegenden Vierteln, zwischen inneren und äußeren Arrondissements), für Berlin vermieden.

Nichts hätte aber auch Hobrecht ferner gelegen als die Verselbständigung seiner Stadtvorstellung zu einer Planungsmethode für eine neue, andere Stadt. Cerdàs unerbittlicher Raster, den er, als Statthalter seiner Theorie der Urbanisierung, der Erweiterung von Barcelona zugrunde legte, bildet einen Kurzschluß zwischen altspanischer Kolonialplanung und sozialutopistischen Ideen. Das Gleichheitspostulat, daß alle überall wohnen können sollen, drückt sich nicht realistisch, innerhalb bestehender Verhältnisse, als Neutralität des Plans aus, sondern als endlose Reihung gleicher Blöcke, die einen Bruch abbilden soll. Dazu kommt Cerdàs fundamentale Stadtfeindschaft – sein Ideal ist das Einzelhaus mit Garten, und seine Blöcke sind nichts anderes als Abbildungen dieses Ideals, an das sich die weitere Entwicklung nur nicht hielt. Die Stadtstruktur kippt also bei Cerdà bereits im Ansatz in ein Bauprogramm, in einen utopischen Konkretismus um, der völlig unrealistisch war. Der Plan dient denn auch bis in die jüngste Zeit als Rahmen einer gewöhnlichen spekulativen Stadterweiterung.[27]

Vom Standpunkt der Moderne aus waren sowohl Haussmann wie Cerdà als Errichter großer urbaner Zeichen Vorläufer der Moderne. Hobrecht dagegen war bis in die jüngste Zeit das genaue Gegenbild, das urbanistisch Böse schlechthin. Das geht unmittelbar darauf zurück, daß Hobrecht jede erscheinende Kühnheit fehlt, sowohl die des Stadtdiktators wie die des technischen Utopisten. Hobrechts merkwürdige Leistung besteht darin, daß er, innerhalb der Verhältnisse, die er vorfand, die alte Stadt auf ihre Struktur abstrahiert und diese Struktur zum Plan der Stadterweiterung gemacht hat. Davon wurde nichts sichtbar. Hobrecht vermied nach preußischer Tradition öffentliche Kosten und bewegte sich deshalb entlang der bestehenden Wege und Eigentumsgrenzen. Der sichtbare Plan ist überall auf die vorhergehenden städti-

27 Vgl. I. Cerdà, *La théorie générale de l'urbanisation*, hg. von A. Lopez de Aberasturi, Paris 1979; vgl. a.a.O., die Einleitung von A. Lopez de Aberasturi, *Pour une lecture de Cerdà. Introduction à la théorie générale de l'urbanisation*; ferner: J. Rodriguez-Lores, *Die Grundfrage der Grundrente. Stadtplanung von Ildefonso Cerdà in Barcelona und James Hobrecht für Berlin*, in: *Stadtbauwelt* 65, März 1980, S. 443 ff.; O. Bohigas, *Reconstrucción de Barcelona*, Madrid 1986, S. 55 ff.

schen oder agrarischen Grundstücksformen und Wege durchsichtig; er ist arm an Überhöhungen, und die aus politischen Vorgaben unvermeidlichen legte er so, daß sie, wie er wußte, gar nicht realisierbar waren, nämlich auf künftiges Bahngelände.

Es hat sich bis heute kaum jemand gefunden, der bereit gewesen wäre, dieses Vorgehen, trotz der vorliegenden theoretischen Begründungen[28], überhaupt korrekt nachzuvollziehen. Hellsichtig fürchteten die Modernen, sich ihren gefälschten Optimismus zu erkälten. Man mied die genaue Lektüre. Zu dem merkwürdigen Haß, mit dem die moderne Urbanistik auf den Knochen Hobrechts errichtet worden ist, gehört, daß keiner das Hobrechtsche Grundprinzip schöner ausgedrückt hat als Hobrechts ärgster Feind, Ernst Bruch: »Die uniforme Straßen-Eintheilung schafft aus jeder Straße eine Verbindung aller möglichen Zwecke, aus jedem Haus einen Mikrokosmos der ganzen menschlichen Gesellschaft.«[29]

Struktur und Plan

Hobrecht interessiert hier als Denkmodell: die Komplexität städtischer Verhältnisse nicht als alte Stadt vorauszusetzen und gleichzeitig zu vernichten, wie die Moderne das tat, sondern aus dem unfruchtbaren Gegensatz überhaupt auszusteigen. Die Frage ist überhaupt, wie Komplexität weitergegeben und reproduziert werden kann. Ein Modell der strukturellen Reproduktion – der Selbstorganisation der Stadt – kann nichts mehr wollen, was von historischen Verhältnissen abhängt, sondern muß alles, was es will, in reproduktionsfähigen Strukturen ausdrücken.

Zum Plan ist von da aber noch ein großer Sprung. Was heißt: gleichmäßige Verteilung? Daß es nicht mehr um einen großen Erweiterungsplan geht, sondern um situative Einzelpläne, geht schon aus der Flächensituation der Städte hervor. Es gibt kaum noch ir-

28 Es hat sich z. B. niemand die Mühe gemacht, Hobrechts konzentrierte Darstellung seiner sozialen Stadttheorie: *Ueber öffentliche Gesundheitspflege und die Bildung eines Central-Amts für öffentliche Gesundheitspflege im Staate*, Stettin 1868, im Original nachzulesen (was zugestandenermaßen nicht ganz einfach ist, da sie nur in wenigen Bibliotheken, z. B. der Frankfurter Universitätsbibliothek, vorhanden ist), sondern man hat sich damit begnügt, das eine bei Eberstadt herausgezogene Zitat zu wiederholen.
29 E. Bruch, *Berlins bauliche Zukunft*, a.a.O., S. 29.

gendwo das Gelände, wo man die Raster des Manhattan-Plans von 1811 oder der Barcelona-Erweiterung von 1865 unterbringen könnte, es gibt aber, nach der Moderne, auch die Zuversicht nicht mehr, die offene Form ziehe unweigerlich das soziale Leben nach sich. Vor allem liegt die Trennlinie zwischen öffentlicher und privater Verantwortung heute anders als im 19. Jahrhundert. Das vorhandene Regulierungsausmaß ist nicht zurücknehmbar, es muß nur völlig anders eingesetzt werden, als es bisher eingesetzt wird. Die serielle Reihung von Mischungseinheiten ist sozusagen nur ein Material, das konkret weiterbearbeitet werden muß. Diese Erarbeitung ist der Plan.

In den Plan gehen dabei weitere Quellen ein: der vorhandene Bestand an Landschafts- und Siedlungsstrukturen, die politische Reichweite der vorhandenen bau- und planungsrechtlichen Regulierungen, die soziale Notwendigkeit einer Segmentierung der Flächenstadt. Erst der Konkretisierungsprozeß erlaubt es, die serielle Struktur gemischter Kleineinheiten realistisch zu entfalten. Es ist nur ein anderer Ausdruck dafür, zu sagen, daß sich die Strukturvorstellung nur anhand der Gefahr entfalten kann, in ihr Gegenteil umzukippen, in Verkehrskonzepte und von Fall zu Fall erfolgende Flächenvergaben.

Die Aufgabe des Plans ist es, Verdichtung zu organisieren. Verdichtung ist, bei beibehaltenen Mischungsidealen, nur über städtische Zentrierung möglich. Zentrierung und gleichmäßige Verteilung stehen in einer nicht ausschließenden, sondern auflösbaren Spannung, nur muß man wirklich den Punkt treffen. Zentrierung heißt im Idealfall, unter Bewahrung der Mischungsquote die Ausnutzung der zentralen Flächen zu steigern. Städtisches Leben ist der Sog von den Rändern zum Zentrum hin. Die Variable im Spiel ist die Entfernungszeit.

Das Thema der Erweiterung lautet heute nicht mehr, von einem Zentrum aus die günstigste Peripherie zu bilden. Es bringt wenig, sich darüber zu streiten, ob man das Stadtwachstum in einem sternförmigen oder einem konzentrischen Entwicklungsmodell auffangen will. Wenn man Wachstum überhaupt als extensives Flächenwachstum zuläßt, wird man die Form schwerlich bestimmen können. Die Entscheidung fällt viel früher, in der Innenorganisation der Stadt, also in der Abbildung von Entwicklungsformen auf die vorhandene, unzureichend oder monofunktional verdichtete Stadt (Trabantensiedlungen, periphere Industrieflächen, Eigenheimteppiche usw.). Es geht darum, den Überhang an Peripherie seinerseits zu zentrieren. Der Plan muß, wo immer man tätig wird, aktionsfähige Teilzentren bilden, die Fall für Fall so stark sind, daß sie sich gegen die großräumigen Soge von tertiarisierter Innenstadt und tertiären Zentren auf dem Lande durchsetzen können und daß sie sich gegenüber den sie umgebenden Peripherien so weit durchsetzen können, daß sie die Verdichtungsarbeit auch tatsächlich leisten.

Unter diesem Gesichtspunkt innerer Verstädterung sind von den Erweiterungstypen, die die neuere Urbanistik im Angebot hat, nur die zentrierenden überhaupt nützlich. In jeder Modellrechnung der Kosten stehen sich optimale Transportbedingungen und Verdichtungslogik einander aufhebend gegenüber.[30] Das wird unübersehbar, wenn man Verdichtung räumlich denkt, vor allem in Bauhöhen. Raymond Unwin hat 1912 in einem berühmten Aufsatz darauf hingewiesen, daß in einem ringförmigen Entwicklungsmodell bei wachsender Entfernung vom Zentrum die Wegstrecke zur Erschließung einer gleichen Fläche immer kürzer wird[31] – ein geometrisches Grundprinzip.

Unwin kam es darauf an, niedrige Dichten als ökonomisch nachzuweisen. Man kann das Argument natürlich auch umkehren: Wenn man die zentrale Dichte nach außen hin gleich hält, steigt mit jedem Schritt Entfernung die Bewohnerzahl, die sich in einer gegebenen Entfernungsspanne (z. B. einer beidseitig bebauten Straße) vom Zentrum unterbringen läßt. Eberstadts Entsetzen, daß die höchsten Grundstücksausnutzungen an der Peripherie des damaligen Berlin lägen[32], könnte ebenfalls umgekehrt werden. Eine Grenze ist nicht, wie Unwin wollte, daß alle Bewohner noch in den vorhandenen Straßenraum passen – es ist gar nicht möglich, selbst im Katastrophenfall nicht, alle Bewohner gleichzeitig zu versammeln –, sondern die noch erträgliche Belastung des Zentrums.

Verdichtung ist ohnehin nicht absolut zunehmend, sondern

30 So kann man, scheint mir, die Modellrechnungen von A. Richmann (*Idealtypische Stadtgestalten im Vergleich. Eine Untersuchung der Transportkosten unter besonderer Berücksichtigung der Verkehrsdichtekosten*, Göttingen 1977) zur Kostenrelevanz von Stadtgestalten resümieren; vgl. besonders a.a.O., S. 305.

31 *Nothing gained by overcrowding! How the garden City type of development may benefit both owner and occupier*, in: *The legacy of Raymond Unwin: A Human Pattern for Planning*, hg. von W. L. Creese, Cambridge/Mass. 1967, S. 121 ff.

32 R. Eberstadt, a.a.O., S. 76.

hängt von den konkreten Bauformen ab. Über Erträglichkeit und Zuträglichkeit von Verdichtung entscheiden nicht die bloßen Zahlen, sondern die besonderen Typologien. Gleiche Dichten lassen sich auf gleicher Fläche völlig unterschiedlich organisieren, Dichte und Auflockerung schließen sich nicht notwendig aus.[33] Es ist nur die Eigenart der monofunktionalen Verdichtungen, die Aufmerksamkeit zu monopolisieren – Hochhaus, Kaufhaus, Dienstleistungsblock, Formen also, wo Kubatur für Dichte steht.

Die zweite Berechnungsebene, neben der Zentrierung, ist das sozial notwendige Ausmaß an Segmentierungen. Mischung und Trennung gehören zusammen, ermöglichen sich wechselseitig. Das Teilungsbedürfnis darf nicht geleugnet werden: Das Stadtganze lebt von der Herausbildung unterschiedlicher Teile, die ihren Bewohnern Identifizierung erlauben, die nützliche Konzentrationen aufeinander angewiesener Betriebe ermöglichen, die geographische und ethnische Zugehörigkeiten spiegeln. Der ungeheure Differenzierungsbedarf von Großstädten verlangt entsprechende Unterschiede des Niveaus und der Zusammensetzung funktionaler und sozialer Durchmischung. Ein Plan organisiert das nicht, aber er gibt die möglichen Trennungslinien vor. Auch dies stellt Verdichtung her.

Parzelle

Die Parzelle ist die kleinste operative Einheit der Stadt – wohlgemerkt: der europäischen Stadt. Daß es Städte ohne Parzellierung lange vor der ersten Parzellenstadt gab und daß es sie heute wieder gibt, steht außer Frage. In Frage steht vielmehr unser Anspruchsniveau: Was wir unter Stadt verstehen und was wir von ihr wollen. Die Erfindung der städtischen Parzelle gehört zusammen mit der der Rechtsperson und einer von freien Grundeigentümern demokratisch geregelten Politik. Die Parzellenstruktur war zweieinhalb Jahrtausende lang die Bedingung eines auf diesem europäischen Luxus bestehenden städtischen Lebens.

Zu ihrer Abschaffung sollte mehr verlangt sein als zeitweilige bauwirtschaftliche Interessen. Daß es den Übergang zur Vergesellschaftung von Grund und Boden in absehbarer Zeit geben wird,

33 Vgl. dazu die Untersuchung der Gruppe um L. Martin und L. March in Cambridge: L. Martin, L. March (Hg.), *Urban space and structures*, Cambridge 1972.

ist nicht zu sehen. Ein solcher Übergang müßte auch keineswegs zwingend zur Aufhebung der Institution Parzelle führen, wenigstens nicht, bevor nicht alle von ihr erfüllten Aufgaben nachweisbar auf andere und bessere Art von einem neuen Trägerniveau erfüllt werden können. Was wir dagegen heute als stadtplanerische Praxis haben, ist die stellvertretende Abschaffung der Parzelle, ohne Vergesellschaftung von Grund und Boden und ohne einen Träger auf höherem Niveau, der die Aufgaben der historischen Parzelle übernähme.

Die Parzelle ist, als städtisches Grundstück, im europäischen Stadtsystem das den Stadtzusammenhang stiftende Bindeglied zwischen Stadtanlage und Haus. Daß sie operativ ist, heißt, daß sie Wirkung sowohl nach innen wie nach außen entfaltet: Sie besorgt einerseits die Abbildung des Gesamtzusammenhanges einer Stadt auf die einzelne Behausung; sie leistet andererseits die funktionale Beziehung des Gesamtplans auf die Typologie des einzelnen Gebäudes. Die Parzelle ist dabei kein bloßes Scharnier, vor allem kein Neutrum zwischen den scheinbar potenten Eckdaten Stadtplan und Gebäude – sie ist der Taktgeber des Stadtzusammenhanges, von dem die morphologisch auffälligen Eckdaten funktional abhängig sind. (Die Unwahrscheinlichkeit dieser Aussage beschreibt nur die Entfernung der heutigen Planungstechnik von der Stadt.)

Die archaische Stadt ist eine Mauer, die eine ungeformte Masse dicht aneinandergedrängter, ineinander verschachtelter agrarischer Gehöfte enthält, Aufreihungen von Wohnzellen um einen Hof herum, Cluster von Einraumhäusern. Diese Stadt besteht noch aus dem unvermittelten Nebeneinander zweier Ordnungen: die Stadtanlage insgesamt als ummauerte Form im Land, und den sich ebenso autonom im Innenbereich, als ummauerte, geschlossene Räume entwickelnden Gehäusen, gleichsam Städte im kleinen. Zwischen beidem herrscht noch keine autonome Räumlichkeit.

Der Unterschied der griechischen Stadt ist nicht ohne weiteres sichtbar und weder einfach eine Frage des Stadtplans noch der Stadtgestalt. Der Stadtaufbau von Athen besaß, soweit bekannt, keinerlei Planungsmerkmal: öffentliche und Wohnstadt lagen nebeneinander, die Wohnstadt war eng und verwinkelt.[34] Der Unterschied liegt nicht an sich in einem höheren Maße erreichter Ratio-

34 Vgl. F. Kolb, a.a.O., S. 84 u. 139.

nalität und Abstraktion der Stadtanlage. Er liegt im politischen Ausgangspunkt, dem genossenschaftlichen Aufbau der Stadt. Dieser verlangt Beteiligung der Stadtbürger nicht nur an der Herrschaft, sondern auch an deren Grundlage, dem Landbesitz. Damit wurde zum Ausgangspunkt die Ausweisung der Parzellen, nicht mehr Mauer und einzelnes Haus. Aus der Verteilungstechnik erwuchsen sekundär die stadtplanerischen Formen der Kolonialstädte.[35]

Man findet den gleichen Scheingegensatz in der mittelalterlichen Stadt: auf der einen Seite die gewachsenen Städte, auf der anderen die Gründungsstädte. Bei näherem Zusehen ist der Unterschied hinfällig, da die Struktur völlig gleich ist und zwischen beiden Modellen jede denkbare Zwischenstufe vorkommt. Der Unterschied ist einer der Erscheinung: Was im einen Fall eher durch allmähliches ungeplantes Wachstum entstand, wurde im andern (die mittelmeerischen *bastides* oder die, beinahe, Gesamtheit der nordosteuropäischen Städte) bereits systematisch mit dem Gründungsakt vorausgesetzt. Die Kolonialstädte bringen nur in weit stärkerer Weise zur Anschauung, daß und wie die Landverteilung in einer bis heute am Plan ablesbaren Direktheit der Ausgangspunkt der mittelalterlichen Stadt gewesen war.

Dies ist in der mittelalterlichen Stadt allerdings weit deutlicher als in der griechisch-römischen. Parzellenform und Haustypologie traten auseinander, entsprechend der mittelalterlichen Scheidung von Stadt und Land und der damit einhergehenden Funktionalisierung des Bodens für präzise Verwaltungsziele, deren nicht geringstes die Stadt war. Diese Trennung von Haus und Boden ist ein ebenso wichtiger Schritt wie die Einführung der Parzelle selbst. Erst jetzt wurde die Parzelle für sich gesehen: Sie war die zinspflichtige Hausstelle[36], die im übrigen, wie auf dem Dorf, umzäunt und je nach Bedarf mit Gebäuden bebaut werden konnte.

In der Neuzeit wiederholte sich der Dualismus von gewachsener

35 Vgl. M. Coppa, *Storia dell' urbanistica dalle origini al Ellenismo*, Bd. 2, Turin 1968, S. 1618 ff. An den süditalienischen Städten der Magna Graecia sind die politischen Grundlagen offen, in Vertragsform, greifbar, wie das Beispiel von Lokri zeigt. Der Zuschreibung der Parzelle mit Landbesitz im Umland entsprach ein Veräußerungsverbot; dieses starre Schema konnte natürlich nur durch Anpassungsregeln durchgehalten werden – z. B. mußte es möglich sein, neu zuziehende Kolonisten ihrerseits auszusteuern.

36 Vgl. C. Meckseper, *Kleine Kunstgeschichte der mittelalterlichen Stadt*, Darmstadt 1982, S. 70f.

und Planungsstadt ein drittes Mal, erstmals aber mit einer ideologischen Schlagseite. Jetzt galt die Planungsstadt als das Modell, dem die vorhandene Stadtmasse angeglichen werden mußte. Die neue Stadt oder Stadterweiterung, die das Modell abgab, war erstmals im papierenen Plan des staatlichen Baubeamten real vorgebildet: Das Gelände wurde nicht mehr über Lose an die vorhandenen Erstbürger verteilt, weil nun am Boden keine agrarischen Anteile oder politischen Rechte mehr hingen, sondern ein einfaches Baurecht und allenfalls Steuernachlässe; es wurde abgesteckt, Parzelle für Parzelle verkauft und vom Käufer zu gegebener Zeit bebaut. Lage und Form des Grundstücks definierten die Nutzung, die Maße entsprachen den Typenmaßen der Bauhandwerker. Die Stadtanlage war davon unabhängig geworden, wann, wie und von wem die einzelne Parzelle bebaut werden würde.

Aus diesem Modell entstand, mit Übergang des staatlichen Planungsmonopols an die bürgerliche Gesellschaft, unmittelbar und ohne Bruch die moderne Bauspekulation, der wir die Städte des 19. Jahrhunderts verdanken. Die Spekulation setzt voraus, daß es zwischen Boden, Eigentümer, Nutzer und politischen Rechten keine notwendige Beziehung mehr gibt. Darin ist offensichtlich der Ansatzpunkt des historischen Veraltens des Prinzips Parzelle gegeben. Was bisher aber kaum gesehen wurde, ist, daß sie im Ineinander von bürgerlicher Selbstverwaltung und privatem Hausbesitz das Grundthema noch einmal und auf moderne Weise, d. h. auf der Ebene der Ablösung politischer Rechte vom Boden, formulierte.

Das zentrale Argument gegen die Parzelle heute lautet, daß man dem Größenwachstum städtischer Einrichtungen keine Kette anlegen könne. Dieses Argument ist einäugig. Das Anwachsen der konkurrenzfähigen Größe und das der am Ort nötigen Fläche sind nicht identische Fälle: Wenn es zutrifft, daß die Elektronik bisherige Massierungen von Betriebspotentialen an einem Ort immerhin zur Disposition stellt, dann heißt das, daß damit das Parzellensystem als Matrix einer kosten- und verkehrsgünstigen Verteilung im Stadtgebiet wieder gebraucht werden wird. Wachstum über Zusammenlegen von Parzellen hebt auch nicht automatisch das Parzellensystem auf, sondern dehnt nur punktuell die Größe der Grundeinheit. Das gehört zur Normalität des Systems seit seiner Erfindung.

Vor der Ökonomie gab es andere Mächte, die sich an der Beseiti-

gung der Parzellenstruktur versuchten. Das ungeheure Wohnungselend, das Nero im antiken Rom produzierte, ist nur ein Beispiel:
Das abgebrannte Zentrum wurde zum Gelände seiner Stadtvilla,
der *domus aurea*; immerhin betrieb Nero eine ausgleichende Stadterweiterung an der Peripherie. Von den riesigen Flächen, die durch
andere für Foren, Thermen, Markthallen, Tempelbereiche, Theater
usw. verbraucht wurden, unter Abriß der Häuser und Vernichtung
der Parzellenstruktur, wird ein Ausgleich nicht berichtet.[37] Ähnliche Zerstörungen gab es in jedem bedeutenden Machtzentrum. Der
Adel kaufte in den großen italienischen Städten ganze *insulae*
zusammen, um seine Paläste darauf zu errichten, die Gegenrefor-
mation durchsetzte protestantisch gesonnene Städte mit monu-
mentalen Klosterbauten (z. B. Wien oder Neapel). Nach Aufhebung konnte das Gelände reparzelliert werden.

Die City-Bildung des 19. Jahrhunderts nahm also vorhandene
Wege. Für sie gilt bis heute, was auch die Gültigkeit der historischen Invasionen beschränkte: Es steht nicht das Parzellierungs-
prinzip zur Diskussion, sondern nur die einzelne im Wege stehende Parzelle. Da sie gekauft und neu bebaut werden kann, ist das
Parzellensystem stets ein Beweglichkeitsfaktor gewesen. Die Stadt
der größten städtebaulichen Dynamik, New York, ist bis heute
eine reine Parzellenstadt, die Hochhäuser stehen auf der Parzelle.

Das Prinzip Parzelle muß heute rein strukturell gedacht werden,
auf der Ebene seiner Aufhebung durch die Moderne. Wenn es wieder zum Grundprinzip der Stadt werden kann, dann innerhalb einer Verteilungslogik, die nicht hinter die Moderne zurückfällt,
sondern aufgeklärt (nicht enttäuscht) über sie hinausgeht.

Die Parzelle muß also ein Bündnis mit der Serialität und der methodischen Unbestimmtheit heutiger Denkweisen eingehen. Praktisch kann das auch ein Bündnis mit der Vorfertigung und mit
Großstrukturen sein, jedenfalls mit Methoden einer wirklichen,
nicht bloß ideologischen Rationalisierung des Planens und Bauens,
einer Routinisierung der Entscheidungsprozesse und der Finan-
zierungen, und einer Demokratisierung der Verteilung von Nut-
zungsanteilen am gesellschaftlichen Flächenvorrat. Die letzte Forderung ist die wichtigste. In ihr ist das historische Urmotiv der
Parzellenbildung aufgehoben, der Zusammenhang von Selbstbestimmung und Flächenanteil.

37 Vgl. Kolb, a.a.O., S. 159ff.

Typologie

Die Frage des Typus ist nur systematisch interessant: als Stelle, die besetzt werden muß, weil sie heute falsch besetzt ist. Im übrigen aber geht die Erwartung an Besonderheit und Maßgabe leer aus. Unter Typologie hat man nicht etwas Vorhandenes, sondern eine Problembeschreibung zu verstehen, alles andere wäre Geschichtsklitterung. Davor ist zu warnen. Die Erwartung ist eher auch eine der Architekten, die Nutzer gehen genau umgekehrt vor, sie lösen typologische Besonderheit auf in das Passende des jeweiligen Einzelfalls. Das ist nur die erste aus einer Reihe weiterer Enttäuschungen. Diese Enttäuschungen sind wichtig, keine darf ausgelassen werden, sonst wird das Thema Bautyp zur Falle.

Die vielen typologischen Ebenen der historischen Stadt begrenzen die Reichweite zugunsten der Prägnanz – so daß es immer um einen besonderen Haustyp geht, nie um allgemeine Züge. Der Einbau der traditionellen Typologie in eine Systematik der Bautypen kann nur scheitern oder zu Wahnsystemen führen, weil das Ordnungsbedürfnis zur untersuchten Sache quer steht. Die Geschichte der modernen Typisierung des Bauens ist umgekehrt die der immer vollständigeren Abbildung genau dieses hierarchischen Ordnungssystems auf das Haus. Der Gegenbegriff zu Typologie heißt Typisierung.

Das Thema ist also nur dann vorwärtstreibend, wenn man am richtigen historischen Ende anfängt, in der Gegenwart, die mit dem gesamten typologischen Reichtum der Geschichte Tabula rasa gemacht hat. Die – noch dazu kaum erforschten[38] – historischen Haustypen sind in ihrer hochgradigen Vollkommenheit nur ein Hinweis darauf, was nicht mehr aktuell ist. Die vielen typologischen Ebenen der Tradition belegen das: Materialtypologien – Holzbau und Steinbau; Standestypologien – Adels-, Bürger-, Tagelöhnerhaus; Nutzungstypologien – Kaufmannshaus, Handwerkerhaus, Ackerbürgerhaus; regionale Haustypologien – mediterranes Hofhaus, zentraleuropäisches Stockwerkhaus, nordeuropäisches Dielenhaus; Typologien der städtebaulichen Einordnung – Trauf- und

---

38 Vgl. Meckseper, a.a.O., S. 106; eine ernsthafte Hausforschung, die die Entstehungsgeschichte aufhellen kann, ist in Deutschland vor allem durch die Stadtarchäologie in Gang gekommen, die die im Zweiten Weltkrieg zerstörten mittelalterlichen Stadtzentren vor Neuüberbauung untersuchte, so besonders in Braunschweig und Lübeck.

Giebelständigkeit, Bauwich, Vorderhaus, Seitenflügel, Hinterhaus usw. Jede Beschreibungsebene beschreibt zugleich untergegangene gesellschaftliche Verhältnisse.

Der Untergang der alten Haustypen begann spätestens im 16. Jahrhundert mit der Vereinheitlichung der Architekturideale. Es entstanden eindimensionale Lehrbuchtypologien: wie sieht ein adliges, ein Bürgerhaus, eine Bibliothek, eine Schule aus. Im 18. Jahrhundert begannen Typisierung und Massenproduktion die herkömmliche gesellschaftliche Durchsichtigkeit der Haustypen auf breiter Front zu ersetzen. Das ständische Element verschwand ganz, statt dessen schärfte die Aufklärung Zweckdienlichkeit ein, funktionale Spezialisierung. Das typisierte Londoner Haus konnte nicht nur reihenweise, sondern auch in mehreren Größen- und Ausstattungsklassen geliefert werden. In Berlin ging das seit den Baureformen Friedrich Wilhelms I. nicht anders, allein die Feuertaxe erzwang schon die Typisierung. Vom Wohnhaus stießen sich andere Gebäudetypen ab: Theater, Gerichtsgebäude, Museum, Krankenhaus, Kaserne, Gefängnis, Fabrik. Auf dieser Grundlage steht noch die gesamte Gebäudeproduktion des 19. Jahrhunderts.

Wir haben hier einen mittleren Zustand, ein Zeitalter der Gebäudecharaktere, dessen Verschiedenheit nicht nur von der Gegenwart, sondern auch von den spätmittelalterlichen Hausformen man sich nicht scharf genug klarmachen kann. Nicht mehr der einzelne grundbesitzende Bürger, sondern Bauspekulation und Staatsbaukunst sind die Protagonisten dieser Epoche. Obwohl viele typologische Züge (z. B. das Dielenhaus) noch lange weitergetragen und erst allmählich aufgelöst wurden (z. B. ins rheinische Dreifensterhaus), liegen die entscheidenden Trennungen an anderer Stelle, der typologische Blick geht zwangsläufig fehl. Man muß vielmehr auf die wachsende Gleichgültigkeit typologischer Züge sehen. Der Typenentwurf des Baubeamten oder Bauunternehmers enthielt sie zwar noch, aber das Vereinheitlichende von Markt und Staatsregulierung war wichtiger. Entsprechend fielen in der Finanzierung Bauherr und Hausherr auseinander. Hausbau wurde Reproduktion eines Typenentwurfs im Korsett fester Preise. Die Hausherren dagegen drängten auf Beibehaltung lokaler, nutzungsgebundener, standesmäßiger, verwertungsfreundlicher usw. Differenzierung. Dabei trennten sich die Wege: Das Typologische wurde privat – wie ein Wohnhaus zu bauen ist;

der Gebäudecharakter war öffentlich – Bauflucht, Parzellenform, Fassadenausbildung, Traufstellung, erlaubte Höhe, Material, Preis.

Die Moderne markiert noch einmal einen grundsätzlichen Bruch auch gegenüber dieser Gebäudetypik. Einerseits wurde in weiten Bereichen der Bauproduktion die Spaltung von öffentlichen Gebäudecharakteren und privaten Typologien aufgehoben, die gesamte Gebäudeproduktion öffentlich gemacht. Der Staat schrieb jetzt nicht mehr Gebäudecharaktere, also letztendlich Fassaden, vor, griff auch nicht nur, mit dem bis dahin geltenden Baurecht, korrigierend in die typologische Bastelei der Bauunternehmer ein, sondern normierte, wie man das von der Staatsbautätigkeit (Verwaltung, Post, Eisenbahnen, Schulen usw.) gewohnt war, die Nutzungen selber, zumindest auf dem Gebiet der Wohnung. Dabei wurden alle bisherigen Ebenen unterdrückt: Das Haus war so gleichgültig wie die Parzelle. Die normierte Einheit war die Wohnung, mit Versorgungsanlagen.

So führte die Vergesellschaftung des Wohnens geradewegs zu einer viel weiter gehenden Aufspaltung. Die Normierung lief als Flächenproblem ab, das der Grundrisse. Damit hatte man die Grundlage aller Typologien, die Nutzung des gebauten Raums, auf den Flächenbedarf einer künstlichen sozialen Größe reduziert, der Normalfamilie. Ihn konnte man auf diese Weise selber veröffentlichen – der Grundriß zwang den Menschen die sozialhygienisch geforderten Funktionstrennungen auf, Schlafen-Eltern, Schlafen-Kind, Wohnen, Küche, Naßzelle. Zugleich konnte man jetzt den Minimalbedarf berechnen und in Vorschriften gießen. Das Berlin der zwanziger Jahre gibt ein glänzendes Beispiel, wie sich das durchsetzen ließ: Da die städtische Kreditanstalt WFG Kredite nur bei Einhaltung ihrer Typengrundrisse vergab, war ihr Angebot unwiderstehlich.[39]

Was übrigblieb und auf einer ganz anderen Ebene zu lösen war, war das technische Problem der Konstruktion: Wie sieht der Behälter aus, der diese Wohnungen aufnimmt? Auf den Trümmern des Mietshauses entstanden neue Typen, die von jeder typologischen Rücksicht frei waren. Es waren Behälter, die sich durch die Art und Weise unterschieden, wie sie die Einheit Wohnung orga-

39 Vgl. L. Scarpa, *Typologie und juristisches Denken. Die Überwindung des Typus des Berliner Mietshauses durch die Tätigkeit der Wohnungsfürsorgegesellschaft Berlin*, in: *Arch+* 85 (1986), S. 51.

nisierten und aufreihten, als Hochhaus oder Zeile, als Zwei-, Drei- oder Vierspänner. Hinzu kam die Herstellungstechnik. Die serielle Anordnung rief nach Vorfertigung, nach Industrialisierung des Bauens, die Typengrundrisse waren durch Normteile zu beantworten. Das ist bis heute nicht geglückt. Typengrundriß und Normteile sind die Antwort der Moderne auf das Problem der Typologie, aber verhindern sich wechselseitig. Beide Komponenten sind bislang in sich selber falsch gedacht und dann zu einer unmöglichen Ehe kombiniert.

Daß da etwas draußen blieb: die Baugestalt, das war schnell zu sehen – Bruno Taut wußte es –, aber es war zuwenig, es der zufälligen ästhetischen Potenz des Entwerfers anzuvertrauen. Dasselbe hat im vergangenen Jahrzehnt die Postmoderne bewiesen: Sie blieb typologisch unfruchtbar und beschränkte sich darauf, um die Ansammlung von Normgrundrissen den ästhetischen Schein einer Hausform zu legen. Auf diese Weise ist das typologisch Abwesende nicht zu greifen. Es ist überhaupt unfruchtbar, sich im Gegensatz von Typologie und Typisierung festfahren zu wollen. Die Typisierung ist ein Faktum. Wenn sie mehr Unordnung als Ordnung gebracht und ihre Hauptaufgabe, die Baukosten zu senken, auf groteske Weise verfehlt hat, so ist also, angesichts der Unvermeidlichkeit der Sache, endlich der versprochene Vorteil abzufordern. Den wird sie aber nur hergeben können, wenn das Konzept Typisierung über seine Engpässe hinausgetrieben wird und auf seiner abstrakteren Ebene, der atomisierter Normteile, das Thema Typologie wiederaufnimmt. Ansatzpunkt dazu ist die gleichmäßige Beziehung zu den historischen Eckdaten der Typologiegeschichte, Vorfertigung und Parzelle.

Typologie ist zu definieren als soziale Strategie der Besetzung der Parzelle. Von den historisch bekannten Weisen der Besetzung mit ihren bekannten zugehörigen typologischen Vokabeln muß man dabei ganz absehen. Wichtig ist das bloße Vorhandensein dieses Spielfelds. Es begründet eine Maßstäblichkeit der Leistung gegenüber den Möglichkeiten der Benutzer.

Beim Wohnungsbau ist das am deutlichsten: Die Wohnung ist eine zu kleine Einheit, um soziale Autonomie zu entwickeln, die Wohnanlage eine zu große. Unterforderung auf Wohnungsebene und Überforderung auf Anlageebene schaffen jene Situation der sozialen Hilflosigkeit, die heute das Wohnen ausmacht. Die ausgeschlossenen Kompetenzen verbohren sich also in die offenstehenden Ausgänge, nach innen in die Wohnungsausstattung, nach außen in das Autofahren. Beide Fluchtwege werden desto unerbittlicher gesteigert, je schärfer sich die Verweigerung sozialer Autonomie in Bau- und Sozialformen zuspitzt. Im Perfektionismus von Auto- und Wohnungsgebrauch steckt die gestaute Aggression der Unmündigkeit. Diese gespeicherte Wut muß man erkennen und bearbeiten.

Ist die Parzelle das konservative Kriterium neuer Typenbildungen – sie darf nicht aufgelöst werden –, so die Vorfertigung das progressive – sie darf nicht ausgeschlossen sein. Die Vorfertigung ist die Probe aufs Exempel, ob man die typologische Lektion gelernt hat. Solange die Wohnungstypen spezialisiert sind, steht das System sich selber im Wege. Spezialisierte Typen massenhaft zu erzeugen heißt, sich in ein Gefängnis zu sperren, da jede kleinste Veränderung der Nutzung bereits das Produkt ungültig macht und einen unverhältnismäßigen Aufwand fordert. Vorfertigung wird erst als Massenproduktion verbilligend wirken, und Massenproduktion kann sie, seit es die staatlich gelenkte Planwirtschaft des Ostblocks nicht mehr gibt, nur werden, wenn sie unspezifisch ist. Zurücknahme von Spezialisierung heißt, die Vorfertigung überhaupt aus der Größenordnung herauszuholen, wo sie unmittelbar über einen Typus entscheidet.

Die Perspektive oder Zulässigkeit der Vorfertigung hat didaktischen Wert: Sie zwingt zur Entkoppelung von Typologie und Herstellung (Konstruktion, Material, Ausbautechnik und -standard). Typologie interessiert als Funktionsmodell, nicht als Gestaltvorstellung. Es kommt nicht darauf an, wie die Häuser aussehen, sondern wie sie funktionieren. Der Typus ist kein Erlebnis, sondern eine Leistungsform. Die Leistung mißt sich an den sozialen Kompetenzen und Bewegungswünschen der Individuen. Ein Spielraum für Typologie eröffnet sich in dem Augenblick, in dem die Taylorisierung des Lebens in Frage gestellt wird, indem also nicht zuvor definiert wird, was Leben ist, wie es sich lokal verteilt, in welche Funktionen es zerfällt und in welchen intimen oder geselligen Formen es abläuft, sondern indem dieses alles der Autonomie und Kompetenz der Betroffenen selber anheimgestellt wird.

Die konzeptionelle Anbindung der Typusfrage an Parzellierung einerseits, Vorfertigung andererseits besorgt in jedem Einzelfall die Aufgabe der kritischen Scheidung von historisch Verbrauchtem und dem, was weiter gebraucht wird.

– Fluchtlinie: Gebraucht wird die Herausforderung, den Übergang von öffentlichem zu privatem Gelände zu definieren. Was nicht mehr gebraucht wird – nicht mehr möglich ist –, ist die gesellschaftliche Bildlichkeit des Übergangs, die Ausbildung als Front, als Fassade: Stirn und Gesicht des Gebäudes auf der Ebene einer gesellschaftlichen Bildlichkeit. In der Antike kam sie nur öffentlichen Gebäuden zu, vor allem den Tempeln. Daß das mittelalterliche Bürgerhaus den Anspruch auf jedes einzelne Haus abbildete, nahm mit der Verallgemeinerung auch den antiken Ernst weg. Hier begann das bürgerliche Spiel mit den antiken Bildern, das mit dem Historismus zu Ende ging. Das Spiel drückte jedoch auch eine neue politische Wirklichkeit aus. Auch daran gemessen ist jedes Gebäude heute zwangsläufig bedeutungslos. Was übrigbleibt, ist die unwillkürliche Behaftung des Übergangs zwischen Straße und Parzelle mit körperlichen Erwartungen, mit Wahrnehmungsmustern, die an der Körperwahrnehmung ausgebildet sind. Die Trennwand hat zwischen der bloßen Funktion, Belichtungs- und Türöffnung zu enthalten, und einer Beteiligung der Bewohner am Straßengeschehen einigen Spielraum.

– Tiefengliederung: Die Abwicklung in die Tiefe entsteht aus der Institutionalisierung von Wegen. Das griechisch-römische wie das chinesische Wohnhaus sind aus dem Zeremoniell des Eintritts des Gastes entwickelt, der Weg in die Tiefe ist der ins Innere des Familienkults, die hintersten Bereiche sind die unzugänglichsten. Das nordeuropäische Dielenhaus ist aus der Wageneinfahrt entwickelt, die Anfügung von Saal oder Kemenate im hohen Mittelalter war sekundär, der neuzeitliche Seitenflügel ging wieder auf die einfache Tiefenbewegung zurück. Die unbebaute Fläche (Höfe, Garten) ist im einen Fall Teil des Zeremoniells, im anderen das Äquivalent einer Durchfahrt aufs freie Feld. Das ist die geltende Richtung der Entmythologisierung. In Hamburg oder Lübeck hatte das neuzeitliche Seitengebäude als Gang eine Wohnbedeutung, in Berlin war es mit dem Handwerk eng verknüpft. In der heutigen Lebenspraxis haftet nichts mehr davon, ob Gastzeremoniell oder Handwerkskultur. Die Tiefengliederung ist also eine Sache der Nützlichkeit und der daraufhin erfolgenden freien Typenwahl, einerseits für Erschließungen von innerstädtischen Gewerbegrundstücken, andererseits für bestimmte Wohnansprüche in bestimmten Parzellenformen. Wichtig ist der innerparzelläre Weg nach hinten als Dimension, als Entwurfsform.

– Höhe: Die Idee des Hauses zeigt Eingeschossigkeit. Daneben gibt es einen Grundtyp des Geschoßhauses, der aus der Überlagerung von Stall und Wohnraum besteht. Alle weitere Höhenentwicklung ist daraus entstanden, daß in Situationen knappen innerstädtischen Bodens die horizontale Abwicklung eingeübter Typologien nicht mehr möglich war und in die Höhe ausgewichen werden mußte. Die römische *insula*, der älteste bekannte Mietshaustyp, der bis zu fünf Stockwerke erreichen konnte, ist das klassische Beispiel; die zulässige Höhe wurde durch Augustus auf 21 m – also Berliner Traufhöhe gemäß der Bauordnung von 1887 –, durch Trajan auf 18 m begrenzt.[40] Die Höhenentwicklung kann bei jedem Typus ansetzen und führt unter Umständen zur Ausbildung neuer Typen. Es gibt aber keine feste Beziehung zwischen Typus und Höhe, es sei denn am Endpunkt: Ein Hochhaus muß einfach mindestens zehn Stockwerke haben, um als solches zu gelten, von da an aufwärts ist alles möglich, was technisch machbar ist. Das Hochhaus ist deshalb, anders als die Hochhausideologie will, kein neuer Typus, sondern nur ein immer weiter nach oben gezogenes parzelläres Geschäftshaus. Die Höhe ist typologisch nicht eingebunden, sondern *ad libitum*. Alles andere ist Ideologie.

– Haus und Freiraum: Im archaischen wie im antiken Haus überwog die ausschließende Funktion: Was innerhalb als Hof übrigblieb, war nicht überdachtes Haus. Erst die mittelalterliche Trennung von Haus und Parzelle machte das Nichtbebaute als verstädterte Natur deutlich. Das Haus trennte Bereiche vor und hinter dem Haus: Vorgarten einerseits, Hof und Garten andererseits. Mit zunehmender Verdichtung der Städte entstanden daraus unterschiedliche Linien: Im Stadtzentrum zeigt der bürgerliche Normalfall das Vorrücken des Hauses an die Fluchtlinie und schrittweises Überbauen von Hof und Garten; Beibehaltung als Ehrenhof und Lustgarten wurde Merkmal des Adelspalais; Beibehaltung des alten Zustandes war nur durch Ausweichen in die Vorstädte möglich. Die Vorstellung einbegriffener Natur blieb also erhalten, selbst in der Form des gärtnerisch angelegten Hofs. Erst die Moderne reduzierte das Haus so, daß außerhalb nur noch das abstrakte Abstandsgrün möglich war, ein baurechtlicher, kein typologischer Fall. Die Scheidung von Gebäude und Freiraum er-

40 Vgl. Kolb, a.a.O., S. 160.

gibt, rückübertragen auf die Parzelle, die von Haus und Parkplatz. Dagegen schließen die Gebäude sich nicht mehr ab wie das Haus, sondern nehmen an Dach, Wänden, Zimmern und Übergangszonen Freiraumschichten auf, die nicht mehr flächenmäßig, sondern gebrauchsmäßig definiert sind.

– Binnengliederung: Die Binnengliederungen von Gebäuden sind allesamt nach innen genommene Trennungen, die ursprünglich zwischen Innen und Außen teilten – verinnerlichte, in Hausgestalt verwandelte Besetzungen der Parzelle. Das komplexe innere Trennungsschema macht jene Raumgefüge aus, die am Ende der mittelalterlichen Hausentwicklung stehen. Dieses wird in der Neuzeit wiederum formalisiert zur Wohnung, die in einem Haus mehrfach vorkommt. Damit entsteht ein innerer Außenraum: die Erschließung, die schnell zum eigentlichen typologischen Zentrum aufsteigt (Treppenhäuser, Laubengänge usw.). Die Moderne liquidierte Haus wie Treppenhaus. Heute definiert sich der Gebäudetyp durch Erschließung und angeschlossene Nutzungseinheiten. Solange letztere abgeschlossen sein müssen und gegeneinander isoliert werden, bleibt die Normerschließung ohne Konkurrenz. Wenn man das serielle Schema der Hausanlage auf die Parzelle abbildet, muß sich die Erschließung zumindest wieder auf die Parzellenform beziehen, es kann also, von Beziehungen auf Garten, Hinterhof usw. abgesehen, auf Benutzung durch einen begrenzten bekannten Nutzerkreis hin angereichert werden, als Halle, Haus im Haus, überdachter Hof.

– Überlappende Nutzungen: Das archaische Haus enthielt die gesamte Hauswirtschaft. Noch heute wird sie überall im Süden, wo das Einraumhaus, die Einraumwohnung nicht ausreicht, auf die Straße herausverlagert. Auf der städtischen Parzelle des Mittelalters gab es stets mehrere Gebäude mit unterschiedlicher Nutzung. Daraus entwickelten sich die neuzeitlichen Typologien der Nutzungsmischung, mit eigenen Gebäudetypen für Wohnen, Gewerbe, Viehzucht, Pferd und Wagen, Lagerung. Diese Spezialisierung war wiederum der Ansatzpunkt, von dem aus die Parzelle funktional entmischt werden konnte (neben der Verselbständigung des Gewerbes und erhöhtem Wohnstandard für alle waren darin z. B. auch der Schritt vom Pferdewagen zum Auto, die Modernisierung von Heizverfahren und Lagerung, Zentralisierung der Grundversorgung, das Angebot von öffentlichen Grünflächen beteiligt). Die Aufhebung spezialisierter Nutzung entleerte die vorhandenen Typologien – z. B. Seitenflügel, Quergebäude, Gartenhaus – und stellte sie als bloße Bauformen der neuen Monofunktion zur Verfügung, die sie einsetzte, um die Parzelle flächendeckend und mit maximaler Ausnutzung zu überbauen. Die Moderne hat, im nächsten Schritt, immerhin das Verdienst, die Einheit Haus so weit gesprengt zu haben, daß sie heute ihrerseits wieder auseinandergenommen werden und multifunktional angelegt werden kann. Wohnen, Dienstleistung, durch Einsatz entsprechender Technik verträglich gemachte Produktion können auf einem Grundstück in einer Gebäudeeinheit zusammengefaßt werden, auch wenn die Bautypen dafür noch zu entwerfen bleiben.

– Die typologische Einheit: Eine Grundeinheit zu etablieren ist vielleicht die wichtigste anstehende typologische Aufgabe. In archaischen Zeiten war das das Haus, als Einraum wie als entwickelter Komplex von Räumen und Höfen, in seiner vierfachen Verwendung als Grab, als Tempel, als Wohnung und als Palast. Die großen typologischen Einheiten des 19. Jahrhunderts waren Mietshaus, Fabrik, Bahnhof, Kaufhaus und Sozialanstalten. Jede zerfiel für sich allein. Die typologische Einheit Mietshaus zerfiel zugunsten der Wohnung als bestimmender Einheit, die Fabrik vereinheitlichte sich zur Produktionsstraße, die ein einziger eingeschossiger, bis zu 1 km langer Container enthält. Diese Zustände sind die Festungen der Funktionstrennung. Soll es darüber hinausgehen, dann müssen solche funktionalen Einheiten ihrerseits gesprengt werden. Die unendlich umfunktionierbaren Altbauten des 19. Jahrhunderts haben uns beigebracht, daß und wie das geht. Nicht die Nutzungseinheit kann der Ausgangspunkt sein, sondern nur ein nutzungsneutrales serielles Grundelement. Dieses Element muß notwendig ohne typologische Züge sein, es ist ausschließlich Einzelraum: Zimmer, Saal, wandfreies Geschoß, Halle usw. Die Folge der Träger oder Behälter funktionaler Mischung beginnt mit dem Tisch und endet mit dem Block. Dazwischen liegen Einzelraum und Haus. Das Haus, die Gebäudeeinheit, ist nur Resultat; nur der Einzelraum taugt als typologischer Baustein.

– Sozialpolitische Neutralität: Typologien werden durch Zusammenschluß nutzungsneutraler Räume entstehen – aus dem Nutzungsmuster, den Abhängigkeiten, die die konkrete Tätigkeit im neutralen Raumangebot durchsetzt. Typologien werden nicht mehr gebaut werden, sondern sie entstehen im Gebauten. Gebaut werden müssen die Voraussetzungen dieses Vorgangs. Das hat einschneidende sozialpolitische Wirkungen. Die Grundvorstellung von Unterkommen und Wohnen muß revidiert werden, ohne daß man zwischen beidem unnötige, unnötig pathetische Gräben aushebt.[41] Alle müssen in der Stadt unterkommen, das Wie kann aber nur begrenzt garantiert werden, solange hohe Standards gerade denen am meisten schaden, zu deren Bestem sie erzwungen werden. Die Gleichung von Wohnung und Familie ist auch heute noch ein einerseits eurozentrisches, andererseits sozialkonservatives Vorurteil, das mehr Not erzeugt als gelindert hat. Die funktional ausgefeilten Kleinwohnungen waren immer zu eng und zu teuer und nie genug. Neutrale Grundrisse erlauben es den Nutzern, ihre soziale Form zu finden. Von der archaischen Großfamilie der Einwanderer bis zur industriegesellschaftlichen Individualisierung muß alles möglich sein. Daraus folgt bereits für die Herstellung die Trennung von Rohbau einerseits, Ausbau/Ausstattung (diese dürften technisch wie institutionell in Zukunft fusionieren) andererseits, als technische, Kompetenz- und Eigentumsgrenze.

– Gleichzeitigkeit, Überlappungen: Die Grundaufgabe aller Typologien ist das Vereinen widerstreitender Nutzungen auf engstem Raum. Keine Nutzung ist konfliktfrei. Die Mischung von Unterschiedlichem setzt deshalb das Anlegen von Trennern voraus, die die Mischung erträglich machen.[42] Die Parzelle selber ist, seit sich Parzelle und Haus voneinander lösten, das Grundmuster des Ineinanders von Trennung und Mischung. Typologische Aufgabe ist die innerparzelläre Bewältigung auf eine Weise, daß die Parzelle nicht gesprengt, sondern gestützt wird. Der einfachste Trenner ist die Wand. Gebäudehälften, Stockwerke, Gebäudeteile, unterschiedliche Gebäude auf derselben Parzelle sind die entwickelteren Formen. Ob es sich um die Mischung von Wohnen und Gewerbe oder um die verschiedener Schichten oder Ethnien handelt, immer geht es dabei um einen kalkulierten Konflikt, der aufgrund des methodisch begrenzten Arrangements bewußt eingegangen wird und dank seiner gelöst werden kann und gelöst werden muß.

– Typologie und Stadtstruktur: Eine sich aus der Nutzung erge-

41 So neuerdings wieder C. Hackelsberger, *Hundert Jahre deutsche Wohnmisere – und kein Ende*, Braunschweig/Wiesbaden 1990, S. 15 ff.
42 Vgl. D. Hoffmann-Axthelm, *Neubau für die Mischung*, in: K.-H. Fiebig, D. Hoffmann-Axthelm, E. Knödler-Bunte, *Kreuzberger Mischung. Die innerstädtische Verflechtung von Architektur, Kultur und Gewerbe*, Berlin 1984, S. 62 f.

bende Typologie ist im Netzwerk der Stadtstruktur ungleich weniger auffällig als vormoderne Typologien. Ihre Auffälligkeit liegt weniger im gebauten Objekt als in der Nutzung selbst. Gleichwohl bleibt es bei der systematischen Stelle: Typologie als Ort der Besonderheit des Vorgehens auf der einzelnen Parzelle, bis hin zur Einmaligkeit. Die serielle Reproduktion liegt damit außerhalb der Typologie, sie ist, nachdem die Moderne sie mit Typologie identifiziert hatte, als Vorleistung zurückgeblieben. Die Typologie selber ist damit kein ästhetischer Selbstzweck. Sie hat die Aufgabe, parzellenspezifisch Funktionsmischung zu organisieren. Indem sie das tut, leistet sie ihren Beitrag zur Gesamtheit der Stadt, baut Verkehr ab, spart Flächen ein, schafft Nähe, macht Verdichtung erträglich und sinnvoll.

Verknüpfungen/Interfaces

Die Rückkehr zu lokalen Kleinformen muß bezahlt werden, sie verlangt die entsprechende Freisetzung des Gegenteils. Die moderne Beweglichkeit von allem und jedem wegarbeiten zu wollen wäre eine Illusion. Was erreicht werden muß, ist diejenige Entwicklungsschwelle, an der wachsende Geschwindigkeiten für sich entwickelbar sind und nicht mehr die städtische Grundlage zerstören.

Die Beruhigung beruht auf einem Schnitt, der sie zuallererst möglich macht. Dieser Schnitt ist nicht ein für allemal da, sondern muß auf ständig wechselnder Ebene organisiert werden. Beschleunigung und Beruhigung werden sich proportional entfalten, mithin muß ständig neu gewährleistet werden, daß die wachsende Beschleunigung die Beruhigungsformen nicht über den Haufen wirft. Das heutige Verkehrschaos muß auseinandergenommen werden, einmal nach unten, indem alle Verkehre, die lokalisierbar sind, auch tatsächlich lokalisiert werden, zum andern nach oben, indem die notwendigen, unumgänglichen Fernbeziehungen so konsequent entwickelt werden, daß sie von den Beruhigungsformen des Stadtsystems abhebbar sind.

Man befindet sich damit im klassischen Planungsdilemma der Raumordnung, einerseits gleichmäßige Verteilung zu wollen, andererseits Effizienz garantieren zu müssen, also Verdichtung, Zentrierung, erhöhte Geschwindigkeit/Leistungsfähigkeit von Zentrum zu Zentrum.[43] Das eine verlangt ein gleichmäßiges Netz, das andere produziert zwangsläufig lineare Strukturen. Je größer die einbegriffenen Entfernungen bzw. die geforderten Leistungen, desto linearer, desto weniger netzfähig wird das transportierende System ausfallen. Direktkommunikation über Satelliten, Flugzeug, Hochgeschwindigkeitsbahn sind solche potenzierten linearen Systeme. Sie sind linear extrem leistungsfähig, aber je leistungsfähiger, desto schwieriger – distanzmäßig, nach Zahlungsfähigkeit, sozialer und technischer Kompetenz – von einem beliebigen Punkt der um das Einstiegszentrum gravitierenden Bereiche erreichbar.

Die Stadt ist der konzentrierte Beweis dafür, daß auch die Grundentscheidung für das Netz nicht ohne die Gegenentscheidung auskommt, weil sie von der Notwendigkeit wachsender Entfernungen und damit dem subjektiven wie ökonomischen Bedürfnis wachsender Beschleunigungen weder absehen kann noch darf. Der Schnitt zwischen lokaler Beruhigung und ortloser Weltstadt macht letztere nicht ungeschehen, sondern ist nur ein Funktionsmodell für die unumgängliche Beziehung zwischen beidem.

Die Verbindung von linearem Hochleistungssystem und intensiviertem Netz ist zumindest für die Stadt keine befriedigende Auskunft. Im Autoverkehr haben wir das ja. Das Auto ist das einzige Verkehrsmittel, das sowohl in höchstem Maße dezentral und individualisiert funktioniert als auch gebündelte Fernleistungen erbringt. Es optimiert also das Nähe-Ferne-Verhältnis in denkbar bester Weise. Da der Umschlag zwischen Nähe und Ferne individuell geschieht, macht der Autonomie- und Vernetzungsgrad das Auto zum idealen Gefährt, und deswegen wird es, von seinen Verzahnungen mit subjektiven Bedürfnissen: Selbstbildern, Ausdrucksverlangen und Trieberfüllungen, ganz abgesehen, so heftig benutzt. Gerade aber die ideal individualisierte Vermittlung von Nähe und Ferne macht das Auto für die Stadt zur Katastrophe. Wenn der menschliche Körper allein diese Leistung vollbringen könnte, wäre alles vollkommen – das Auto ist aber einfach zu groß dazu, und weitet man die Stadt an den Vernetzungs- und Schnittpunkten der individuellen Wege so weit auf, daß das System sich

43 Vgl. dazu, am Beispiel der Wirkung der neuen ICE-Strecken auf die westmitteldeutschen Regionen, R. Meyfahrt, *Neubaustrecken und Regionalplanung – Beitrag zur Zentralisierung oder Stärkung des Zentrale-Orte-Konzepts?*, in: *SRL-Schriftenreihe* 31, Bericht über die Halbjahrestagung 1990 in Kassel, Bochum 1991.

ungeniert entwickeln kann, schafft man die Stadt ab und schafft damit für alle Beteiligten so viele neue Probleme, Kosten und Belastungen, daß das Funktionieren des Verkehrs zum Selbstzweck wird.

Es führt also kein Weg daran vorbei, Nah- und Fernbeziehungen (und damit, im Falle des Verkehrs, auch das Auto) auseinanderzunehmen. Ein Herabtransformieren der Leistung wäre kulturell gesehen vorteilhaft, ist aber, solange Städte wirtschaftlich miteinander konkurrieren, undenkbar. Nur das Gesamtsystem könnte (und wird) einmal die notwendige Geschwindigkeit vermindern. Das einzige, was das einzelne Stadtsystem tun kann, ist, seine lokalen Strukturen zu schützen. Das kann es aber auch nur so lange tun, wie die lokale Verlangsamung sich gegenüber der flächendeckenden fordistischen Mobilisierung als effektiver erweist. Insofern muß die Position des lokalen Netzes, von der sich Parzellierung und Mischungstypologie ernähren, mit einem Verhandlungsangebot an die Ferne weltweiter Verbindungen einhergehen. Je konsequenter die Abhebung der Großsysteme vom lokalen Netz ist, unter desto höherer Spannung steht jede Berührung.[44] Die Aufgabe besteht darin, den Berührungsschock, den Aufprall, für den verletzlichen Teil, die Stadt, erträglich zu machen.

Hochleistungsverbindungen setzen Zentrierungen voraus und verstärken sie fortlaufend – also monofunktionale Dichte, Verdrängung, Ausgrenzung, die Kumulation stadtstruktureller Nachteile. Verhandlungsmasse ist demgegenüber allein das Ausmaß, mithin, ob es der einzelnen Stadt gelingt, viele Zentren zu bilden und gegenüber den Monopolisten der Hochleistungstransfers durchzusetzen. Viele Aufpralle können aber vor der Stadt stattfinden. So werden heute allenthalben logistische Zentren im ferneren Umland errichtet, von denen, wie mittelalterlichen Stapelplätzen, die gezielte Kleinverteilung in die Stadtbereiche ausgeht. Die Umschlagplätze in der Stadt (Post, Spedition, Lager) werden unnötig.

Die dadurch freigestellte Gegenseite ist die Fußläufigkeit der lo-

44 Der Spielraum verringert sich zusätzlich dadurch, daß die Hochleistungsverbindungen, indem sie ihre lokale Landhaftung ständig verschlanken, immer weniger Berührungsfläche bieten. Ein Hochgeschwindigkeitszug verzahnt sich nicht mehr mit Regionalschwerpunkten, in der Stadt minimiert er Haltepunkte und Haltezeiten.

kalen Wegenetze[45], die allgemeine Zugänglichkeit und Gegenseitigkeit des Kabelnetzes. Ist der Umschlag in Fernbeziehungen gewährleistet, werden auf der Verkehrsebene die Minimierung des motorisierten Verkehrs in der vom Hochgeschwindigkeitsdruck abgekoppelten Stadtfläche möglich, auf der Medienebene Entmonopolisierung und allgemeine Zugänglichkeit nicht nur möglich, sondern funktional notwendig: als Strukturierungen der lokalen Vernetzung. Wohin dieser Teufelspakt uns führt, vermag niemand zu sagen. Aber zur Abkoppelung des Lokalen, selbst um diesen Preis, gibt es keine vernünftige Alternative.

45 Die Nahbewegungen können überwiegend ohne Fahrzeuge bewältigt werden: Die Menschen gehen zu Fuß, die Waren legen nahe zwischenbetriebliche Wege über festinstallierte Beförderungssysteme zurück.

Kultur der Großstadt

Städte sind Individuen, Großstädte sind es bis zur Exzentrik. An letzterer, die sich die starken Stadtindividuen leisten, lernt man die Spielräume schätzen, ihr Balancieren zwischen den verschiedenen Abbruchkanten innerhalb rascher sozialer und ökonomischer Umschwünge. Vor allem geht es um die größte und wichtigste Ressource großer Städte, ihre Bewohner. Angesichts dessen, was den Großstädten bevorsteht, ist denn auch auf taktische Einschätzung der heutigen Marktchancen einer Stadt wesentlich weniger Verlaß als auf die historisch erworbenen Fähigkeiten großer Städte, blindlings ihren Weg zu gehen und inmitten einer auf Weltzeit und Ortlosigkeit der Kapitalströme eingestellten Welt ihren angestammten Fehlern, Lastern und Überheblichkeiten treu zu bleiben, nicht zuletzt ihren plebejischen Untiefen.

Stadtindividualitäten sind Kulturen, die das Bewegungsmuster einer Stadt bestimmen, nicht veranstaltbar, eingewurzelt. Jede große Stadt hat ihren eigenen, weit zurückreichenden Gründungsvertrag, in den jede neu ankommende Einwanderungsschicht eintritt, nicht ohne ihn mit Anmerkungen zu versehen. Die glücklicheren Stadtindividualitäten setzen sich durch als Orte einer aus Selbstsicherheit und Entscheidungskraft kommenden Überlegenheit. Es geht dabei weder um die militärische Macht über große Menschenmengen, die die altorientalischen Großstädte auszeichnete, noch um den stummen ökonomischen Zwang, der die industriellen Wanderungen und die aus ihnen entstehenden Großstädte regierte, es geht um Selbstbestimmung.

Metropole

Metropole meint: Weltstadt, also, im deutschen Sprachgebrauch, anders als in den romanischen und angelsächsischen Ländern, nicht einfach Großstadt, sondern mehr, einen kulturellen Maßstab[1], und

---

1 Der Ausdruck impliziert also spezifische Bewertungs- und Knappheitskriterien, vgl. dazu etwa: E. Gillen, *Provinz/Metropole*, in: J. Boberg, E. Gillen, T. Fichter (Hg.), *Die Metropole. Industriekultur in Berlin im 20. Jahrhundert*, München 1986, S. 6 ff.

zwar den höchsten. Riehl, der in ihr den Feind sah, den es zu be-
kämpfen galt, hat den Maßstab zugleich treffend gewürdigt: »Jede
Großstadt will eine Weltstadt werden, d. h. uniform allen andern
Großstädten, selbst das unterscheidende Gepräge der Nationalität
abstreifend. In den Großstädten wohnt das ausgleichende Welt-
bürgertum. Hier verschwinden die natürlichen Unterschiede der
Gesellschaftsgruppen; und die moderne Ansicht, welche neben
reich und arm, gebildet und ungebildet keine ›Sünde‹ mehr kennt,
ist hier mehr als Einbildung, sie ist die von dem großstädtischen
Pflaster aufgelesene nackte Wahrheit. Die Weltstädte sind riesige
Enzyklopädien der Sitte wie der Kunst und des Gewerbefleißes
des ganzen zivilisierten Europas.«[2]

Das war im Blick auf Paris und vor allem London gesagt. Der
Maßstab hat sich heute, wo es um New York und Tokio geht, nicht
verändert. Viele Großstädte wollen Metropole sein, die wenigsten
sind es, in Deutschland bislang keine (Berlin ist am ersten Versuch,
in den zwanziger Jahren, kaputtgegangen).

Metropole ist diejenige Großstadt, die nicht mehr zwischen
Fremden und Einheimischen unterscheidet. Das entscheidet sich
auf der untersten Ebene, der der Einwanderung. Eine Stadt, in der
Einwanderung und Anwesenheit verschiedener Sprachen, Ethnien, Kulturen Teil der Normalität sind und die gelernt hat, die
daraus entstehenden Spannungen aufzufangen und produktiv zu
wenden, fungiert als Metropole. Ein anderes Kriterium, solange
Kultur und nicht Statistik gemeint ist, gibt es nicht. Gerade solche
Großstädte, die die Behausungsleistung verweigern, mißverstehen
das Metropolendasein zweckdienlich als Eigenschaft und Titel,
wie die jeweilige Stadt vielleicht Hauptstadt und Sitz wichtiger na-
tionaler und internationaler Einrichtungen sein mag. Metropole ist
ebensowenig zwangsläufiges Ergebnis von ausreichend Größe und
Reichtum. Möchtegern-Metropolen erkennt man bereits daran,
daß sie von der Metropole ständig reden. Der Untergrund dieses
Geredes ist genau diejenige fremdenfeindliche Spießigkeit, die die
Metropole glaubt gefahrlos in Containern verpackt halten zu können, Dienstleistungszentren, Passagen, als Indoor-City, die also
das Fremde nur als exotischen Film akzeptiert, für den man zahlt
und aus dem man jederzeit aussteigen kann.

Metropole ist eine Leistung, und zwar eine für die Welt. Die Me-

2 *Land und Leute*, a.a.O., S. 105 f.

tropole ist der Freihafen der Völkerwanderungen. Das geht nicht
ohne die ökonomische Basis entsprechender weltweiter Produk-
tions-, Handels- und Finanzbeziehungen, geht aber in ihnen nicht
auf. Ohne die massenhafte, weltweit wirksame und anerkannte
Vermittlungsleistung auf der Bevölkerungsebene gibt es keine Metropole, gibt es nicht den dafür entscheidenden Ausbruch aus dem
nationalen Rahmen, aus dem einen kulturellen Maßstab. Die Metropole läßt sich von der Vielheit und Widersprüchlichkeit der
Welt überwältigen. Indem sie das als Stadt aushält, wird sie selber
zum Maßstab dessen, was Welt ist. Das Verhältnis kehrt sich um,
was als Welt gesehen werden will, muß sich in ihrem Spiegel sehen.
Das ist von Anfang an der Begriff der Metropole.

Alexandria

Sicherlich beginnt die Geschichte der Großstadt mit dem neuba-
bylonischen Babylon. Aber selbst wenn Babylon zeitweise eine erhebliche Bevölkerung besaß und die Zwangsumsiedlung der Füh-
rungsschichten der palästinischen Königreiche Juda und Israel
durch Nebukadnezar II. das Beieinander unterschiedlicher Völkerschaften anzeigt, so war es mit seinen mehreren hunderttausend
Bewohnern doch niemals mehr als ein dichtbewohntes, ausge-
dehntes Machtzentrum, in dem alle Bewohner gleich rechtlos waren, abhängig vom Schicksal der Königsgewalt, die mit ihren
Kriegszügen durch Ausplünderung unterworfener Bevölkerungen
die Kosten der Zentrale bestritt. Was die Metropole ausmacht, ist
der freiwillige Zustrom aus allen Himmelsrichtungen, Wirkung eines großen Handelsplatzes und einer internationalen kulturellen
Öffnung, die Spiegelung der Stadt als Kultur.

Die erste Metropole in diesem Sinne war Alexandria, eine Stadt,
in der von vornherein unterschiedliche Bevölkerungen zusam-
menlebten, deren jede einzelne bereits für sich für damalige Verhältnisse die Bewohnerschaft einer Großstadt gebildet hätte. Nicht
die Bevölkerungszahl machte die Bedeutung von Alexandria aus
– im 2. vorchristlichen Jahrhundert soll es allein 300000 freie Einwohner gezählt haben[3] –, sondern seine Eigenschaft als Spiegel und
Forum der damaligen bekannten und erschlossenen Erde, mit den

3 Kolb, a.a.O., S. 126.

Worten eines zeitgenössischen Papyrus: »Alexandria ist die Stadt der Welt.«[4] Zur kulturellen Führungsposition der Stadt trug nicht zuletzt das berühmte Museum bei, in dem vom König ernannte Gelehrte an den königlichen Bücherschätzen, der »Bibliothek«, arbeiteten.[5] Dank der dauerhaften Förderung durch die Ptolemäer wurde Alexandria zum Kulturzentrum der hellenistischen Welt. Gleichzeitig war es über Jahrhunderte das führende internationale Handelszentrum und ein bedeutender Produktionsort.

Von Alexander dem Großen gegründete Städte mit seinem Namen gab es viele. Nur Alexandria setzte sich, dank seiner hervorragenden Lage zwischen dem bis dahin zum Meer zu abgeschlossenen Nilland und dem Handelsraum des Mittelmeeres, als Großstadt durch und wurde daraufhin zur Hauptstadt des neuen, zum Meer geöffneten ptolemäischen Ägypten.[6] In der Beschreibung des Achilleus Talion aus dem 2. nachchristlichen Jahrhundert hat man sowohl ein zeitgenössisches Zeugnis von der Bewußtheit des Außerordentlichen als auch den Katalog aller künftigen Weltstadtbeschreibungen bis zum heutigen Tage:

»Eine geradlinige Säulenreihe zieht sich rechter und linker Hand vom Sonnentor zum Mondtor – denn diesen beiden Gottheiten sind die Torwächter der Stadt. Um die Mitte dieser Säulenreihen erstreckt sich die Stadtebene. Der Weg durch diese Stadtebene ist lang – wie eine Reise zu Hause. Ich ging einige Stadien stadteinwärts und gelangte zu einem Viertel, nach Alexander benannt. Da erblickte ich eine andere Stadt und sah, wie sich die Schönheit teilte: Eine Säulenreihe bildete eine gewaltige Achse, die durch eine andere durchschnitten wurde... Zwei Dinge sah ich, neuartig und paradox: Die Größe wetteiferte mit der Schönheit, und die Einwohner mit der Stadt, und beides jeweils siegte. Denn die Stadt war größer als ein Kontinent, und die Einwohner zahlreicher als ein Volk.«[7]

Die Lage zwischen Meer und Binnensee ist unverändert noch die der heutigen Stadt, doch ohne strukturelle Kontinuität – da-

4 Zit. nach A. S. Hunt, C. C. Elgar, *Selected Papyri*, 1934, bei Kolb, a.a.O., S. 125.

5 L. Canfora, *La biblioteca scomparsa*, Palermo 1986. Canfora weist nach, daß es ein eigenes Bibliotheksgebäude nicht gab, die Bibliothek also auch nie abgebrannt sein kann, sie war, nach dem Muster ägyptischer Tempelbibliotheken, im Peristyl des Museums untergebracht.

6 H. Heinze, *Alexandrien – Weltstadt und Residenz*, in: N. Hinske (Hg.), *Alexandrien. Kulturbegegnungen dreier Jahrtausende*, Trier 1983, S. 3 ff.

7 Übersetzung von Heinze, a.a.O., S. 5.

zwischen liegt die islamische Stadt. Alle Stadtpläne des antiken Alexandria sind hochgradig hypothetisch, wie die erheblichen Abweichungen zeigen.[8] Die hellenistische Stadt war rechteckig und ringsum ummauert, das von Achilleus Talion beschriebene Achsenkreuz verband die vier Tore. Die Vierteilung griff aber offensichtlich nicht in die soziale Gliederung der Stadt ein. Den gesamten Bereich westlich der Nord-Süd-Achse, mehr als ein Drittel der Stadtfläche, bestritt das ägyptische Viertel Rhakotis, wo die bereits vor Alexander vorhandene ägyptische Siedlung gelegen hatte. Zwischen Hafen und Ost-West-Achse lag das zweite wichtige Viertel, Bruchion. Es enthielt das Hafenviertel mit seinen Speichern und, direkt am Meer, den stark befestigten Königspalast, um den herum eine abgeschlossene Palaststadt wuchs.

Die Stellung der zahlreichen anwesenden Völkerschaften – Ägypter, Juden, Griechen, Syrer, Perser, Inder – war unterschiedlich, abhängig von dem Vorteil, den der König von ihnen hatte. Die Ägypter bildeten die Hauptmasse der Bevölkerung, ohne eigene Rechte. Die Griechen und Makedonier verfügten innerhalb der militärisch garantierten Metropole über eigene Stadtbürgerschaften mit einem an der griechischen Polis orientierten Maß an Selbstverwaltung. Die große jüdische Bevölkerung bestand zunächst aus Kriegsgefangenen des syrischen Feldzugs des Ptolemaios I. Soter, sie wurde erst durch Ptolemaios II. Philadelphos freigelassen; sie wohnte in unmittelbarer Palastnähe im Viertel Bruchion, was für ihre privilegierte Situation spricht.

Das Gleichgewicht der Metropole war an die Herrschaftsfunktion gebunden, wie die Unterordnung der ethnischen unter die funktionalen Trennungen zeigt. Die ethnischen Spannungen nahmen gegen Ende des Ptolemäerreichs dramatisch zu und trugen zum Untergang des Reiches bei. Ein deutliches Zeichen war die Zerstörung des jüdischen Viertels im ersten Jahrhundert nach Christus.[9] Kosmopolitismus wie Judenverfolgungen und später innerchristliche Auseinandersetzungen blieben aber Charakter-

8 Vgl. z. B. die etwa gleichzeitigen Rekonstruktionen aus dem vorigen Jahrhundert von Mahmoud Bey und Gustav Parthey untereinander – erstere in: F. Zagari (Hg.), *Bibliotheca Alexandrina. International Architectural Competition*, UNESCO, Paris 1990, S. 38, die andere in: Canfora, a.a.O., S. 77 – und mit neueren Plänen.

9 Vgl. die *Geschichte des jüdischen Krieges des Flavius Josephus*, II, 18, 8, und VII, 10 (hg. v. H. Clementz, Köln 1959, S. 272 ff. und S. 669 ff.).

züge auch der römischen Stadt.[10]

Die Metropolenfunktion war noch nicht ganz erloschen, als Alexandria 639 durch die Araber erobert wurde. Noch in der Beschreibung der Stadt, die der Eroberer, Emir Amr ibn al-As, dem Kalifen von der eroberten Stadt gibt, spiegelt sich die alte Weltstadt: »Ich habe die große Stadt des Westens erobert, und es fällt mir schwer, ihre Reichtümer und Schönheiten aufzuzählen. Ich beschränke mich auf den Hinweis, daß sie 4000 Paläste, 4000 öffentliche Bäder, 4000 Theater und Vergnügungsstätten, 12000 Gemüsegeschäfte zählt und 40000 tributpflichtige Juden.«

Alle Nachfolgerstädte haben sich auf das einmal geprägte Bild beziehen müssen. Es sind wenige Städte, die seitdem diese Metropolenfunktion wirklich ausgeübt haben: In der Antike wurde Alexandria durch Rom verdrängt. Im frühen Mittelalter konnte, trotz seiner despotischen Grundlagen, nur Byzanz diesen Status beanspruchen, allein schon der einmaligen Kontinuität als Großstadt wegen[11], sonst allenfalls noch, und nur kurzzeitig, das frühe abbasidische Bagdad[12]; in der Neuzeit sind es Rom im 16., London im 18., Paris im 19., New York seit dem Beginn des 20. Jahrhunderts.

Größe

Größe ist als Schwellenkategorie evident.[13] Das strukturell unabgeschlossene Wachstum in die Millionendimension ist, geht man

10 Heinze, a.a.O., S. 9. Zum Folgenden L. Canfora, a.a.O.

11 Im 6. Jahrhundert zählte Byzanz 250000 Einwohner, übertraf damit deutlich Antiochia und kam Alexandria nahe, wenn nicht gleich, vgl. F. Dölger, *Die frühbyzantinische und byzantinisch beeinflußte Stadt*, in: *Paraspora. 30 Aufsätze zur Geschichte, Kultur und Sprache des byzantinischen Reiches*, Ettal 1961, S. 117. Zum Aufstieg von Byzanz zur spätantiken Hauptstadt vgl. J. Burckhardt, *Die Zeit Konstantins des Großen* (1853), hg. v. H. E. Friedrich, Frankfurt am Main 1954, S. 343 ff.; für die mittelalterliche Stadt: A. Heisenberg, *Staat und Gesellschaft des byzantinischen Reiches*, in: U. v. Wilamowitz-Moellendorff, J. Kromayer, A. Heisenberg, *Staat und Gesellschaft der Griechen und Römer bis zum Ausgang des Mittelalters*, a.a.O., S. 407 ff.

12 Vgl. F. Gabrieli, B. M. Afieri, C. Baffioni, A. Bausani, G. Stasolla, R. Traini, *Il califato di Baghdad. La civiltà abbaside*, Mailand/Lausanne 1988, besonders S. 219.

13 Vgl. Riehl, a.a.O., S. 108; Simmel, *Die Großstädte und das Geistesleben*, a.a.O., S. 200 f.; R. E. Park, *The City: Suggestion for the Investigation of Human Behavior in Urban Environment*, in: R. E. Park, E. W. Burgess, R. D. McKenzie, *The City* (1925), Chicago, London ⁵1968, S. 5; L. Wirth, *Urbanism as a Way of Life*, in:

von der Moderne aus, die materielle Voraussetzung (London zählte Ende des 17. Jahrhunderts 674350 Einwohner[14]). Die Bewohnerzahl, kraft der von ihr besetzten Fläche, sprengt die überlieferte Stadtgestalt durch forciertes Wachstum und überführt sie in ein serielles Stadium, wie immer dieses beschaffen sein mag. Die Stadt wird unabsehbar, auch für die Zentralmacht schwer kontrollierbar, was man von den 200000-Einwohner-Städten des Ancien régime weder physisch noch politisch, noch sozial wird behaupten können, auch wenn keineswegs alle die geheimpolizeiliche Durchsichtigkeit Venedigs besaßen. Die schiere Ausdehnung und die mit ihr notwendig einhergehende Uneinheitlichkeit werden zum Machtfaktor der Stadt externen Kontrollen gegenüber.

Die serielle Technik der Stadterweiterung, die seit dem 16. Jahrhundert anhand von Stadtgründungen oder Stadterweiterungen genau umschriebener, ja emblematischer Gestalt entwickelt wurde, befreite sich in London bereits im Laufe des 17. Jahrhunderts von der emblematischen Beschränkung. Was 1620, bei Anlegung von Covent Garden durch Inigo Jones nach dem Vorbild der Piazza Grande von Livorno, noch königlicher Darstellungsversuch war (obwohl auf dem Estate des Herzogs von Kent angelegt), wurde, einmal von zahlreichen anderen Adligen als nüchterne Bauspekulation wiederholt, zu einem bloßen, unendlich wiederholbaren Schema.[15] Die Stadt entstand von da ab aus dem Nebeneinander solcher und vereinfachter Anlagen, das Stadtwachstum war seriell geworden. Paris tat den entscheidenden Sprung um 1860 dank der Spaltung der Stadt in die Interessenzone des Staates und der staatstragenden Baukapitale, das Crédit Foncier obenan, einerseits, und die unkontrollierten Gebiete außerhalb der Mauer der Fermiers Généraux andererseits, in denen zahllose kleine Bauunternehmer Grund erwarben, nach den Regeln des Metiers parzellierten, bebauten und verkauften.

Die serielle Selbsterzeugung des Stadtwachstums war überhaupt erst in der Lage, in kürzester Zeit die Voraussetzungen der Millionenstadt zu schaffen. Das wiederum war die notwendige Grundlage für die soziale Autonomisierung des Wachstums. Das seriell gewordene Stadtwachstum befreit die Lokalisierung der Bewoh-

L. Wirth, *On Cities and Social Life. Selected Papers*, hg. von A. J. Reiss jr., Chicago, London 1974, S. 68 ff.

14 Sombart, a. a. O., S. 36.

15 Vgl. dazu J. Summerson, *Georgian London*, a. a. O., S. 98 ff., 163 ff.

ner, der Bevölkerungsgruppen, vom Abbildungszwang, dem sie in der traditionellen Stadt unterlagen. Es sind die Markteigenschaften, die die Verteilung besorgen, mit großflächigen, bereits im Entstehungsprozeß angelegten Zuweisungen für unterschiedliche Bevölkerungen, Klassen, Einkommensgruppen, Ethnien.

Die Bewohner machen sich die unübersehbare Stadt greifbar, indem sie sie provinzialisieren.[16] Das ist von der besonderen Stadtgestalt unabhängig, solange es sich überhaupt um aneigenbare parzelläre Strukturen handelt: Es gibt diese Ausbildung von Kleinstädten im klassischen Raster New Yorks wie im wesentlich ärmeren Raster von Cerdàs Stadterweiterung für Barcelona. Die Millionenstadt besteht aus vielen sozial und kulturell eifersüchtig geschiedenen Einzelstädten. Diese erlauben über Generationen lokal soziale und ökonomische Karrieren, haben in überrollten Dorf- und Vorstadtkernen eigene Traditionszentren und weisen ihre besonderen landschaftlichen Eigentümlichkeiten auf, Berge, Kanäle, kleine Flußtäler, Parks, Schlösser usw., eingesenkt in die Millionenstadt wie geologische Einschlüsse.

Das alles ist andererseits möglich, ohne daß die Stadt den Charakter eines ganzen Landes annimmt. Vergleicht man die Ausdehnung von Paris und London am Ende des 19. Jahrhunderts mit der heutigen, dann gibt es trotz aller Unabsehbarkeit der Stadtmasse doch noch eine vom Umland erkennbar geschiedene Stadt und eine auf das Zentrum bezogene traditionelle Durchgliederung. Der heutige Zustand abgelöster, strukturell unabhängiger, eher auf ähnliche anderweitige Gebiete als auf die eigene Kernstadt verweisender Satellitenflächen zeigt die Krise des Wachstumsprinzips beider Städte. Sie sind Metropolen nur noch in dem Maße, in dem sie es in ihrer Blütezeit waren. Die Themen des 20. Jahrhunderts – Funktionstrennung, Zentrum und Peripherie, Stadt und Landschaft, horizontale oder vertikale Stadt – fanden in ihrem Aufbau keinen ausreichenden Einlaß und organisierten sich unabhängig an den Rändern.

Das Gegenbeispiel hat man in Los Angeles. Es fasziniert[17] als das

16 Die klassischen Ausdrücke von R. E. Park hierfür lauten: »In the course of time every section and quarter of the city takes on something of the character and qualities of its inhabitants. Each separate part of the city is inevitably stained with the peculiar sentiments of its population.« *Human Behavior in Urban Environment*, a.a.O., S. 8.

17 R. Banham, *Los Angeles. The architecture of four ecologies*, London 1973.

vollständigste Gegenstück zur zentrierten europäischen Stadt – wünschenswert strukturell, aber fast überall gleich abwesend. In Los Angeles stand das wenige, was es an Stadtkern gab, ständig zur Disposition, war auflösbar, erneuerbar, multiplizierbar. Die vorhandenen Knoten sind verstreute Relais einer reinen Entwicklung in der Dispersion, einer Ausdehnung von 1200 km² urbanisierter Fläche. Los Angeles wird vermutlich nie Metropole sein. Es ist im wesentlichen nicht Stadt, sondern überbaute Landschaft; die Landschaft ist übermächtig, Subjekt, während die Stadt peripher und epigonal bleibt. Die landschaftlichen Gliederungen zählen – Strand, Beverly Hills, San Ferdinando Valley –, nicht die städtischen Gliederungen. Wenn in Los Angeles Fußläufigkeit unbekannt ist, öffentliche Verkehrsmittel illusorisch sind und zehnspurige Autobahnen die Stadterfahrung bestimmen, so ist noch das ein Stück Dominanz der Landschaft. Die bloße Ausdehnung ist eine Kategorie des Bodens, nicht der Stadt.

Ein Größenwachstum dieser Art stellt das Verhältnis von Stadt und Landschaft unweigerlich auf eine neue Weise zur Diskussion. Die Planer des 20. Jahrhunderts glaubten, einer historischen Synthesis auf der Spur zu sein, wenn sie Landschaft zum Teil einer unbegrenzten flächenmäßigen Stadtausdehnung machten. Am Ende des 20. Jahrhunderts reicht das Einverleiben von Landschaft nicht mehr aus. Die Begrenzung der Ausdehnung ist auf dem erreichten Niveau zur Überlebensfrage der Städte geworden. Die virtuell endlose Teppichurbanisierung – einmal mehr – zur »neuen Stadt« zu verklären ist bloßer Ausdruck von Verzweiflung: Man trägt in das, was man nicht ändern kann, die alten Hoffnungen ein.[18]

Sie wird aber nur lösbar sein, wenn dies ins Bewußtsein der großen Städte eingeht, als Bedürfnis der Bewohner, Landschaft übrigzulassen, als Spiegel der Stadt, und dafür Verzichte in Kauf zu nehmen. Das ist ein kulturelles Wagnis – wieweit die Begrenzung ökonomisch erzwungen, wieweit sie durch ein ökologisches Bewußtsein der begrenzten Stadt und der begrenzten Landschaft vorweggenommen oder wenigstens beschleunigt wird.

18 So R. Fishman, *Die befreite Megapolis: Amerikas neue Stadt*, in: Arch+ 109/110 (1991), S. 73 ff.

Dichte

Dichte ist die wohl am allgemeinsten anerkannte stadtsoziologische Kategorie.[19] Dichte dient als Maß für diejenige kritische Menge von Personen und Ereignissen, die soziologisch Stadtgesellschaft konstituiert. Dichte wäre, räumlich genommen, keine ausreichende Kategorie, unterscheidet vielmehr als funktionale Stadt von Land: Die dichten italienischen Borgi sind unter keinem Gesichtspunkt Stadt, die friesischen Städte des Mittelalters waren es trotz fehlenden kompakten Ortskerns durchaus. Die hochkomplexen Neubaustädte dieses Jahrhunderts, z. B. Milton Keynes, Albertslund, Marl u. a., funktionieren andererseits zwar antistädtisch, sind aber gezwungenermaßen Stadt.

Das Konzept funktionaler Dichte enthält freilich seinerseits einen erheblichen Definitionsbedarf.[20] Funktionale wie institutionelle Dichte wären, selbst wenn man sich auf eine befriedigende Beschreibung einigen könnte, belanglos, wenn sie nicht eines produzierten: Stadtkultur. Die besondere Dichte einer Großstadtkultur bestimmt sich demgegenüber am Grenzfall, dem Übermaß. Insofern erübrigt sich hier die gesamte Kriteriendiskussion.

Das verlangte Übermaß schließt selbstverständlich auch räumliche Dichte ein. Zweifellos gibt es im Hinterland von Los Angeles und San Diego hochqualifizierte ökonomische und intellektuelle Netze, wie es sie seit alters im Veneto oder im schwäbischen Remstal gibt. Das ist die vielgerühmte Produktivität der Provinz. Zweifellos gibt es die alten Provinzzentren in aller Welt, allesamt inzwischen mittlere Großstädte, mit ihren herkömmlichen Verdichtungen (Universitäten, Forschungszentren, lokale Kulturstützpunkte usw.). Das alles kommt sehr gut ohne jene Gewalt der Verdichtung aus, die die modernen Großstadtkulturen ausmacht, London um 1750, Paris 1840 oder 1910, Berlin 1924-28, New York um 1910 oder um 1970. Metropolenkultur ist eine Sache weniger denkbar günstig verdichteter Jahre, sie war nie, in keiner Stadt und zu keinem Zeitpunkt, ein Dauerzustand.

Es geht hier nicht um Empfindungen – Dichte ist ein systematisches Problem der Großstadt. Wie die Großstadt, indem sie in ihrer Ausdehnung unabsehbar wird, den traditionellen Halte-

19 Vgl. besonders Wirth, a.a.O., S. 73.
20 Für den geographischen Zugriff der Regionalplanung und -forschung vgl. P. Hall, a.a.O., S. 60ff., für die Stadtsoziologie Friedrich, a.a.O.

punkt der Stadtgestalt zertrümmert, so ist sie, indem sie immer neue Menschenmassen ansaugt und lokalisiert, das Zentrum jener unerbittlichen Modernisierungsarbeit, die das gesamte herkömmliche Gesellschaftsgefüge bis zum letzten Stein zermahlt. Entsprechend muß sie neue Haltepunkte anbieten.

Als die Industriestadt das alte Haus zerstörte, stützte sie sich auf die Einhausung der Bewohner in Klassen, die sie selber mithalf freizusetzen. Inzwischen ist auch diese soziale Behausung zermahlen, die Individuen vagabundieren, statistisch behelfsmäßig in Einkommensgruppen, nach ihrem Selbstbild entlang Konsummodellen und Aufstiegspositionen formiert. Großstadtkultur am Ende des 20. Jahrhunderts ist die Frage, ob es zu einem neuen Angebot kommt.

Übliche funktionale und institutionale Dichten sind zuwenig: Nicht nur Los Angeles, auch New York reicht als Modell nicht aus. New York City, Metropole des 20. Jahrhunderts, setzte dank einer unvergleichlichen geographischen Lage und strategischen Position und mit amerikanischer Rücksichtslosigkeit schon an dem Problem an, an dem die Vorgänger heute scheitern. Auf drei Inseln und eine Halbinsel verteilt, die im städtebaulichen Stoffwechsel New Yorks jeweils ihre besondere Funktion haben, stellt es gerade den relativ kleinsten, aber zentralen Borough, Manhattan, für einen permanenten Umbau und für eine beispiellose Verdichtung durch Höhenwachstum frei. Von Manhattan aus (rd. 2 Millionen Arbeitsplätze), die eigenen Boroughs übergreifend, kommandiert New York City mit seinen täglichen Pendlerströmen eine Region von 19 Millionen Menschen, die auf drei Staaten verteilt ist, neun statistische Großstadtbereiche zählt und funktional – die Großstadt New Jersey, jenseits des Hudson, hat die industrielle und Hafenfunktion von New York City übernommen, ohne politisch zur Kernstadt zu gehören – wie administrativ dicht verzahnt ist.[21] Alle drei Momente – der immer weiter baulich verdichtete Kern, der Druck der zunehmend ghettomäßig geschlossenen, ethnisch segmentierten übrigen Boroughs und der tägliche Zustrom aus dem expansiven Außenring – tragen gleicherweise zur maximalen, unvergleichlichen ökonomischen und kulturellen Verdichtung der Kernstadt Manhattan bei.

New Yorks Grenze liegt, bei aller erstaunlichen, Schrecken und

21 Nach M. N. Danielson, J. W. Doig, *New York*, a.a.O., S. 35 ff.

Bewunderung erregenden Überlebensfähigkeit, in der auf die Spitze getriebenen Entfernung der Schicksale von Zentrum und Peripherie, die eine Koexistenz der sozialen Gegensätze nur durch immer rigidere Trennwände möglich macht. Was auf dem Spiel steht, zeigt der Gegenpol: Neapel.

Neapel ist archaische Dichte unter modernen Bedingungen, auf einem Überlebensniveau und mit einer Kriminalitätsrate, die denen der New Yorker Bronx nicht nachstehen dürften (Neapel hält in der Mordrate unter den italienischen Städten die Spitze, Italien wiederum ist diesbezüglich europäischer Spitzenreiter). Daß das Modell in der Krise steckt, zeigt die in den letzten 20 Jahren entstandene Peripherie von Hochhaussiedlungen, die den anhaltenden Zustrom von Zuwanderern aufnimmt. Gleichwohl ist es bisher niemandem gelungen, die Kernbevölkerung der bourbonischen Hauptstadt, rund 400000 Menschen, aus dem historischen Zentrum, der Großstadt des 17. Jahrhunderts, zu vertreiben. Die historische Großstadt überlebt als Monument jener vorbürgerlichen Dichte, die den Bewohnern eine sonst in Europa undenkbare räumliche Beschränkung und körperliche Verschränkung ihres Bewegungsraumes auferlegt, sie zugleich aber auch in einem wohlerhaltenen Netz familiärer, kirchlicher, lokalgesellschaftlicher (mafioser) Zusammenhänge hält.

Der mafiose Zusammenhang wird bleiben. Aber was kann eine nachindustrielle Großstadt sonst an die Stelle der Gesellschaftsarchitektur setzen, die im archaischen Modell die lokale Einbindung leistet? Was tritt als gesellschaftliches Haus und als Überlebensform an die Stelle von Nachbarschaft, Großfamilie, Kirche, Lokalgesellschaft?

Die Vorstellung, auch eine säkularisierte, durch die Industrialisierung hindurchgegangene moderne Gesellschaft gliedere sich spontan in Kleingesellschaften[22], wäre eine unzulässige Projektion von sozialen Leistungen konkurrierender Einwanderergruppen auf die Gesamtgesellschaft. Die Stämme, in denen wir überleben könnten, sind nicht mehr da und können sich auch nur metaphorisch neu bilden, in einer Flüchtigkeit und mit so fließenden Konturen, daß darauf wenig Verlaß ist. Die Zersplitterung der sozialen Formen holt früher oder später auch die ethnischen Gruppen ein, zumal ihre Formen defensiv sind, also funktional von der Dauer

22 So H. J. Gans, a.a.O.

und den jeweiligen Chancen des Integrationsprozesses abhängen. Das Ergebnis sind die zerfallenden, polizeilich überwachten ethnischen Viertel der USA.

Andererseits hat auch das herrschende Modell der Verschanzung der erfolgreichen Individuen in ihren Standards ungenügende Zukunftsaussichten, da es weder ausreichend verallgemeinerbar ist noch als verallgemeinertes Gesellschaft garantieren könnte. Es läuft auf die aufwendige Wattierung der Individuen hinaus, derjenigen, die es sich leisten können. Die Einpuppung in die individuellen Wohnwelten federt die Zumutungen der Atomisierung ab, der Härten der Konkurrenz, der Bedrohung durch die armen Viertel, durch ökologische Mißstände, verfallende öffentliche Dienste, Massenverkehr usw.

Soll einen das alles nicht berühren, muß Dichte jenseits einer Scheibe Sicherheitsglas individuell qualifiziert werden, als Hin und Her zwischen wechselnden Intimitäten und inwendig gewordenen, angeeigneten Bruchstücken von Gesellschaft – die Wohnung als Museum gesellschaftlicher Sehnsüchte, verlorener Persönlichkeit, Familie, Örtlichkeit und Geschichte. Aber leere Zeit ist so nicht zu füllen, Isolierung so nicht abzuwenden. Das Modell trägt die Kierkegaardsche Krankheit zum Tode deutlich in sich.

Das legt, als Denkfigur, eine strategische Entscheidung nahe: zwischen einer dummen Dichte der Massierung von Ereignissen, Menschenmassen, Verkehr, Objekten und kulturellen Reizen, und einer qualifizierten Dichte, die das Minimum an lokalem und gesellschaftlichem Halt bereithält, ohne daß die Selbstzerstörungen der Massenwohnungsviertel, ob New York, Chicago, Palermo oder Leningrad, die weitere Regel sein werden.

Das ist gewissermaßen eine Wahl zwischen Stadtkulturen. Die Gegenüberstellung zweier Kulturen ist, natürlich, ein bloßer Schematismus des Verstehens. Es wäre Unsinn, damit als Vorhandenem umzugehen. Wo anders als in der vorhandenen atomisierten Stadtkultur sollten denn die konstruktiven Möglichkeiten liegen, um eine qualifizierte Dichte zu rekonstruieren? Vielmehr geht es darum, daß man sich die Weichenstellung klarmacht – den Zwang, daß diese Potenzen freigestellt werden und tätig sein müssen, wenn es bei der Verschanzung der Vermögenden in Wohnintimitäten nicht bleiben soll.

Deshalb ist die Gegenüberstellung nichts anderes als der Appell an jene Verzweiflung des Privaten, die die Intimität eines Lebens aus Wohnen und Reisen in unverantwortete Ferne aufrechterhält, aus sich herauszugehen und sich den Zumutungen gesellschaftlicher Gegenständlichkeit, räumlicher Nähe, lokaler Verantwortung zu stellen. Nicht zuletzt geht es dabei darum, was Kultur bedeutet.

Die Alternative: Beschleunigung oder Beschwerung der Zeichen mit Gebrauch, hat kulturpolitisch keinen Sinn, weil sie in keinerlei kulturpolitische Kompetenz fällt. Kulturpolitik ist Beschleunigung, und kulturelle Ereignisdichten haben wir genug. Was fehlt, ist das Eingreifen der vorangetriebenen Zeichenoperationen in die Konstruktionsfrage. Sie ist der wirkliche Kulturgegenstand. Daß eine Stadtkultur den Hunger der Zeichen nach Verhaftung im Wirklichen versteht und zu sättigen weiß, das ist nur als soziale Leistung möglich, die weit mehr als die Professionisten einbegreift.

Konstruiert werden muß ein Netzwerk der einbeziehenden Dichten, Nähen und Zumutungen, das dem kritischen Verlust von Haus, Kirche, Markt, Stadtgestalt gewachsen ist. Lokale Dichte ist hierbei die Grundlage – nicht als Alternative zu Wichtigerem anderswo, sondern als autonome Anwesenheit von Wichtigkeit in jeder lokalen Konfiguration.

Gerade wenn man von der endgültigen Entbindung der Individuen ausgeht, dann ist, unter Bedingungen freigestellter und unvermeidlicher regionaler Mobilität, die konstruktive Dichte sozialer Netze am zufällig gegebenen Ort die einzige Möglichkeit, um soviel Berührung und Verschränkung zu erzeugen, wie minimal für die Realisierung konstruktiver, aus Sozialbeziehungen, Möglichkeiten, Entscheidungsreichtum gebildeter Dichte nötig ist.

Komplexität

Das Erfordernis der Komplexität[23] ist gleichfalls banal, es unterscheidet seit jeher Städte von Dörfern. Das Nebeneinander poli-

---

23 Die Chicago-Schule sprach hier, gestützt auf Simmel, von Heterogenität: siehe Wirth, *Urbanism as a Way of Life*, a.a.O., S. 75 ff. In die gleiche Richtung ging bereits Riehls Bezeichnung der Weltstadt als Enzyklopädie. Der in der heutigen Naturwissenschaftsdebatte (Prigogine u. a.) bestimmende Begriff der Komplexität hebt demgegenüber nicht auf die Individuen, sondern das Gesamtmuster ab, in diesem Fall die Stadt als Gemeinde.

tischer Funktionen, von Grundbesitz, Handel, Produktion, intellektuellen Aufgaben zwingt zur Diskussion, zu unterschiedlichen Vermittlungsebenen, die sich in der Karriere der Städte in dem Maße verfeinern, wie Austausch mit dem Umland und Fernhandel, landesherrliche, kirchliche und städtische Herrschaft, Handwerk und Verlagsproduktion, niedere und höhere Bildung usw. auseinandertreten. Schließlich ist es die Komplexität städtischen Lebens selber, die, als Problem der Integrierbarkeit, der Durchsetzung des Staates gegenübersteht.

Je nach Lage der Machtverhältnisse wird dieses Gegenüber für oder gegen die Städte beantwortet in einer Spannung von Kontrollbedürfnis und zivilgesellschaftlichem Widerstand, der durch die Zeit der großen Handels-, Geld-, Manufaktur- und Residenzstädte und der großen politischen und ökonomischen Machtzentren des 19. Jahrhunderts bis in die neueste Zeit hineinreicht. Komplexität ist die Waffe der großen Städte gegen jegliche Unterjochung unter einseitige Interessen, seien es Landwirtschaft, Militär, Politik, Industrie oder Geldmarkt und Börse.

Das Maß an Komplexität ist ein Reifemaß – nämlich wieweit eine Stadt fähig ist, sich einseitigen Entwicklungsangeboten zu entziehen, sich gegen eindimensionale Entwicklungsstrategien zu wehren. Die Zeiten, da sich diese Komplexität in den städtischen Institutionen ausdrückte, sind allerdings lange vorüber. Auf der Ebene der Stadtagglomeration geht es um die Landnahme konkurrierender Städte in der Stadt, die versteinerten Verwaltungen, den Kontinent der sozialstaatlichen Verregelungen und Landnahmen, die Eigenmacht der Developer in Zentrum und Stadtumland, die Anomie der Jugendräume (Schule, Hochhausviertel, U-Bahn, Dealerzonen usw.).

Für die Stadtpolitik, soweit sie das Problem sieht, geht es nur darum, möglichst viele Standbeine zu haben: Finanzmarkt, High-Tech-Industrie, Wissenschaftspool, Tourismus. Das sind die Modelle von Cambridge, Stuttgart, München usw.[24] Die Industrialisierungsgeschichte erfolgreicher Städte des 18. und 19. Jahrhunderts zeigt, daß solche Strategien nur greifen, wo sie von den entsprechenden Stadtgesellschaften getragen werden. Es muß eine kulturelle Interessenvermittlung vorliegen, die die unterschiedlichen Bereiche vernetzt, die in einem Bereich weit vor der organi-

24 Vgl. z. B.: P. Perulli (Hg.), *Città della scienza e della tecnologia*, Venedig 1989.

sierten Bezugsbildung die soziale Aufmerksamkeit, Unternehmungslust und Erfindungskraft organisiert. Alle historischen Beispiele zeigen aber auch, daß der kulturelle Vermittlungsbereich noch viel mehr einschließen muß: stadt-, sozial-, bildungspolitische Verantwortung, mithin die Bereitschaft zu Vorleistungen in Ausbildung, Wohnungsbau, Anfängerförderungen, zur Errichtung neuer Institutionen und zur Zulassung neuer Teilkulturen.

Das gilt heute allerdings unter der Bedingung einer Fragmentierung der Gesellschaft, von der das 19. Jahrhundert, der Erfahrung der religiösen Spaltungen entwachsend und in die der politischen hineinwachsend, noch keinerlei Vorstellung hatte. Die sozialen Produktivitäten sind heute völlig anders verpackt, weit außerhalb der Institutionen, wo sie vom Bildungsetat vermutet werden, eher in Szenen als in anerkannten gesellschaftlichen Geleisen, mit der Auswahl jeweils einer Vielzahl von Gebrauchsweisungen und Anwendungsorten spielend, statt der Einbahnstraßen klassenspezifischer Teilnahme am gesellschaftlichen Fortschritt, denen soziale Institutionen im 19. Jahrhundert folgten.

Die traditionellen Einrichtungen behalten Macht als Verteiler jener Positionen, die noch immer monopolisiert sind, formelle Arbeitsplätze, formale Arbeitskompetenzen, Beamtenprivilegien, Wissenschaftsförderung, Statuskultur usw. Aber aus der Position ist wenig über den tatsächlichen Ort – oder besser, da Ein- und Austritt ständig abwechseln, Kurs – der wirklichen Individuen zu entnehmen.

Die wirklichen Individuen entdeckt man erst, wenn man entweder den Zeitplan einzelner verfolgt, der sie tagtäglich durch viele spezialisierte Teilgesellschaften hindurchführt (ein Angestellter der Stadtwerke definiert sich vorrangig über seine Fähigkeiten als Drachenflieger, Judoka, Hacker oder was immer), oder indem man der Logik von Kompetenzen folgt (beamtete, alternative und Hobbyspezialisten hängen über gemeinsame Kompetenzen zusammen und verhalten sich zueinander solidarisch, in einer nicht institutionellen Kompetenzergänzung). Die Stadtgesellschaft besteht aus Tausenden solcher kleinen Fächer, und es ist deren ungeplante Interaktion, die ihr Komplexitätsmaß ausmacht. Die Unruhe, der Ebenenwechsel, aber auch das verläßliche Fachwerk machen Komplexität aus, stützen einerseits die Lebensentwürfe der Individuen, halten sie andererseits offen, in einer Erwartungs-

und Erfüllungsspannung. Komplexität ist darin der Gegenentwurf zur hierarchischen Gesellschaft. Die Zunahme von Komplexität trägt und tröstet hinweg über den Verlust eines vorhandenen, vom eigenen Bewegen unabhängigen Gefüges, über die leere Mitte jedes Ortes und der Stadt insgesamt.

Man mache sich nichts vor: Dieses scheinbar gleitende, luftige System wird genauso erbarmungslos belastet werden müssen wie die untergegangenen oder zur Zeit noch untergehenden hierarchischen Ordnungen der Stadt. Die Reichweite des Systems der Teilkulturen ist das Kriterium, an dem sich die Metropolenfähigkeit entscheidet: Wieviel soziale, politische, ökonomische, kulturelle Spannung halten diese Teilkulturen aus? Wieviel können sie verknüpfen, und dies, ohne staatlichen Zwang in Anspruch zu nehmen? Es sind vor allem drei Schnittpunkte, an denen sich jedes System städtischer Komplexität in Zukunft wird bewähren müssen: städtische Industrie; Ausländer; Intelligenz.

Bewährungsproben der Komplexität

Industrie: Industrie steht hier als kulturelle Vokabel, als Kriterium dafür, wie die Kultur einer Stadt sich zu ihrer Abhängigkeit von der normalen Güterproduktion verhält. Das umgreift den gesamten Kontinent der produzierenden Arbeit, von der informellen handwerklichen Herstellung nützlicher Güter bis zur hochspezialisierten Exportindustrie. Das postmoderne Stadtideal geht von der Überholtheit der einfachen Herstellung aus. Die Dinge sind da; was zählt, sind die aufzutragenden Zeichenschichten – auf der Basis einer Ökonomie, die den Schmutz, teils überhaupt das Produzieren, in die Dritte Welt verlegt, wo Sozialleistungen, Arbeitssicherheit, Umweltzerstörung nicht bezahlt werden; mit entsprechender Arbeitslosigkeit oder Umpolung auf Dienstleistungsjobs am vormaligen Standort.

Lokale Grundlage ist der tertiäre Schub in den Metropolen. Die beispiellose Vermehrung der finanziellen Transaktionsleistungen schuf eine eigene Mittelschicht, die *young urban professionals*, die nicht ausreichend verdienen, um selber am Geschäft teilzunehmen, aber genug, um einen überlegenen Lebensstil auszubilden. Indem sie sich exquisit kleiden und vergnügen, beschäftigen sie, in unmittelbarer Konkurrenz zur Massenproduktion, eine große Anzahl von spezialisierten handwerklichen und Pflegetätigkeiten.[25] Die entsprechenden Arbeitsplätze werden vorwiegend von Zuwanderern besetzt.

Sie bilden also, innerhalb der industrialisierten Stadt, eine neue Verzehrkultur aus, die die Großstädte der frühen Neuzeit wiederholt – Städte, die nicht von der Produktion leben, sondern vom Verzehr anderswo erworbener Vermögen und deren Absorptionskraft für Einwanderer vom Ausmaß der zum Verzehr anstehenden Einkünfte abhängt.[26] Der Wiederkehr der Konsumptionsmetropole entspricht die Wiederkehr der emblematischen Veranstaltungen: Museen, kulturelle Großereignisse, Stadtfeste usw. Hinter diesen zonierten Erregungen steht das Kulturideal der sauberen, im Prozessieren immaterieller Bestände sich erschöpfenden Stadt.

Die Überlebensfähigkeit der Metropolen wird davon abhängen, wieweit sie sich der damit gegebenen dreifachen Verdrängung der Produktion – aus dem sozialen Bewußtsein, aus dem Bild der gebauten Stadt, aus der städtischen Ökonomie – zu widersetzen wissen. Die Entindustrialisierung der drei großen historischen Metropolen, London, Paris, New York, läßt für diese wenig Gutes erwarten. Tokio ist nicht umsonst das kommende Modell (auf dem Prüfstand, in zehn bis zwanzig Jahren, vermutlich auch: Berlin).

Ausländer: Im 16. Jahrhundert trat an die Stelle fester ummauerter Stadtviertel der serielle Plan der Kolonialstadt, der nahezu jede Stadtfläche für jedermann verfügbar macht, aber Parzelle für Parzelle jeweils neu zur Disposition stellt. Diesem Bauprinzip folgen noch die New Yorker ethnischen Viertel. Ihr System ist eines der mobilen Grenzen, festgemacht an mehrheitlicher Besetzung einer Straße, einer Nachbarschaft, eines Viertels. Die Grenzen können Haus für Haus verrückt werden, je nachdem, wer den stärkeren Druck ausübt.

Expansiver ist jeweils diejenige ethnische Gruppe, die die geringeren Integrationschancen hat (zur Zerstörungsmatrix der Bronx gehört, daß die Schwarzen expansiver sind als die Kommunität orthodoxer einkommensschwacher Juden). Jede ethnische Gruppe kann sich nur auf ihre eigene Fähigkeit verlassen, Druck auszuhalten oder ihrerseits auszuüben. Im Kern großer Gruppen operieren

25 Vgl. S. Sassen, *Sozialräumliche Tendenzen in der Ökonomie von New York City*, in: W. Prigge (Hg.), *Stadt-Räume. Die Zukunft des Städtischen*, Frankfurter Beiträge, Bd. 2, Frankfurt am Main 1991, S. 260 ff.
26 Vgl. Sombart, a.a.O.

Verbrechensorganisationen (italienische, jüdische und chinesische Mafia), aber auch sie unterliegen dem gleichen Gesetz.

New York hat dank dieser Einrichtung eine riesige Integrationsleistung vollbracht, doch ist das Modell weder auf europäische Verhältnisse übertragbar (Paris macht gerade die entsprechende Erfahrung), noch kann es heute, als Modell genommen, als ausreichend zivil gelten. Das ethnische Viertel muß entlokalisiert, es muß, in bestimmten Grenzen, in die ganze Gesellschaft hineingebracht werden, ohne daß man ihm die Andersheit verweigert. Ethnische Viertel sind – das ist der letzte Grund ihrer räumlichen Instabilität – zeitliche Organisationen eines sich über drei bis vier Generationen erstreckenden Vorgangs des Hineinwachsens der Einwanderer in die Gastgesellschaft.[27]

Sie sind es dann, wenn der Einstieg gelingt. Unterbleibt er, wegen zu großer kultureller Distanz, dann sind die ethnischen Ghettos das Ergebnis, in denen weder die Regeln und Moralen der Heimatländer gelten noch die des Einwanderungslandes. Dieses Entgleisen zu beherrschen setzt Verhältnisse wie die in Los Angeles voraus – räumliche Distanz, Unbetretbarkeit des Territoriums für jeweils die andere Gruppierung, illegale Ökonomie unkontrollierbaren Ausmaßes, Aufrechterhaltung der äußerlichsten Ordnung durch eine erbarmungslose Polizei.

Das einzige Gegenmodell ist die soziale Mischung. Sie ist aber nur möglich als Integration, also als Gleichzeitigkeit von Destruktion der mitgebrachten Kulturen und Gleichberechtigung ihrer Träger hinsichtlich Arbeitsmarkt und politischen Rechten. Das verlangt von beiden Seiten gleich viel. Das wird in der Diskussion übersehen. Die Härten des Vorgangs für die Einwanderer hängen auch nicht von den moralischen Einstellungen der Inländer ab, sie können durch Toleranz und Hilfestellung nur gemäßigt werden. Dafür, daß es zu diesen Hilfestellungen kommt und der Vorgang friedlich verlaufen kann, ist schon so viel guter Wille nötig, daß auf weitere Emotionen verzichtet werden kann.

Dies ist der kulturelle Kern des Problems. Er kann nicht kulturalistisch überholt werden, indem man den Schleier multikultureller Toleranz darüber legt. Das Schlagwort von der multikulturellen Gesellschaft beschreibt nur einen überspannten Ideologieaufwand.

27 Vgl. L. Wirth, *The Ghetto* (1927), in: *On Cities and Social Life*, a.a.O., S. 60ff.; H. J. Gans, a.a.O.; D. Hoffmann-Axthelm, *Ghettosituation und kulturelle Widersprüche*, in: C. Arin (Hg.), *Ausländer im Wohnbereich*, Berlin 1983.

Es ist politisch falsch, weil die herrschende Kultur immer die des Einwanderungslandes ist, ohne daß dem im Namen demokratischer Prinzipien etwas zu entgegnen wäre – oder wollte man allen Ernstes politisch den Anspruch auf islamische Justiz, afrikanische Mädchenbeschneidung oder die Ausübung der Blutrache oder einer archaischen *potestas patri* mit dem des am Ort geltenden Rechts gleichstellen? Es ist aber auch kulturell falsch, weil es die längst in Gang befindliche Zerstörung der Einwandererkulturen verkennt.

Die andere Kultur ist nicht Folklore, sondern alltäglicher Ärger: verschiedene Sprachen, Nichtverstehen, der Zusammenprall ungleichzeitiger Verhaltensweisen mit enormen alltäglichen Belastungen. Die multikulturelle Gesellschaft ist die Ideologie derer, die die alltägliche Auseinandersetzung in den Treppenhäusern, an den Mülltonnen, auf den Kinderspielplätzen, in den Schulen, auf den Straßen usw. überspringen und gleich vom ohnehin kostenlos Vermittelbaren reden, dem Kulturrest, der auch nachher bleibt, wenn aus Ausländern angepaßte Inländer geworden sind. Das Scheitern ist immer auch Unfähigkeit der Einwanderer, sich zu öffnen. Das Sich-Einbunkern bestimmter (meist islamischer) Ethnien produziert in der zweiten, dritten Generation, statt Integration, soziale Schizophrenie, für die es keinen Ausgang gibt.

Politik heißt hier: mehr Druck, produziert, wohlgemerkt, durch mehr Rechte. Es wäre die wichtigste Leistung der Stadtkultur, daß man das Einbunkern unterläuft. Die Stadt muß ihre Freiheitsrechte offensiv schützen, muß in ihr Modell integrieren, gerade da, wo die Kulturen der Einwanderer entgegenstehen.

Intelligenz: Es geht hier nicht um die Funktion – mithin Kritik – der Intellektuellen, sondern um ein Trugbild von Metropole: jene autoreferentielle Welt der Diskurse, die die Welt bedeuten, für die Woody Allens *Manhattan* das klassische Bild ist, wiewohl nicht der einzige Ort – größtmögliche Dichte interner Kommunikation. Diese Ghettoisierung entspricht voll und ganz der der Industrie oder der Ausländer. Nur ist eine der wesentlichen Mauern dieses Ghettos, daß es gerade nicht lokal ist. Die Abschottung gegen die unmittelbaren lokalen Probleme scheint den Diskursträgern gerade der überzeugendste Beweis ihrer Weltzugehörigkeit und -geltung. Befassung ist nur über das kulturelle Modell möglich, das das Örtliche zugleich entlokalisiert. Ohne *Blade Runner* oder den *Himmel über Berlin* wäre die Stadt für sie unsichtbar. Es braucht offenbar entweder sehr viel Unbefangenheit oder sehr viel

Erfahrung und Selbstbewußtsein, um über Verhältnisse vor der eigenen Tür zu stolpern und darin den eigenen intellektuellen Gegenstand, und mithin die Welt, zu entdecken.

Verständlicher ist schon die Genauigkeit, mit der diejenige professionelle Intelligenz, die dafür bezahlt wird, daß sie die wirkliche Welt in brauchbarer Aufarbeitung bereitstellt, die Abschottung gegen die Folgen einer Verwicklung in Praxis auf jeder neuen Ebene desto erfolgreicher reproduziert, je praxisnäher sie angelegt ist. An praxisrelevanter Zuspitzung ist auch dem öffentlichen Auftraggeber nicht gelegen (das leisten eher noch, ab und an, einige Bildungsarbeiter in den Universitäten). Gesamtgesellschaftlich ist diese Verschwendung erträglich. Stadtkulturell wird sie zum Problem, einmal, weil die öffentlichen Denk-, Lehr- und Forschungseinrichtungen im Stadtgefüge als Vakuum auftreten, wie irgendeine Multinationale; zum andern, weil die abwesende intellektuelle Potenz im städtischen Detail dringend gebraucht wird.

Die Intellektuellen wären das Salz der Stadt. Entsprechend flächendeckend müßten sie anwesend und ansprechbar sein. Jeder Knotenpunkt gleich welcher Netzbildung macht, indem er einen Lokalwert aufweist, unter anderem die katalysatorische Zwischenkunft von partiellen intellektuellen Leistungen wünschenswert. Nichts ist eigentlich auch der gesellschaftlichen Größe Intelligenz natürlicher. Die Auswanderung aus den bürgerlichen Vierteln ist vorangeschritten, die Beweglichkeit von Netzwerken mit ihrem Gleichgewicht von weltweiter Geltung und lokalen Haftpunkten ist das Alphabet intellektueller Beweglichkeit selber, die Großstadt schließlich ist die letzte Wüste, die nach ihren posthistorischen Kriegsbotschaften abzuhorchen und zu bestehen bleibt.

Zentralität

Zentralität ist kein untergehendes Thema, sie wird nur anders organisiert werden müssen. Die bisherigen Zentraleinrichtungen leisten nicht mehr das, wofür sie einmal geschaffen wurden, sie sind Teil der Masse, die in Bewegung gebracht werden muß, statt Motor und Ordnungskraft. Flächendeckend gedacht heißt das Thema: Stadtgesellschaft. Gesellschaft läßt sich für städtischen Gebrauch als das Bedürfnis einer ortsgebundenen Bühne beschreiben, auf der sich, wer auf irgendeiner Ebene politische oder ökonomische Entscheidungen von städtischem Belang trifft, als Zivilperson verantworten muß.

Das ist die Beschreibung eines Bedarfs. Sie ist abwegig auf dem Untergrund eines gesellschaftlichen Klimas, dem zufolge sich jeder legitimiert fühlen kann, seine Eigeninteressen zu verfolgen: Selbst schuld, wer es nicht tut, und Sache des Staates, das allgemeine Funktionieren durchzusetzen (dabei augenzwinkernd mitgedacht, daß der Staatsapparat, als Interessenverband derer, die sich von ihm gut und reichlich ernähren, das Allgemeinwohl eher als Geisel hält, in deren Ausbeutung Politiker und Beamte sich wechselseitig übertreffen).

Empirisch zeigt sich aber, daß gerade die kapitalistisch härtesten Gesellschaften vom moralischen Überschuß eines nicht unbeträchtlichen Teils ihrer Mitglieder leben, und es gibt bis heute keinen deutlicheren Kollektor solcher Überschüsse als die Stadt, den eigenen, besonders den kritischen Stadtbereich. Wo diese Energien fähig sind, sich zu Stadtkulturen zu verdichten, wirken sie durchaus regulierend auf Politiker und Verwaltung ein, ja sind gelegentlich fähig, Banker und Investoren zu beeindrucken. Erfahrungen dieser Art machen, durchaus auch anhand von Niederlagen, eine Stadtkultur überhaupt erst ihrer selbst, als Modell, bewußt.

Diskussionsform und regulative Idee des Konsenses sind methodische Folgerungen. Niemand wird eine Großstadt so regieren wollen, dafür ist die gesellschaftliche Substanz von Konsensbildung viel zu kostbar. Sie betrifft die Kompetenz einer Stadtbevölkerung für die großen Weichenstellungen und für die Kritik derjenigen Entscheidungen, in denen eine Stadtgesellschaft sich von der Geschäftemacherei der Parteien, dem Übermut der Developer oder des großen Kapitals an einem zentralen Punkt auf unerträgliche Weise verletzt fühlt. Welche Grundentscheidungen und welche zentralen oder zufälligen Mißgriffe der Politik oder Verwaltung das sind, entscheidet die Betroffenheit einer Stadtgesellschaft selbst.

Die Autonomie ist das eine Geheimnis der Wirksamkeit. Das andere sind die konkreten Ebenen der Durchsetzung – Ebenen einer nachpolitischen zivilen Gesellschaft. Die Großstadt, und nur sie, produziert heute noch Gesellschaft, unter Gesellschaft zu verstehen: eine Öffentlichkeit, die mit lokaler Nähe, mit körperlicher Berührung und emotionaler Behaftbarkeit zu tun hat. Weil damit in keiner Weise mehr auf die historische, hierarchisch verfaßte Gesellschaft abgestützt werden kann, sind es allein die zivilen Sanktionen: Peinlichkeit, Gesichtsverlust, entzogenes Vertrauen usw., die ins Feld geführt werden können.

Voraussetzung ist, daß es lokale Präsenz gibt, also eine Organisation der Stadtkultur, die es den mächtigen Subjekten nicht erlaubt, in der Stadt anonym zu zirkulieren und durch ausschließlich private oder politisch abgeschirmte Kanäle zu kommen und zu gehen, anders gesagt: eine Organisation von Stadtgesellschaft, die kapillar ist, sich nicht auf wenige teure Orte und Gelegenheiten beschränkt, die z. B. Fußwege als Teil gesellschaftlicher Präsenz erzwingt (Venedig ist heute der einzige Fall einer Stadt, wo sich so gut wie niemand der persönlichen Begegnung entziehen kann, was enorme Auswirkungen auf die Stadtgesellschaft hat, z. B. einen Großteil von Terminen und Verbindlichkeiten auf die zufällige, aber statistisch hochwahrscheinliche fußläufige Begegnung verlegt).

Dazu kommen die institutionellen Detailformen, Kirchengemeinden, Ortsgruppen, Vereine, die allesamt, indem sie Querverbindungen herstellen, je nach stadtgesellschaftlichem Druck naturwüchsig mafios oder zivilgesellschaftlich kritisch wirken können. Weiter kann die kulturgesellschaftliche Ortsbindung kritisch wirken: Darüber entscheiden nicht die Reichen und Mächtigen, sondern ein gesellschaftliches Geschmacksurteil, das unbeirrt ausfiltert, wo es lohnt, dabeizusein, wo die wichtigen Dinge geschehen usw., solange jeder, der ein Stück politischer, institutioneller oder ökonomischer Macht ausübt, sich noch möchte sehen lassen können.

Die Stadtgesellschaft der Zukunft wird, wenn sie kapillar funktionieren soll, die Orte der sozial gemischten Begegnungspflicht erheblich vermehren müssen, als Einbindungsebenen, gleich ob unterschiedlich kleine und große lokale Gremien oder funktionale Netze, kulturelle und sozialpolitische Anwesenheiten (vergleichbar der in Holland noch üblichen honoratiorenmäßigen Anwesenheitspflicht im sozialen Stiftungswesen oder Systematisierungen jenes Förderungsbezugs, der Manager, Banker, Investoren heute nur höchst punktuell in den Künstlerateliers oder wenigen sozialpädagogischen Experimenten in den prekären Stadtvierteln gleichsam unter Tarnkappe auftauchen läßt). Diese Orte sind die einzig realistischen Foren jener Zivilgesellschaft einklagbarer Moral und Gerechtigkeit, die die analytische Moralphilosophie vergeblich dem Gesamtsystem von Staat und Gesellschaft antragen möchte.

Diese nicht mehr einfach vorhandene, sondern immer nur unter Anstrengung zu produzierende und ständig zu reproduzierende Ebene muß realistisch mit den Belastungen konfrontiert werden, derentwegen sie interessiert. Die Zeiten, wo man das Aufblühen alternativer Strukturen und ungewöhnlicher Begegnungen als bloßes Phänomen betrachtete, sind vorüber. Inzwischen will man wissen, was sich daraus machen läßt, ob die Ebene es aushält, daß sie etwas leisten soll. In der Tat wartet gerade hier das zentrale Zukunftsthema darauf, daß es auftreten kann: die ökologische Stadt.

Die Ökologie ist nicht da und am Kommen, wie die Migranten, sie ist auch nicht am Gehen wie die Industrie, sie wird im Kampf der Interessen durch niemanden als Menschenmenge und Interessenbündel repräsentiert. Sie ist auf gesellschaftliche Willensbildung und Entscheidungsfähigkeit angewiesen. Das, genau nur das. Das Ökologieproblem wird erst dann ernsthaft gestellt, wenn die lokalen Ebenen der Verantwortlichkeit zur Verfügung stehen, als Verantwortlichkeiten an Ort und Stelle.

Wo sonst sollte der Stadtumbau durchsetzbar sein? Auf den ökonomischen Zwang ist nicht allein Verlaß, so wahr es ohne ihn nicht geht – erfahrungsgemäß kommt es eher zu Notbehelfen, die ein Loch stopfen, indem sie die Mittel von der Substanz nehmen, um damit drei größere Löcher aufzureißen, so daß am Ende nicht nur einzelne städtische Dienste fehlen, sondern der gesamte Komplex der letztlich auf Solidarhaftung angelegten Funktionstüchtigkeit der Stadt bergab geht.

Was auf dem Spiel steht, ist die Selbstverpflichtung der Stadtgesellschaft zu einer ökologischeren Stadt – als Kultur, als Kritik und Veränderung der eigenen Wünsche und Vorstellungen vom unabweisbaren Lebensbedarf, als Veränderungen des Verhältnisses zur Stadt, die privat auszubeuten man ein Recht zu haben glaubt, wie die Gesellschaft insgesamt die Natur. Stadtkultur der Zukunft wird sein, diesen Zusammenhang zu begreifen: daß die Stadtbewohner in ihrem Verhältnis zur Stadt spiegelbildlich ihr Verhältnis zur Natur bestimmen. Von ihrer Fähigkeit, die reale Zerstörung der Gegenstände ihrer Begierde an ihre Wünsche, ihre Begierden selbst, heranzulassen, wird die Zukunft der Stadt abhängen.

Geschichtsfähigkeit

Die Spannung von gebauter und gelebter Stadt ist heute so ungelöst und zerstörerisch, weil sie sich nur noch in ihren Verhärtungen
ausdrückt: konservierte Geschichte einiger geretteter Steine oder
auch historischer Stadtkerne oder Museumsstädte einerseits,
Überspringen der Stadt in ein Leben von Verkehrs- und Medien-
verbindungen in Echtzeit via Satellit und Kabel andererseits. Beide
Fetischisierungen, Disney World und totale Kommunikation, sind
für die Stadt gleich tödlich. Sie ist, will sie identifizierbar bleiben,
dazu verurteilt, sie aufzulösen.

Der Vermittlungspunkt ist aber aufs höchste prekär: der Punkt,
Örtlichkeit, von dem beides sich maximal in entgegengesetzte
Richtungen entfernt hat. Die historische Stadt überlebt als Gehäuse. Ihrer Anpassungsfähigkeit sind unter heutigen Bedingungen kaum Grenzen gesetzt. Fraglich ist nur, wohin man sie anpaßt
und wieweit die Anpassung nicht alle die Züge vernichtet, die die
historische Stadt zu einem funktionierenden Überlebensmodell
machten. Umgekehrt kann die ortlose Medienexistenz beliebig mit
Geschichte ausgestattet werden, auch wenn es, am Anfang oder
Ende der Reise, als weltweite Software oder als Zirkulieren historischer Objekte durch die Museen der Welt immer die gleiche ist.
Bedingung der Anpaßbarkeit ist beidemal die Trennung von der
Örtlichkeit. Diese ist die eigentliche Vergangenheit, die beides hinter sich gelassen hat.

Der Verlust von Örtlichkeit, mithin Stadt als Geschichtsort im
klassischen Sinne, ist definitiv[28], das Netz gesellschaftlichen Zusammenhangs ist gerade an den intensivsten örtlichen Haltepunk-
ten, Wohnort und Arbeitsplatz, medial. Medial vermittelt ist erst
recht die Erfahrung von Restbeständen, die im Funktionsmodell
der Medien nicht aufgehen – Landschaft, Körperlichkeit, Menschenmengen, historische Stadt.

Die gewaltsam auf die medial präsente Welt geöffnete Stadt-
wirklichkeit hat sich im Bewußtsein ihrer Bewohner verdoppelt.
Man lebt in den zwei einander überlagernden Ordnungssystemen
gleichzeitig, nur sind die beiden Ordnungen nicht gleichwertig.

28 Vgl. D. Hoffmann-Axthelm, *Für eine Politik der Örtlichkeit*, in: *Ästhetik und
Kommunikation* 59 (1985), S. 7 ff.; ders., *Geschichte, Politik und Örtlichkeit*, in:
O. Schwencke (Hg.), *Volkskirche und Stadtentwicklung*, in: *Loccumer Protokolle*
10 (1989).

Alles Wichtige läuft auf der medialen Ebene – die Überlebensorientierung, Beruf, Geld, politische Haltung, aber auch die entsprechende Entlastung, das Programm der Genüsse, die Orientierung auf dem gesellschaftlichen Markt der Moden, Codes, Termine.

Man muß sich allerdings auch umgekehrt fragen, wo denn die realen Gewichte von Geschichte, ständig umgebauter Örtlichkeit, verlorenen Erinnerungen, Körperexistenz, Krankheit, Sterben usw. bleiben. Daß die abgedeckte dingliche Seite des Lebens in gelegentlichen sozialen Erdbeben sich zu Worte meldet, ist zuwenig. Die heutige Stadt ist zugleich der Friedhof der Stadt unserer Eltern und Voreltern, so wie gewesene Geschichte und Kindheitsorte im Innern der Bewohner mit um so unbezwingbarerer Gewalt ihr Wesen treiben, als in der erscheinenden und gelebten Stadt alles gewesene Materielle zu verschwinden scheint.

Es handelt sich nicht um einen Realvorgang, sondern um einen Wahrnehmungsvorgang, der Teile der Wirklichkeit abdunkelt. Was nicht materiell im Untergrund der Städte steckt, steckt inwendig in ihren Bewohnern. Es ist gegen mediale Aufhebung resistent, auch wenn es nur medial wieder zum Sprechen kommen kann. Umgekehrt braucht die mediale Organisierung der Gesellschaft die Schwere von Geschichte und Örtlichkeit, um über das technische Funktionieren hinaus für den Gebrauch greifbar zu sein, aneigenbar, mit Wunschenergie besetzbar. Die genaue Verknüpfung von Geschichte und Örtlichkeit ist die kulturelle Definition der Stadt: unter Geschichte die bewußte gegenwärtige Veränderungskraft verstanden, nicht das Vergangene, unter Örtlichkeit den nicht austauschbaren lebensgeschichtlichen Stadtbereich, nicht das besichtigbare Bild der Stadt.

Was nicht aushaltbar ist, zeigt die Gegenüberstellung solcher Extreme wie Los Angeles und Venedig, die vollständig in Kommunikationsstrukturen aufgelöste »Eigenheimwüste«[29] und die als Monument ihrer eigenen Geschichte petrifizierte Stadt, die beide die Hoffnung auf Veränderung bereits im Ansatz ersticken. Was Los Angeles ausmacht, sind Mythen des Kinos und der Technologie, die am Ort nicht haften – alles, was geschichtsfähiger Körper sein könnte, wird abgerissen, bevor der Fluß der städtischen Massen irgend durch Erinnerung belastet und gehemmt würde. Was sich an Geschichte in den schwarzen und mexikanischen Vierteln

29 B. Hamm, *Betrifft: Nachbarschaft. Verständigung über Inhalt und Gebrauch eines vieldeutigen Begriffs*, Düsseldorf 1973, S. 27.

abspielt, bleibt abgedunkelt und kann sich nur äußern, indem es das, was als Merkzeichen im Wege steht, anzündet. Alle Zukunftsentscheidungen, polizeiliche wie ökologische, sind in Los Angeles technisch, gesellschaftslos.

Venedig umgekehrt erstickt an seiner historischen Masse von Steinen, Genüssen und giftigem Schlamm. Von internationalen Besucherströmen täglich abgeschabt und ausgeschwemmt, ist es der Ort einer Restbevölkerung (rd. 40000 Einwohner), die vom Verkauf des Erlebnisses Venedig lebt bzw. vom Technomythos, Venedig versinke (es sinkt nicht), während die ehemaligen Bewohner sich in eine kopflose Festland-Peripherie verteilen. Angesichts einer mit historischen Gebäuden vollgestellten Stadt ist der Gedanke abwegig, es müsse noch etwas neu getan oder gedacht werden. Die angeblich anwesenden Architekten, Wissenschaftler, Schriftsteller usw. zirkulieren lieber zwischen Mailand und Rom, als lebten sie in Los Angeles.

Eine lebendige Stadt muß weit mehr tun, als den Mittelweg zwischen beidem zu finden. Irgendeine Mischung stellt sich naturwüchsig her, die ausgebildeten Extreme sind das Besondere (und als solches schon wieder spannend). Alle Großstädte basteln sich irgendeine Figur aus viel Abriß, Originalsubstanz und Kulturanimation. Metropole ist nur diejenige Stadt, die sich als Ort ihrer Geschichte behauptet: als Produzent von Orten, als Produzent von eingreifenden Entscheidungen und Veränderungen, als Widerstand ihrer Bewohnermassen gegen eine Weltzeit der Börsenschlüsse, in der die Millionen Anwesenden nicht vorkommen.

Schönheit

Die Entdeckung der Schönheit der Großstadt ist nur knapp ein Jahrhundert alt. Noch um 1870 glaubte man, mit dem Arrangement des Boulevard de l'Opéra oder der Ringstraße Schönheit gleichsam gesetzmäßig erzeugt zu haben. Es brauchte einen Wahrnehmungsruck, um sich einzubekennen, daß die Schönheit, um die es ging, nicht die des objektiven Arrangements war, sondern die der modernen Bedingungen, unter denen man diese Räume erlebte, die Menschenmengen, der Verkehr, Gedränge und Bewegungstempo, und die Hereinnahme der düsteren Seiten der Großstadt, die die großen Bilder verdeckten.

Am Anfang steht das Grausen der Intellektuellen, die die industrielle Transformierung der Stadt beobachteten. Balzac, Baudelaire, Dickens oder Zola sahen, daß unterhalb der Fassadenorthodoxie ganz andere Maßstäbe zum Vorschein kamen, die einer industriellen Stadtherstellung, die seriell ganze Stadtviertel aus dem Erdboden stampfte und alles Vorhandene, alles Alte, Unmoderne erbarmungslos zerstörte.

Um 1900 war das Grauen überwunden. Nervenärzte, Kulturkritiker, Soziologen beugten sich über den Gegenstand Großstadt, konstatierten das neue Lebenstempo, die Gewalt des Verkehrs, Macht und Geschwindigkeit der Warenzirkulation, die für die Bewohner entstehenden Zumutungen.[30] Aus diesem diagnostischen Klima heraus, gleichsam als Verhaltensforschung, entstand die neue Stadtästhetik, darin das genaue Gegenteil der auf geometrische Gewißheiten und Objektivität des Gebauten gründenden klassischen Stadtästhetik.

Es gibt wohl kein genaueres Zeugnis dafür als August Endells Essay *Die Schönheit der Großstadt*.[31] Endell realisiert in völliger Klarheit, daß es die neuen Lebensbedingungen sind, der großstädtische Alltag, Dichte, Lärm, Verkehr, Größe und Entfernungen, an denen die Schönheit der Großstadt hängt – die gebaute Stadt selber hält er, wie die meisten anderen Architekten und Kritiker seiner Zeit, für keines Blickes wert. Es sind die Geräusche der Stadt – Berlins –, die Färbungen der Mauern durch Wetter, Tages- und Jahreszeiten, durch die Veränderungen der Bewohner, die die Schönheit der spekulativ errichteten Großstadtstraßen ausmachen. Anders als die späteren Modernen erklärt Endell auch nicht die neuen technischen Bauten an sich für schön – ganz Impressionist, sind ihm die Menschen und Fahrzeuge unter der Eisenbahnbrücke an der Ackerstraße/Gerichtsstraße im Wedding, der Rauch, der durch die Vorhalle des Schlesischen Bahnhofs streicht, wichtiger als das technische Pathos.

Diese Verklammerung von sich permanent modernisierenden Wahrnehmungsbedingungen und Stadtästhetik hat inzwischen

30 Vgl. L. Müller, *Modernität, Nervosität und Sachlichkeit. Das Berlin der Jahrhundertwende als Hauptstadt der »neuen Zeit«*, in: *Mythos Berlin. Zur Wahrnehmungsgeschichte einer industriellen Metropole*, Berlin 1987, S. 79 ff.; K. Strohmeyer, *Rhythmus der Großstadt*, in: *Die Metropole*, a.a.O., S. 32 ff.; M. Cacciari, *Metropolis. Saggi sulla grande città di Sombart, Endell, Scheffler e Simmel*, Rom 1973.
31 1. Auflage Stuttgart 1913.

sehr viel weiter geführt und nicht nur die Beschleunigungserfahrungen der zwanziger Jahre – der erste motorisierte Massenverkehr, Film, Flugzeug, Fließband – in sich aufgenommen, sondern auch bis dahin unbekannte Ausmaße von Stadtzerstörung, sei es durch Bombenkrieg, soziale Verslumung, Sanierung. Aber die Zerstörung war auch wieder nur Vorarbeit für eine noch gründlichere Entfernung der Wahrnehmung von der wirklichen Stadt. Die Explosion der Medien zur eigentlichen Stadt ohne Steine, ohne Block, Haus, Straße, gebauten Raum, spaltete die Stadtaktualität in einander kaum noch berührende Ebenen. Diskontinuierliche Zeitschübe, Abkürzungen des Zugriffs, Abdunklung der durcheilten Räume zum Informationskanal und des menschlichen Kontakts zu informativem Rauschen, dies sind die neuen Wahrnehmungsbedingungen.[32]

Wo ist unter diesen Bedingungen überhaupt noch ein Bild der Stadt zu gewinnen, in dem sie sich selbst spiegeln könnte? Selbst das Zugeständnis, daß es gewiß nicht mehr ein einziges Bild sein kann, macht die Frage nicht einfacher, weil sich notwendig mediale Bilder und lokale Originalschauplätze sowohl immer weiter auseinanderbewegen wie sich gegenseitig benutzen müssen. Die Schönheit der Stadt kann nur und muß, um als Selbstbild brauchbar zu sein, äußerlich sein, unterliegt aber, in den Medienpackungen aus zweiter Hand verinnerlicht, einer Ablösung vom Standort, die sich, je erfolgreicher sie international zirkulierend Tourismus erzeugt, sich gegen die Stadt und den Gebrauch von Stadtbildlichkeit seitens der Bewohner richtet. Die Souveränität des eigenen Bildes wird in dieser Situation eine letzte Probe der Souveränität der jeweiligen Stadtkultur, sozusagen als Mut zu einem Bild ihrer selbst, das zuerst von innen und nicht von außen gesehen wird.

Die Vermeidung rascher Greifbarkeit verlangt viel Selbstbewußtsein. Zu vermeiden ist für diese selbstbewußte Bildeifersucht, genauer gesagt, die Plastifizierung der ineinander verschränkten Bildebenen Medienblick und Stadtort zu feststehenden Eindeutigkeiten. Die eine Plastikpackung ist der zeitgenössische stadtpolitische Einsatz von Architektur, die andere das mitgelieferte Medien-

32 Vgl. D. Hoffmann-Axthelm, *Mythos, Stadt, Wahrnehmung*, in: *Mythos Berlin*, Ausstellungskatalog, Berlin 1987, S. 52 ff.; ders., *Stadt und Wahrnehmung*, in: *Informationen zur modernen Stadtgeschichte/IMS* 2 (1988), S. 2 ff.; sowie: *Identity and reality: the end of the philosophical immigration officer*, in: S. Lash, J. Friedman (Hg.), *Modernity and Identity*, Oxford 1992, S. 1196 ff.

paket auf der Ebene der Tourismusbörse. Das einzige Kriterium, das zur Beurteilung vorbehaltlos empfohlen werden kann, ist in der Tat das der Blickrichtung: Von woher ist das Bild gesehen, das eine Stadtverwaltung, das Architekten- und Pressegruppen, das Developer und Tourismusfachleute einer Stadt vorschlagen? Vom heute herrschenden Widerstreit der Schönheiten: Chaosstadt oder historisches Stadtbild[33], kann man dann erst einmal absehen, weil er immer schon auf der Ebene eines Blicks von außen ausgetragen wird, an den die Stadtkultur, als Diskussion, Konsensfindung, Lernvorgang, gar nicht erst herangelassen wird.

Chaosstadt und historischer Bilderbogen sind nicht nur beide von außen gesehene Bilder der Stadt, sondern unterscheiden sich auch nur in der Stellung zum Wahrnehmungskomplex: Beide sind gleich vollständig medial vermittelt, aber nur die eine, die Chaosvariante, trägt sich als Wahrnehmungstheorie vor, während die andere, die historische Variante, behauptet, ganz herkömmlich Gegenstand zu sein. Realisiert, entlassen beide zur Genüge die verschwiegenen Mängel, die Chaosvision die Banalitäten ihrer Materialflächen, der Historismus das Papierene und das Abnutzungstempo des Schaubildes. Die erste Variante ist sicher intellektuell und ästhetisch interessanter, aber daß sie der Stadt besser bekäme, geeigneter wäre, selbstgewähltes Bild der Stadt zu sein, ist bislang nicht abzusehen.

Die ästhetische Souveränität einer Stadt stellt sich ohnehin nicht auf der Ebene von Spitzenleistungen her, und jedenfalls bevor die Architekten anfangen. Sie liegt in der Art und Weise, wie die Bewohner ihre Stadt sehen, wie bewußt sie sie sehen und wie sie ihre Sichtweise zu verteidigen wissen. Die moderne Bindung der Schönheit an die Wahrnehmungstätigkeit der Benutzer ist zwar, angesichts ihrer medialen Verschränktheit, von gezielten politischen und wirtschaftlichen Interessen usurpierbar, aber nie abzulösen. Es bleibt dabei, daß keinerlei Wunschbildlichkeit der Stadt (ebendas ist Schönheit) gelingen kann ohne die Tätigkeit der Stadtbenutzer. Architektonische Lösungen, die vorgeben, diese Schönheit wieder zu Monumenten verdicken, sie also von der Nutzung der Stadt durch ihre Bewohner ablösen zu können, haben medial

33 Prototypisch sind die Formwechsel von Postmoderne zu Dekonstruktivismus und, als Beweis, daß es nicht um einen Lernprozeß, sondern um einen Zirkel geht, die britische Kontroverse zwischen dem Prince of Wales und R. Rogers am Beispiel einer neuen Randbebauung für St. Pauls.

Erfolg, aber sie verbrauchen sich, als Tautologien, gerade so schnell, wie die mediale Verwertung dauert. Was dann anfängt, der unbeobachtete Aneignungsprozeß der Bewohner durch Vergessen, Einbeziehen, Deuten, Umnutzen, Zerstören, ist erst der tatsächliche Eintritt gebauter Stadtbildlichkeit in die Sichtbarkeit der Stadt – in die, die ausschlaggebend ist für die Verständigung der Bewohner untereinander über die Stadt.

Diesen Verständigungsprozeß gibt es, in Ansätzen, mehr oder minder verkümmert oder entfaltet, überall. Gewöhnlich hat er eine provinzielle Enge, die jede ästhetische Zumutung ablehnt. Das sagt nur, an wieviel Entmündigung wir gewöhnt sind und wie wenig die ästhetischen Vorarbeiter die Benutzer brauchen. Ein solcher kultureller Verständigungsprozeß muß aber ständig beansprucht und ernst genommen werden, damit er auf der Höhe der anstehenden Entscheidungen sein kann. Er, als ständiger Markt großstädtischen Austausches zwischen Wunsch und Zeichen, entscheidet darüber, nicht Geld und Fachwissen, wieviel Schönheit eine Stadt will und sich zu verschaffen weiß.

Die Großstädter

Wer soll das alles leisten? Es wäre unrealistisch, auf sich städtisch verfügbar machende Eliten zu verweisen, eine Ressource, die immer zu knapp ist und die selber von der Millionenstadt getragen werden muß, um produktiv zu werden. Es geht um die Benutzer und Bewohner der großen Städte insgesamt. Jede Stadt hat die Bevölkerung und die Eliten, die sie verdient. Jede Stadt lebt von dem Anteil an Zeit und Energie, den die Nutzer, über ihre partikularen Interessen hinaus (die weltweit oder auf einen Bettplatz im Altersheim begrenzt sein mögen), ihr zuwenden. Das Schicksal einer Stadt ist also letztlich abhängig von dieser Kraft des Stadtzusammenhangs, den einzelnen ein der Zuwendung und des bestimmten Aufwandes werter Gegenstand zu sein. Je mehr Zuwendung sie mobilisieren kann, desto besser wird es um sie stehen.

Es macht die Armseligkeit bestehender Stadtpolitiken aus (das Greater London Council und die eine oder andere dänische oder kanadische Stadtverwaltung ausgenommen), daß in kritischen Situationen auf Schemata von Beratungsgesellschaften gebaut wird, nicht auf die Ressourcen an Selbstbewußtsein und Selbstvertrauen, die in den Stadtbewohnern stecken und mangels Nutzung in private Perfektionen investiert werden. Ob es sich um technische, ökonomische, ökologische, soziale oder Verwaltungsprobleme handelt, immer werden die Bewohner, sobald man sie ernst nimmt, die wichtigste Ressource des Überlebens sein. Gemeint sind die Bewohner, wie sie sind, normale, durchschnittliche Menschen, mit denjenigen Fähigkeiten, die ihnen das Aufwachsen oder die Enkulturation in der Großstadt unweigerlich mitgibt.

Viel unmittelbarer und rücksichtsloser als die Gesellschaft allgemein, installiert die Großstadt in ihren Benutzern und Bewohnern die Voraussetzungen für das Maß an Beweglichkeit und Lernfähigkeit, das sie ihnen abverlangt. Der großstädtische Alltag ist voller Optimierungskalküle, was Zeitersparnis, Verbindungen, Übereinbringung von Terminen und Fahrrouten, Vermeidung von Staus usw. angeht, ein wahrhaftes Stadtmanagement. Ähnliche Dispositionsfähigkeiten sind für Haushaltsführung bei Berufstätigkeit, für Kindererziehung unter Großstadtbedingungen, Zeitarbeit, für zahlreiche selbständige Berufe verlangt. Ressentiments wuchern nicht zufällig da, wo diese Dispositionsfähigkeit und Zeitökonomie nicht abverlangt wird oder sinnlos wird, in den Routineberufen – Polizei, unteres Angestellten- und Beamtenmilieu – einerseits, bei Arbeitslosen und Rentnern andererseits. Dies ist die zeitökonomische Seite der gleichlautenden Erfahrung mit dem städtischen Unterdruck der peripheren Flächensiedlungen.

Umgekehrt, auf dem Perpetuum mobile prosperierender Verhältnisse, jenseits der veralteten Krisenerfahrung von Tempo und Nervosität, beruht die Kultur der offenen Stadt: Witz, Neugier, Gleichgültigkeit, Fähigkeit zum Sichabschließen und zur oberflächlichen Kontaktbildung, zur Reorganisation von sozialen Formen mit einem Minimum an Vertrautheit, ohne Vorgeschichte, ohne Gemeinschaftsgefühle und lokalen Kitt, allein aus Nähe, Situation, gemeinsamen Sorgen usw. Abkürzungen dieser Art sind es, die die großstädtischen Verschränkungen und Netzbildungen in der Vielheit und Verschiedenheit der zahlreichen einbegriffenen und abwechselnden Ebenen zeit- und kräfteökonomisch möglich machen.

Diese Verhaltensökonomie ist durchschnittlich, also belastbar. Die gelernten Großstädter überfordern sich nicht, sie haben, anders als die überaktiven Neuankömmlinge aus der Provinz, ihre provinziellen, ländlichen, ihre Ruhezonen in sich, eingebaut in den

Alltag und getragen von eingeübten Routinen. Das wissen sie sehr genau, von daher das Gehabe, daß sie nichts, aber auch gar nichts erschüttern könne, das Kaltschnäuzige, das zur Folklore der Großstadt unvermeidlich hinzugehört. Die Abstützung der Stadtgesellschaft auf die Überschüsse der Bewohner an Zeit, Energie, Neugier und Veröffentlichungsbedarf erfolgt – auch bei weitergehender Inanspruchnahme – dank solcher Routinen ohne Heroismus und Besonderheit, hat also gerade für die Zukunft Aussicht und Erfolg.

Ein wenig systematisiert, ist dabei auf vier Grundkräfte des Großstädters Verlaß: Lernfähigkeit, Vernetzungstalent, Hedonismus und Sentimentalität.

Lernfähigkeit ist nicht zuletzt die wichtigste ökologische Ressource: durch kleine massenhafte Verhaltensänderungen großtechnisches Reagieren mit seiner dinosaurischen Inflexibilität und seinen langen Zeiten unnötig zu machen, denn die soziale Organisation von Veränderungen ist allemal sicherer, billiger und belastbarer.

Die subjektive Vernetzungsleidenschaft, die das Virtuose und Sportliche im Großstadtgebrauch ausmacht, ist die notwendige Kompetenz für die neuen sozialen Netze, die die Verbreiterung der Entscheidungsbasis und der gesellschaftlichen Verdichtungspunkte leisten müssen.

Der großstädtische Hedonismus, weil er unweigerlich an den Isolierungen des privaten Standards rüttelt, ist die wichtigste psychische Anwesenheit der Gesellschaft, die, die allein imstande ist, die Antinomie von Flächenverknappung und wachsenden Autonomiebedürfnissen konsoziativ zu lösen, als Gewinn und nicht als zwangssozialen, verordneten Verzicht.

Die penetrante großstädtische Sentimentalität schließlich ist die unumgängliche Grundkraft für ein Haften am Ort, für Kindheitstreue, für Stadtpatriotismus und jenen Innenblick, der die nach außen unauffällige Schönheit der eigenen Stadt erfährt.

Neue Historische Bibliothek
in der edition suhrkamp

»Hans-Ulrich Wehlers fast aus dem Nichts entstandene ›Neue Historische Bibliothek‹ ist (...) nicht nur ein forschungsinternes, sondern auch ein kulturelles Ereignis.«   Frankfurter Allgemeine Zeitung

Neue Historische Bibliothek
in der edition suhrkamp

Neue Historische Bibliothek
in der edition suhrkamp

Wehler, Hans-Ulrich: Grundzüge der amerikanischen Außenpolitik 1750–1900. Von den englischen Küstenkolonien zur amerikanischen Weltmacht. NHB. es 1254

Wippermann, Wolfgang: Europäischer Faschismus im Vergleich 1922–1982. NHB. es 1245

Wirz, Albert: Sklaverei und kapitalistisches Weltsystem. NHB. es 1256

Wunder, Bernd: Geschichte der Bürokratie in Deutschland. NHB. es 1281

Ziebura, Gilbert: Weltwirtschaft und Weltpolitik 1922/24–1931. Zwischen Rekonstruktion und Zusammenbruch. NHB. es 1261

Politische Ökonomie und Wirtschaftsgeschichte
in der edition suhrkamp

Politische Ökonomie und Wirtschaftsgeschichte
in der edition suhrkamp